Sanaya Roman
Zum höheren Selbst erwachen

Sanaya Roman
(für Orin)

Zum höheren Selbst erwachen

Das Herz dem Bewußtsein des Lichts öffnen

Dritte Auflage

Ansata-Verlag
Rosenstraße 24
CH-3800 Interlaken
Schweiz
1992

Aus dem Englischen von Annemarie Döring
Lektorat: Urte Knefeli

Titel der Originalausgabe:
SPIRITUAL GROWTH
Being Your Higher Self
Erschienen bei H J Kramer Inc., P.O. Box 1082, Tiburon, CA 94920

Umschlagbild: Robert Wicki
Satz: Jung Satz Centrum, Lahnau
Druck: Kösel, Kempten/Allgäu
ISBN 3-7157-0133-1

Inhalt

An unsere Leser

Unsere Bücher sind ein Beitrag zu einer neu entstehenden Welt, bei der es nicht mehr um Konkurrenzdenken, sondern um Zusammenarbeit geht, nicht mehr um Selbstzweifel, sondern um die Bejahung des menschlichen Geistes und um die Gewißheit, daß alle Menschen miteinander verbunden sind. Unser Ziel besteht darin, möglichst vielen Menschen eine Botschaft zu überbringen, die sie auf eine bessere Welt hoffen läßt.

Hal und Linda Kramer

Für eure Geburt in das Licht

Orin

Dankeswort

Dieses Buch ist Orin gewidmet, dessen Liebe, Führung und Weisheit mir in allen Bereichen meines Lebens Kraft gegeben und mir dabei geholfen haben, mich mit meinem Höheren Selbst zu vereinen.

Ich danke Duane Packer und seinem spirituellen Führer DaBen, die mein Leben durch Liebe, Verständnis und spirituelles Wachstum bereichert haben. DaBen hat unzählige lange Gespräche mit Orin geführt. Sie unterhielten sich über philosophische Fragen und entwickelten neue Energietechniken. Ich möchte Duane meine tiefe Dankbarkeit für unsere gemeinsame Energiearbeit übersenden. Er hat mir gezeigt, wie ich höhere Energiezustände erreichen, meine hellseherischen Fähigkeiten entfalten und meinen Lichtkörper entwickeln kann. Ich danke Duane für die vielen Stunden, die er mit Orin und mir verbrachte. Während dieses Buch entstand, hat er es Orin vorgelesen, ihm Fragen gestellt und uns auf wertvolle neue Gesichtspunkte aufmerksam gemacht. Er und DaBen haben viel Licht in dieses Buch und in mein Leben gebracht.

Das Buch ist aus Aufzeichnungen von Kursen entstanden,

die ich ein Jahr lang mit einer kleinen Gruppe abhielt. Die Kursteilnehmer wandten die in diesem Buch beschriebenen Prinzipien an, haben damit in ihrem Leben wunderbare Resultate bewirkt und mir auch sehr wertvolle Anregungen gegeben. Ich möchte mich bei allen bedanken, die zu diesem Buch beigetragen haben: Ed Alpern, Amerinda Alpern, Marianne Anderson, Mary Beth Braun, Rosemary Crane, Dona Crowder, Wendy Grace, Carol Hawkinson, Roberta Heath, Colleen Hicks, Sandy Hobson, Sylvia Larson, Trudie London, Mary Pat Mahan, Sara McJunkin, Nancy McJunkin, Patrice Noli, Jill O'Hara, Eva Rosa, Jan Shelley und Leah Warren.

Ich möchte auch allen danken, die mir dabei geholfen haben, Orins Botschaften in einen Buchtext umzusetzen: Elaine Ratner danke ich für ihre wertvolle redaktionelle Arbeit und ihre ausgezeichneten Vorschläge und Linda Merrill für ihre umsichtige Redaktionsassistenz. Bei Hal und Linda Kramer bedanke ich mich für die wunderbare Zusammenarbeit, für das Vorbild eines integren Lebens, das sie mir gegeben haben, und dafür, daß sie Orin und DaBen bei ihrer Arbeit unterstützten. Außerdem möchte ich mich bei Denise Laws für die Aufzeichnung von Orins Botschaften und bei David Duty für die ausgezeichnete grafische Gestaltung dieses Buches bedanken. Mein Dank gebührt auch Judith Cornell für die hervorragende Umschlaggestaltung.

Georgia Schroer danke ich für ihre liebevolle Arbeit im Büro und ihre Bereitschaft zu innerem Wachstum.

Und zum Schluß möchte ich euch allen danken, die ihr so viel Licht in mein Leben gebracht habt: meinen Nichten und Neffen John, Elise, Mary, Tabatha, Heather und Justin; meinen Eltern Court und Shirley Smith; meinem Onkel Otto Brown; Rob Roman; meinen Geschwistern Debra, Patricia, David und Robert und meiner wunderbaren Freundin LaUna Huffines. Ich sende auch allen meinen Seminarteilnehmern – einschließlich der bereits erwähnten – meine Liebe und meinen Dank für das Licht, das sie in unser Leben und das Leben anderer Menschen gebracht haben: Sandy Chapin, Cindy Haupert, Judy Heckerman, Johanna Holmes, Rhonda Holt, Rikki Kirtzner, Joanne Marsau, Tom Oliver, Nina Page, Shirley Runco, Phillip Weber und Cheryle Winn.

Außerdem danke ich einem ganz besonderen Hund, Comet, und seinen Besitzern Sue, Rich und Shannon, die ihn großzügig mit mir geteilt haben, für seine wunderbare Gesellschaft und unsere langen Spaziergänge in Mount Shasta.

Zu guter Letzt ein Dankeschön an alle Buchhandlungen, die New-Age-Bücher führen, für ihren Beitrag zum Erwachen der Menschheit und für ihre Unterstützung von Orins und DaBens Arbeit.

Vorwort

Orin und ich heißen Sie bei der Lektüre dieses Buches willkommen. Es ist das dritte Buch einer Serie, deren Bände aufeinander aufbauen. Sie können diese Bücher auch einzeln lesen. Zusammen bilden sie einen Kurs, der Sie zu einem höheren Bewußtsein hinführen möchte.

Ich stehe seit über zehn Jahren in Verbindung mit Orin, einem spirituellen Führer und Lehrer. Er sagt, daß er ein Wesen des Lichts ist und daß er gekommen ist, weil die Menschen jetzt gerade eine Zeit tiefgreifender Veränderung und inneren Erwachens erleben. Er existiert in derselben Dimension wie unser Höheres Selbst und möchte uns dabei helfen, dieses Höhere Selbst in unserem irdischen Leben zu verwirklichen.

Ich habe Orin stets als sehr weises, sanftes Wesen erlebt. Seine Ratschläge an mich und andere Menschen helfen uns dabei, mit unserem Höheren Selbst und unserer inneren Weisheit in Kontakt zu treten. Wenn ich mit Orin in Verbindung stehe, befinde ich mich in einem Zustand des inneren Friedens, ähnlich wie beim Meditieren, und bin mir seiner Führung bewußt.

Ich nehme diese Führung als einen Gedankenstrom neben meinen eigenen Gedanken wahr. Mir ist bewußt, daß wir zwei voneinander getrennte Bewußtseinsströme haben. Wenn Orin durch mich spricht, habe ich das Gefühl, in Licht gebadet zu sein. Es ist ein sehr intensives Gefühl der Liebe und des Verständnisses. Orins Worte sind nur ein Bruchteil dessen, was ich erfahre, denn die Gefühle, Bilder und Erleuchtungen, die er mir mit seinen Worten vermittelt, sind so vielfältig und intensiv, daß ich sie gar nicht beschreiben kann.

Vielleicht empfinden Sie bei der Lektüre dieses Buches die gleiche Intensität, denn Orin hat den Rhythmus der Sätze so gestaltet, daß er Ihnen hilft, Ihre Atmung zu öffnen und zu einer höheren Bewußtseinsebene emporzusteigen. In diesem Zustand sind Sie stärker mit Ihrem Höheren Selbst verbunden und können Bilder, Gefühle und ein inneres Wissen empfangen, das weit über die Informationen in diesem Buch hinausgeht. Orin ermahnt uns immer wieder, nur die Informationen zu akzeptieren, die wir in unserem innersten Wesen als wahr empfinden. Alle anderen sollten wir fortschieben.

Den Inhalt dieses Buches hatte Orin ursprünglich nur einer kleinen Gruppe von Schülern vermittelt. Sie sollten mehr über spirituelles Wachstum erfahren und so ihr eigenes inneres Wachstum beschleunigen. Orin wollte uns helfen, statt durch Mühe und Kampf mit Freude zu wachsen. Er hat uns gezeigt, wie man durch geführte Meditationen, durch Energietechniken und Atemübungen höhere Bewußtseinszustände erreicht.

Wir hatten seitdem viel Gelegenheit, die in diesem Buch beschriebenen Techniken zu praktizieren, und die Resultate waren durchweg positiv. Wir haben das Gefühl, im Hinblick auf unser spirituelles Wachstum einen Quantensprung vollzogen zu haben. Unsere Leben haben sich auf wunderbare

Weise verändert. Durch den Einsatz dieser Techniken, die höheren Daseinsbereichen entstammen, lernten wir Dinge zu erschaffen, die uns früher wie Wunder erschienen wären. Heute setzen wir diese Methoden schon fast automatisch ein. Ihre Wirksamkeit nehmen wir oft als selbstverständlich hin und vergessen, wie es früher war.

In unserem Kurs riefen wir die Macht des Lichts an, und es gelang uns, schwierige Situationen zu verbessern. Wir lernten, durchlässig zu werden und die Energien anderer Menschen durch uns hindurchströmen zu lassen. Wir empfingen weisen Rat von unserem Höheren Selbst und entdeckten Möglichkeiten, alte Denk- und Verhaltensmuster zu verändern. Wir sahen die größeren Zusammenhänge unseres Lebens klarer und lernten viel über dessen höheren Sinn und über unsere Identität. Wir entdeckten, daß spirituelles Wachstum sich sehr lohnt und mehr Freude bringt, als wir gedacht hatten.

Orin erklärte uns, daß aus den Informationen, die er uns in dem Kurs gab, später ein Buch entstehen sollte und daß er sich der Existenz aller Menschen bewußt sei, die dieses Buch eines Tages lesen würden. In seiner Realität gibt es keine Zeit und keinen Raum. Während er mit uns sprach, machte er uns bewußt, daß er gleichzeitig zu Ihnen allen redete. Er ließ uns während des Kurses mit Ihnen in Verbindung treten und forderte uns auf, vor unserem geistigen Auge Linien des Lichts zu sehen, die von unseren zu Ihren Herzen gingen. Wir sollten Sie über Zeit und Raum hinweg als unsere Mitschüler begrüßen.

Als Orin und ich die Notizen aus dem Kurs ordneten und daraus dieses Buch gestalteten, forderte er mich oft auf, innezuhalten, damit er Ihnen durch mich Energie übermitteln konnte. Dann hatte ich immer das Gefühl, daß mich eine ungeheuer intensive Liebe durchströmte, und ich spürte genau, wann die Energie meinen Körper verließ, um mit jemand anderem in Verbindung zu treten. Ich weiß zwar nicht, wem von Ihnen Orin seine Energie gesandt hat. Aber Sie werden es erfahren, wenn Sie dieses Buch lesen, denn Sie werden es deutlich spüren, wenn seine Liebe und Unterstützung Sie erreicht.

Manchmal bat Orin mich während der Arbeit an unserem Buch, Ihnen allen meine Liebe zu senden. Er forderte mich auf, uns alle als eine liebevolle Gemeinde gleichgesinnter Seelen zu betrachten, die eng miteinander verbunden sind und sich gegenseitig helfen. Er hat mir gesagt, daß wir alle als Gruppe, die wir innerlich wachsen und uns weiterentwikkeln, gemeinsam viel Licht erzeugen. Dieses Licht wird anderen Menschen als Quelle dienen und ihnen helfen, ebenfalls zu erwachen.

Ich freue mich, all die Botschaften und Hilfsmittel mit Ihnen teilen zu dürfen, die Orin mir vermittelt hat, damit ich spirituell wachse, meinen höheren Weg finde und zu einer Quelle des Lichts werde. Ich habe erkannt, daß das spirituelle Wachstum eine wunderbare Reise ist, und heiße Sie als Mitreisende auf diesem Weg willkommen. Ich sende Ihnen Licht, während wir gemeinsam jene inneren Ebenen betreten, auf denen wir alle zusammen arbeiten.

Wie man mit diesem Buch arbeitet.

Dieses Buch ist ein Kurs, der Ihnen bei Ihrem spirituellen Wachstum helfen möchte. Im ersten Teil, Aufwärts streben, erfahren Sie, wie man mit seinem Höheren Selbst eins wird und mit den höheren Mächten des Universums in Verbindung tritt – dem Universalen Geist, dem Höheren Willen und dem Licht als lebender Wesenheit.

Der zweite Teil, Sich innerlich öffnen, handelt davon, wie

Sie mit allen Teilen in Ihnen eins werden können, indem Sie Ihr Herz öffnen. Sie können lernen, sich selbst mehr zu lieben und noch bessere Lebensumstände und Möglichkeiten anzuziehen als bisher. Sie erfahren, wie man seine Gefühle zur Ruhe bringt, in die Leere eintritt, sich die Realität aussucht, in der man leben möchte, und seine Erfahrung der Zeit verändert.

Im dritten Teil, Sich ausdehnen, lernen Sie, wie Sie mit allen Lebewesen auf Ihrer physischen Daseinsebene eins werden und eine Quelle des Lichts für andere Menschen sein können. Sie werden mehr darüber erfahren, wer Sie sind, welchen höheren Sinn Ihr Leben hat und wie Sie Ihre Arbeit in die Welt tragen und durch Dienst wachsen können. Indem Sie anderen Menschen Kraft geben und ihr Bewußtsein verändern, werden Sie selbst höher kommen.

Orin hat die geführten Meditationen am Ende eines jeden Kapitels so gestaltet, daß Sie daran schrittweise innerlich wachsen können. Während dieser Meditationen sollten Sie still dasitzen, die Anleitungen lesen und dann Ihre Vorstellungskraft einsetzen. Sie sollten diese Meditationen in einem möglichst hohen, konzentrierten Bewußtseinszustand ausführen. Achten Sie dabei auf alle Veränderungen in Ihrem Inneren, denn die Meditationen sind dazu bestimmt, Ihre Energie auf eine höhere Ebene emporzuheben. Befolgen Sie alle Anleitungen und betrachten Sie die Bilder, Gedanken oder Ideen, die dabei Ihren Geist durchströmen, als Führung von Ihrem Höheren Selbst. Die Bilder und Symbole, die wir in den Meditationsanleitungen beschreiben, sollen Sie zu ganz bestimmten Erfahrungen hinführen. Benutzen Sie diese Bilder oder wandeln Sie sie ab – je nachdem, was Ihrer inneren Erfahrung am förderlichsten ist. Denn das Empfinden des gewünschten Zustandes ist wichtiger als das Bild.

Durch diese Meditationen gewinnen Sie Hilfsmittel, die es

Ihnen ermöglichen, mit höheren Ebenen in Verbindung zu treten, sich weiterzuentwickeln und zu einer Quelle des Lichts für die Welt zu werden. Sie können die Meditationen im Geist ausführen oder einen Freund bitten, Ihnen die Anleitungen vorzulesen, oder sie auf Kassette aufnehmen und abspielen.

Orin und ich senden Ihnen unsere Liebe auf dem Weg zu Ihrem Höheren Selbst und zu all den Möglichkeiten, die in Ihnen stecken.

Sanaya

Einleitung:

Die Erde wandelt sich

Grüße von Orin!

Sie stehen am Beginn eines faszinierenden Zeitalters, in dem sich aufregende Dinge ereignen werden. Zur Zeit geht eine Energiewelle durch Ihre Galaxie, die den Lauf allen Lebens, das sie berührt, verändert. Diese Welle beeinflußt das Wesen von Energie und Materie und bringt die gesamte Materie auf eine höhere Schwingung. Obwohl sie gerade erst im Begriff ist, die Erdebene zu erreichen, spüren Sie vielleicht schon die Wirkungen dieser höheren Lichtschwingung. Vielleicht werden Ihnen mehr Einsichten und telepathische und außersinnliche Wahrnehmungen zuteil als früher, und Sie empfinden ein tieferes Bedürfnis danach, den Sinn Ihres Lebens zu erfahren und zu verwirklichen. Möglicherweise haben Sie auch das Gefühl, weniger Zeit und mehr Aufgaben zu haben, denn diese Energiewelle verändert auch das Wesen der Zeit.

Einige von uns sind als spirituelle Führer zu Ihnen gekommen, um Ihnen in dieser besonderen Zeit zu helfen. Wir haben schon vieles über diese Energiewelle entdeckt. Wir wissen, daß sie Licht ist und ein Bewußtsein hat. Und wir haben auch die Erfahrung gemacht, daß man sich ungeheure Möglichkeiten der Weiterentwicklung und des Wachstums erschließen kann, wenn man sich an diesem Licht orientiert und mit ihm arbeitet.

Die alten Propheten haben diese Energiewelle vorausgesagt. Der Gedanke, daß in Ihrem Zeitalter eine grundlegende Wandlung stattfinden wird, ist schon lange vorher ausgesät worden, damit Sie sich darauf vorbereiten konnten. Manche haben vorausgesagt, daß in dieser Zeit viele Erdbeben stattfinden würden. Dazu muß es nicht unbedingt kommen. Die Erdbeben sind nur ein Symbol für die inneren Wandlungen, die eintreten, wenn Gedanken, Gefühle und Einstellungen niedrigerer Art weichen und durch höhere ersetzt werden.

Sie können sich von dieser Energiewelle tragen lassen und in Ihrem Leben mehr Freude, Frieden und Liebe erfahren als jemals zuvor. Öffnen Sie sich Ihrem spirituellen Wachstum, treten Sie mit Ihrem Höheren Selbst in Verbindung und orientieren Sie sich an dem Licht. Gehen Sie mit kleinen Schritten voran – so, wie sich die Gelegenheiten Ihnen bieten –, wachsen Sie in Harmonie mit der Natur und der Erde, dann werden Sie sich im Einklang mit den höheren Schwingungen befinden, die diese Welle mit sich bringt.

Sie sind dabei, einen Lichtkörper zu entwickeln.

Der Mensch ist im Begriff, sich sehr rasch zu einem neuen Wesen zu entwickeln. Durch den massiven neuen Lichtzustrom entwickelt sich in der menschlichen Aura ein Lichtkörper. Die ersten Stadien dieses Lichtkörpers entstehen rund um Ihr Herz und etwas oberhalb Ihres Herzens in der Brust. Einige Menschen bekommen Husten, spüren Enge und Stauungen in der Brust oder Herzflattern, während sich ihr Lichtkörper in diesem Bereich bildet. Die neue Lichtwelle bedeutet eine Herausforderung an Sie, Ihr Herz zu öffnen und sowohl Ihr «Energie»-Herz als auch Ihr physisches Herz auf eine höhere Schwingung zu bringen.

Durch Ihren Lichtkörper können Sie zu einer Lichtquelle werden, die ihre Strahlen nach allen Richtungen aussendet. Ähnlich wie die Erde sich ständig ihr eigenes Magnetfeld schafft, so werden Sie Licht und spirituelle Kraft hervorbringen und ausstrahlen, während Ihr Lichtkörper entsteht. Dieses Licht und diese Kraft können Ihnen und anderen Menschen helfen, höher zu gehen.

Je mehr Licht Sie ausstrahlen, um so sensibler werden Sie unter Umständen in der Wahl Ihrer Nahrungsmittel. Vielleicht haben Sie jetzt schon das Bedürfnis, Ihre Essensgewohnheiten zu ändern oder eine höhere Ebene körperlichen Wohlbefindens zu erreichen. Ihr Körper drängt Sie stets zu jenen Veränderungen, die es Ihnen ermöglichen, mehr Licht in sich zu bewahren und auszustrahlen.

Während Sie diesen Lichtkörper aufbauen, wird Ihr intellektueller Geist zwar immer noch stark ausgeprägt sein; aber er wird sich stärker mit Ihrer Intuition verbinden. Sie werden sich von Dingen angezogen fühlen, die Ihre Kreativität ansprechen und Sie dazu herausfordern, in tiefere Ebenen Ihres Seins vorzudringen. Ihr Gefühl der Verwandtschaft mit allen Lebensformen wird immer intensiver werden. Das erkennen Sie bereits daran, daß die Menschheit sich auf die Rechte der Tiere und auf die Notwendigkeit besinnt, die Natur und die Wälder zu schützen.

Der Mensch wird zu einer Rasse mit telepathischen Fähigkeiten werden. Sie können sich teilweise darauf vorbereiten, indem Sie sich vieler neuer Realitäten bewußt werden.

Sie erleben jetzt eine ständige Flut von neuen Informationen und neuem Wissen aus vielen Quellen. Dies hilft Ihnen, Ihr Unterscheidungsvermögen zu entwickeln, weil Sie sich ständig entscheiden müssen, was Sie als Ihre Wahrheit akzeptieren können und was nicht. Wenn Sie erst einmal telepathisch völlig offen sind, werden Sie sich wünschen, die Informationen auswählen zu können, die in Ihr Bewußtseinsfeld gelangen. Sie müssen in Ihrer Mitte bleiben und sich von Ansichten und Vorstellungen loslösen können, die nicht mit den Ihren im Einklang stehen.

Sie sind auf die Erde gekommen, um Ihren Lichtkörper zu entwickeln und Materie in höhere Schwingungen zu verwandeln. Diese Verwandlung nennt man «spirituelles Wachstum». Durch dieses innere Wachstum werden Sie eins mit Ihrem Höheren Selbst, einem Wesen des Lichts. Sie bringen die hohe, feinstoffliche Energie Ihres Höheren Selbst in die Materie hinein und verwandeln das Bewußtseinspotential in dieser Dimension.

Viele von Ihnen haben eine ausgeprägte Sensibilität für Energie.

Ihre Sensibilität befähigt Sie dazu, die ankommenden höheren, feineren Energien zu spüren, sie zu lenken und mit ihnen zusammenzuarbeiten. Sie haben sich entschlossen, zu den Pionieren zu gehören, die ganz vorn auf dieser neuen Energiewelle mitschwimmen und dadurch Möglichkeiten finden, zu wachsen, sich selbst zu heilen und dann anderen zu helfen, die den Ansturm dieser Welle spüren. Vielleicht mußten Sie sich in den letzten Jahren sehr rasch weiterentwickeln, viele Veränderungen durchmachen und vieles Neue lernen. Je intensiver die Lichtwelle wird, um so mehr

Menschen werden aufwachen und die Erfahrungen machen, die Sie jetzt erleben. Dadurch erhalten Sie immer mehr Gelegenheit, um Lehrer und Quelle des Lichts zu werden.

Es kommt nun eine höhere Bewußtseinswelle nach der anderen auf Ihren Planeten zu. Bei jeder Woge wird es ungeheure Gruppenöffnungen geben, und wenn die Welle abebbt, wird eine Phase der Integration folgen. Die höheren Schwingungswellen werden jedesmal intensiver werden, und ihre Auswirkungen werden von Mal zu Mal deutlicher spürbar sein, weil immer mehr Menschen in der Lage sind, sie wahrzunehmen. Unter anderem werden diese Wellen Ihr Bedürfnis verstärken, sich auf Ihr spirituelles Wachstum zu konzentrieren und den höheren Sinn Ihres Lebens zu finden. Sie werden Ihnen dabei helfen, Ihre höheren Dimensionen zu entdecken und höhere Bewußtseinszustände zu erreichen.

Zunächst machen diese neuen Wellen sich vielleicht als Turbulenzen bemerkbar. Sie werden unter Umständen vieles in Ihrem Leben in Aufruhr bringen. Das geschieht aber nur, damit Sie Veränderungen durchführen können, die Ihnen ein weiteres Wachstum ermöglichen. Mit jeder Veränderung wird es Ihnen leichter fallen, höher emporzusteigen und mit Ihrem Höheren Selbst eins zu werden. Sobald Sie mit Ihrem Höheren Selbst im Einklang stehen, werden Sie diese Wellen nicht mehr als Turbulenz empfinden, sondern sich ihre Kraft zunutze machen, um immer höhere Entwicklungsstufen zu erreichen und schneller zu Ihren Zielen zu gelangen.

Viele Menschen werden diese Veränderungen anfangs ablehnen; denn um sie in ihr Leben integrieren zu können, müssen sie ihre Lebensweise und ihre Art der Wahrnehmung unter Umständen völlig verändern. Manche haben vielleicht das Gefühl, mit dieser höheren Energie nicht zu

Rande zu kommen, und versuchen, ihre Wirkung mit Hilfe von Alkohol oder Drogen abzutöten. Andere werden um jeden Preis am Vergangenen festhalten wollen. Aber sie werden feststellen, daß das immer schwieriger wird. Einige werden ihren Widerstand auch zeigen, indem sie das Neue kritisieren oder mit Skepsis und Zweifeln reagieren. Manche Menschen müssen viel Mühsal und Schmerz erfahren, ehe sie auf ihre inneren Botschaften zu hören beginnen. Aber sie können sich jederzeit dazu entschließen, diesen Botschaften Folge zu leisten und mit Freude zu wachsen.

Es wird immer schwerwiegendere Konsequenzen haben, sich nicht dieser höheren Schwingung zu öffnen und sich nicht von ihr mittragen zu lassen. Wenn Sie in einem Bereich Ihres Lebens festgefahren oder unglücklich sind und alles schiefzugehen scheint, so wird sich das auch auf alle anderen Lebensbereiche auswirken. Sie werden die Bereiche, mit denen Sie sich nicht auseinandersetzen möchten, nicht mehr länger ignorieren können. Wenn Ihnen Ihre Arbeit nicht gefällt, wenn Sie in einer Partnerbeziehung Schwierigkeiten haben oder in einer Umgebung leben, die Ihnen keine Unterstützung bietet, wird das auch Ihre Kraft in allen anderen Lebensbereichen dämpfen.

Die neue Energiewelle wird sich besonders stark auf jene Bereiche Ihres Lebens auswirken, in denen Sie bisher am wenigsten Klarheit und Harmonie erreicht haben. Die neue Welle bringt zwar Licht in Ihr Leben; aber nur in jenen Bereichen, in denen Klarheit und Harmonie herrschen, sind Sie in der Lage, dieses Licht auch zu bewahren. Sie werden feststellen, daß jene Teile Ihres Lebens, in denen Sie Probleme haben, nun am allerdringlichsten in Ordnung gebracht werden müssen und daß Sie dadurch innerlich am meisten wachsen.

Befinden Sie sich im Einklang mit der Lichtwelle, hilft das der Erde und der Menschheit dabei, den Übergang auf ruhige, friedliche Weise zu vollziehen. Mit der Art, wie Sie sich den Veränderungen in Ihrem Leben öffnen, nach Wachstum streben und Dinge, die diesem Wachstum nicht mehr förderlich sind, leichten Herzens loslassen, beeinflussen Sie die Menschheit und den gesamten Planeten, auf dem Sie leben. Statt in Schmerz und Aufruhr kann man den Übergang zu einer höheren Frequenz auch mit Liebe und Freude vollziehen.

Das Licht hat sich noch nicht gleichmäßig über die Erde verteilt. Am stärksten ist es an jenen Stellen konzentriert, die als «Kraftzentren» bezeichnet werden. Von diesen Kraftzentren strahlen die Lichtwellen in immer größeren Kreisen aus. Solche Plätze gibt es auf der ganzen Welt, in jeder Stadt und jeder Gemeinde. Wenn Sie sich auf einer solchen Stelle befinden, merken Sie das daran, daß Sie sich erhoben fühlen. Diese Plätze bilden ein enormes Energienetz, das immer dichter wird und in der Lage ist, immer mehr Materie zu beeinflussen.

Obwohl die neuen Energien immer intensiver werden, sind sie doch noch sehr subtil. Wer seine Aufmerksamkeit durch Verbindung zu höheren Wesen, durch Meditation und andere das Gewahrsein schulende Techniken auf feinere Schwingungen eingestimmt hat, kann diese Energien leichter wahrnehmen.

Wenn die höhere Energiewelle Sie erreicht, werden Sie feststellen, daß Sie von Augenblick zu Augenblick Ihrem inneren Drang nach freudvollen Aktivitäten folgen und das tun müssen, was für Sie gut ist. Dann wird Ihr Bedürfnis, sich auch anderen Menschen zuzuwenden und ihnen zu helfen, ganz von selbst immer stärker werden. In der neuen Zeit, die nun anbricht, werden Gemeinschaft, Familie und die Verbindung zu geliebten Menschen viel wichtiger sein als früher. Sie werden vielleicht den Wunsch haben, mit gleichgesinnten Menschen in Verbindung zu treten, denn durch

Zusammenarbeit läßt sich in diesem Zeitalter sehr viel erreichen. Die Menschheit wird immer gruppenorientierter.

Bei den weltweiten Friedensmeditationen haben Sie bereits die Anfänge dieser telepathischen Zusammenarbeit der Menschheit, um Veränderungen zu bewirken, erlebt. Die kollektive Bemühung von Millionen Menschen hat bereits einen tiefgreifenden Einfluß gehabt: Viele Menschen sind dadurch spirituell erwacht, und der Wandel der Menschheit ist beschleunigt worden.

Die höhere Schwingung, die jetzt unseren Planeten erreicht, wird Ihnen, die Sie sich auf einem Weg des spirituellen Wachstums befinden, viel wesensverwandter sein als alles, was Sie bisher gekannt haben. Wenn Sie in Ihrem Leben die Veränderungen durchführen, zu denen Ihre innere Stimme rät, werden Sie beruflich zu ungeahnten Höhen aufsteigen, Ihre Pläne werden sich verwirklichen, und die Wünsche, die Ihrem höchsten Wohl dienen, werden in Erfüllung gehen.

Es geht jetzt nicht mehr darum, das zu bekommen, was Sie sich wünschen. Sie müssen ganz sicher sein, daß Sie das, worum Sie bitten, auch wirklich brauchen – denn Sie werden es erhalten. Alles, worum Sie bitten, wird von nun an immer rascher in Erfüllung gehen, denn die Gesetze der Manifestation orientieren sich jetzt an den höheren Ebenen. In den höheren Dimensionen setzt sich alles, woran Sie denken, sofort in die Realität um.

Es hat noch nie so viele Möglichkeiten gegeben, so viele Wege, noch nie bestand in einem solchen Ausmaß die Gelegenheit, sich auszusuchen, in was für einer Realität man leben möchte. Das Wichtigste an diesen neuen Energien sind die Möglichkeiten, die sie zu Freude, Wachstum und zu kraftvoller Lebendigkeit bieten. Sie werden Ihnen bewußtmachen, daß Sie ein vieldimensionales Wesen sind. Mit ihrer Hilfe können Sie den großen Plan der menschlichen Evolution erkennen und entdecken, welche Rolle Sie in diesem wunderbaren, faszinierenden Zeitalter der Wandlung spielen.

TEIL I

Aufwärts streben

Werden Sie eins mit Ihrem Höheren Selbst

Licht als kreative Kraft

Die Verbindung mit dem Universalen Geist

Wie man mit dem Höheren Willen in Kontakt tritt

Offenbarungen – ein Blick auf die größeren Zusammenhänge

Wie man sich den inneren Ebenen öffnet

Der Aufstieg zu einem höheren Bewußtsein

1
Werden Sie eins mit Ihrem Höheren Selbst

Durch Ihr spirituelles Wachstum begeben Sie sich auf eine wunderbare Reise der Selbstentdeckung. Sie werden die Geheimnisse des Universums zunehmend begreifen und Techniken zur persönlichen Transformation lernen. Wenn Sie auf eine höhere Ebene emporsteigen, wird Ihr Leben leicht und mühelos ablaufen. Alles, was Sie brauchen, wird von selbst auf Sie zukommen, und Ihre kreativen Bemühungen werden von Resultaten gekrönt sein, von denen Sie heute nicht zu träumen wagen.

Das spirituelle Wachstum ist eine Reise durch die unendlichen Räume des Bewußtseins. In diesem Buch möchte ich Ihnen ein paar Techniken und Informationen vermitteln, mit deren Hilfe Sie sich müheloser und freudiger weiterentwikkeln können. Dieses Wissen wird Sie auf die nächsthöhere Ebene emporheben, auf der Sie dann fast ausschließlich durch die Erfahrung höherer Energiezustände und durch die Verbindung zu Ihrem Höheren Selbst wachsen.

Das «spirituelle Wachstum», das ich in diesem Buch beschreiben möchte, entsteht aus der Verbindung zu Ihrem Höheren Selbst und zu einer höheren Macht – dem Gott oder der Göttin in Ihnen und außerhalb von Ihnen, Christus, Allah, Buddha, dem Alles-Was-Ist. Diese Verbindung wird Ihnen Lebendigkeit, einen gesunden Körper, liebevolle Freunde und eine stützende Umgebung schenken, und sie wird Ihnen Gelegenheit geben, Ihren Teil zur Veränderung der Welt beizutragen.

Der spirituelle Weg kann spielerisch und freudvoll sein.

Durch spirituelles Wachstum können Sie bewirken, daß Ihr tägliches Leben harmonisch und reibungslos abläuft. Es werden Ordnung, Harmonie, Klarheit und Liebe auf höherer Ebene in alle Bereiche Ihres Lebens einkehren. Wenn Sie also ein glückliches, friedliches, von Liebe erfülltes Leben führen möchten, sollten Sie sich in erster Linie auf Ihr spirituelles Wachstum konzentrieren. Das ist Ihr wichtigstes Ziel.

Im Laufe Ihres Wachsens werden Sie einen größeren Überblick über Ihr Leben gewinnen. Wenn Sie Ihren Willen mit dem Höheren Willen vereinen, werden Ihnen der Plan der menschlichen Evolution und Ihr Anteil daran bewußter werden. Sie werden Ihre Lebensaufgabe erkennen und werden auch die Werkzeuge erhalten, die Sie dazu brauchen. So werden Sie etwas Sinnvolles für die Menschen oder die Pflanzenwelt, das Tierreich oder die Erde beitragen können. Es wird etwas sein, das Ihnen Freude macht. Sie werden immer das tun können, was Ihnen Freude bereitet. Ihre Arbeit kann gleichzeitig ein Spiel für Sie sein.

Sobald Sie sich den höheren Dimensionen öffnen, werden Sie in der Lage sein, die Schleier der Illusion zu lüften und die Welt durch die Augen Ihres Höheren Selbst zu sehen. Ihre Kehle wird in Verbindung mit Ihrem Höheren Selbst sein, und alle Ihre Worte werden Wahrheit und Liebe ausdrücken. Ihr Denken wird erleuchtet sein und Ihre Gefühle harmonisch, wenn sie mit dem Licht des Höheren Selbst in Berührung kommen.

Ihr spirituelles Wachstum hilft Ihnen dabei, liebevolle Beziehungen aufzubauen. Wenn Sie innerlich wachsen, werden Sie auf eine höhere Weise als bisher mit den Menschen in Kontakt treten. Sie werden mehr Vertrauen haben, Ihr Herz stets offenhalten und ganz neue Ebenen der Gemeinsamkeit und Vertrautheit erreichen. So können Sie tiefere, sinnvollere Beziehungen zu den Menschen unterhalten, die Sie lieben.

Das, was viele von Ihnen in einem anderen Menschen suchen – nämlich Mitgefühl, Verständnis und Liebe –, werden Sie zuallererst in der Verbindung mit Ihrem Höheren Selbst finden. Durch diese Verbindung können Sie sich selbst mehr lieben und besser für Ihr eigenes Wohl sorgen, und Sie werden in der Lage sein, auf höhere, liebevollere Weise mit anderen umzugehen.

Ihr Höheres Selbst liebt Sie bedingungslos.

Wenn Sie innerlich wachsen, werden Sie erfahren, wie Sie Licht aussenden können, um sich selbst und Ihren Freunden Kraft und Stärke zu geben. Sie werden so sehr auf Ihre Fähigkeit vertrauen, Energie zu spüren, daß Sie sich sicher fühlen, wo immer Sie auch sind. Sie werden Ihre innere Stimme deutlich hören können und danach handeln. Und es wird Ihnen leichtfallen, mit den Energien der verschiedensten Menschen zu harmonieren. Sie werden lernen, für «negative» Energie durchlässig zu werden oder sie sogar umzuwandeln. Wohin Sie auch kommen – überall werden Sie freundliches Lächeln, Liebe und Frieden erfahren.

Auf höheren Bewußtseinsebenen können Sie subtile Energien deutlicher spüren. Sie werden lernen, die feinstofflichen Schwingungen anderer Dimensionen und Lebensformen und die Auren anderer Menschen zu fühlen und zu spüren, ja sogar zu sehen. Ihre höheren hellseherischen, telepathischen und anderen außersinnlichen Fähigkeiten werden sich stärker ausprägen, obwohl diese nur Werkzeuge sind, um Ihr Wachstum zu fördern, und kein Selbstzweck. Sie werden in Ihrem physischen Körper rasch positive Veränderungen bewirken können, und Ihre Fähigkeit zur Selbstheilung wird sich verstärken.

Ihre Ängste sind vielleicht noch nicht völlig verschwunden; aber wenn eine Angst in Ihnen emporsteigt, steigern Sie sich jetzt nicht mehr in sie hinein. Statt dessen sprechen Sie zu Ihrer Angst, senden ihr Liebe und fragen sie nach ihrer Botschaft. Sie werden es sofort merken, wenn Sie sich nicht in einem hohen Bewußtseinszustand befinden und werden dann rasch wieder zu einer ruhigen, ausgeglichenen, zentrierten Geisteshaltung zurückfinden können.

Spirituelles Wachstum ähnelt dem persönlichen Wachstum, aber es gibt einen großen Unterschied: Wenn Sie spirituell wachsen, verbinden Sie sich mit einer höheren Macht und beziehen aus dieser Verbindung die Kraft für Ihr Wachstum. Diese höhere Macht – Ihr Höheres Selbst und Gott/Alles-Was-Ist – hilft Ihrer Persönlichkeit dabei, Selbstvertrauen, Selbstliebe, Klarheit und andere wichtige Eigenschaften zu entwickeln. Wenn Sie an der Weiterentwicklung Ihrer Persönlichkeit arbeiten und diese Arbeit durch die Verbindung mit einer höheren Macht unterstützen, wird Ihre Reise freudvoller sein, Sie schneller vorwärtsbringen und tiefgreifendere Wandlungen bewirken.

Ihre Wachstumsmöglichkeiten sind unbegrenzt.

Erleuchtung bedeutet die ausgeprägte Fähigkeit, Licht in sich zu bewahren und auszustrahlen. Die Erleuchtung ist kein Zustand, den man erreicht und wo man aufhört zu wachsen und perfekt ist. Selbst wenn man noch so hoch emporgestiegen ist, gibt es immer noch höhere Ebenen zu erreichen. Wenn Sie erleuchtet sind, bedeutet das, Sie beherrschen Hilfsmittel und Methoden, um mit den Energien in Ihrer Umgebung so umzugehen, daß alles um Sie her klarer, harmonischer und lichter wird. Energie wandelt sich ständig, und soweit ich und andere Wesen in meinen Dimensionen wissen, sind die Wachstumsmöglichkeiten unbegrenzt.

Wenn Sie eine bestimmte Ebene des Lichts und des Strahlens erreicht haben, können Sie beschließen, daß Sie nicht mehr auf der Erde inkarniert werden möchten, sondern in anderen Dimensionen leben wollen, die Ihnen ganz neue Möglichkeiten bieten, sich zu einem noch strahlenderen Wesen zu entwickeln. Sie können sich aber auch dafür entscheiden, auf die Erde zurückzukehren, denn je mehr Sie innerlich wachsen, um so Wertvolleres können Sie für die Erde und die Menschheit leisten, und durch den Dienst an anderen wird Ihr Licht noch strahlender.

Es gibt viele Wege zur Erleuchtung. Wählen Sie denjenigen, der Ihnen am meisten Freude bereitet und mit Ihren Wertvorstellungen im Einklang steht. Vielleicht entscheiden Sie sich heute für diesen Weg und später einmal für einen anderen, oder Sie probieren mehrere Wege gleichzeitig aus. Gehen Sie die Wege, zu denen Sie sich hingezogen fühlen. Glauben Sie nicht, daß Sie einer bestimmten Disziplin folgen müssen, die Sie nicht anspricht, nur weil andere Menschen behaupten, das sei der «richtige» Weg zum inneren Wachstum. Jeder Mensch ist einmalig. Vertrauen Sie darauf, daß Ihr Höheres Selbst Sie auf den Weg führen wird, der für Sie am geeignetsten ist.

Wenn Sie spirituell wachsen möchten, sollten Sie sich zuerst einmal von allen vorgefaßten Meinungen lösen, die Sie über dieses Wachstum und über Ihre jetzige Entwicklungsstufe haben. Vielleicht haben Sie gehört, als spirituell entwickelter Mensch müsse man sich an vergangene Leben erinnern, stundenlang meditieren und in ständiger Glückseligkeit leben können oder übermenschliche Fähigkeiten besitzen – zum Beispiel seinen Körper nach Belieben verlassen zu können oder Hunderte von Jahren alt zu werden. In bestimmten Wachstumsstadien können sich solche Phänomene von selbst einstellen, aber man muß diese Fähigkeiten nicht haben, um ein höherentwickeltes Wesen zu sein.

Viele hochentwickelte Seelen können sich nicht an frühere Leben erinnern, besitzen auch keine übermenschlichen Gaben und verbringen keineswegs den ganzen Tag mit Meditation. Solche Seelen arbeiten auf den verschiedensten Gebieten daran, die Bedingungen der Menschheit auf eine höhere Ebene zu heben, ihr Bewußtsein zu erweitern und in das Gebiet, auf dem sie tätig sind, mehr Licht zu bringen. Sie üben durchaus praktische Tätigkeiten aus und erreichen viele positive Resultate. Für diese Menschen ist die Arbeit ihre Meditation. Sie bietet ihnen die Möglichkeit zu spirituellem Wachstum. Sie haben gelernt, sich auf Höheres zu konzentrieren, während sie im Dienst an der Menschheit gleichzeitig ihre Energien nach außen richten. Solche Menschen brauchen keine übermenschlichen Fähigkeiten, um ihr höheres Ziel zu erreichen.

Spirituelles Wachstum ist der Prozeß, durch den Sie mit Ihrem Höheren Selbst eins werden.

Ihr Höheres Selbst ist ein dynamisches, ständig wachsendes Lebenskraftbewußtsein. Es existiert in einem Bereich, in dem alle Wesen zu einem einzigen vieldimensionalen Bewußtsein verschmolzen sind. Ihr alltägliches Bewußtsein ist nur ein Aspekt Ihres Höheren Selbst, und zwar jener Aspekt, der in Ihrer physischen Realität existiert. Ihr Höheres Selbst sendet Ihnen ständig Impulse, die Sie auffordern, liebevoll und einig mit anderen zu sein. Es kennt Harmonie, Ordnung und Licht. Wenn Sie diese Qualitäten in Ihr Leben einkehren lassen, handeln Sie in Seinem Sinn.

Ihr Höheres Selbst weiß, warum das Leben Sie gerade mit den Herausforderungen konfrontiert, mit denen Sie im Augenblick zu kämpfen haben. Es ist die Essenz dessen, der Sie sind. Es bewahrt das angesammelte Wissen aus allen Ihren Leben. Es ist der weise Lehrer in Ihrem Inneren, kennt keine Grenzen und ist an keine der Rollen gebunden, die Sie spielen. Es kann Sie heilen und Ihnen helfen, sich weiterzuentwickeln, wenn Sie Seine hohe, feine Schwingung in Ihren Körper und all Ihre Energiesysteme integrieren.

Normalerweise spricht Ihr Höheres Selbst durch Ihre Intuition und Ihre Gefühle zu Ihnen. Es kann auch in Form seltsamer Zufälle und Synchronizitäten mit Ihnen kommunizieren – durch Leute, Zeitungen, Bücher, Filme und alles mögliche andere, was Ihnen die Botschaften vermittelt, die Sie gerade brauchen. Wenn Sie die Verbindung zu Ihrem Höheren Selbst verstärken, werden Ihnen immer mehr Einsichten und Offenbarungen zuteil werden, und Ihre Bewußtheit wird sich erweitern.

Sie können in Ihrer spirituellen Entwicklung einen gewaltigen Sprung vorwärts tun, wenn Sie mit Ihrem Höheren

Selbst in Verbindung treten. Manche Menschen nehmen den Kontakt zu Ihm auf, indem sie sich einfach vorstellen, mit einem weisen Lehrer oder Ratgeber zu sprechen und ihn um Rat zu bitten. Wir wollen gleich mit dem nächsten Schritt beginnen: Sie können mit Ihrem Höheren Selbst *identisch* werden. Sie können lernen, die Gefühle und Gedanken und die Weisheit Ihres Höheren Selbst direkt zu erfahren und immer häufiger mit Ihm identisch zu sein, bis Sie für immer mit Ihm verschmolzen sind.

Sie können jederzeit Ihr Höheres Selbst sein. Ihr Höheres Selbst ist Ihr umfassenderes, liebevolles, weises und mitfühlendes Selbst. In den Augenblicken, in denen Sie sich intensiv auf das konzentrieren, was Sie gerade tun, in denen Sie aus Ihrem Herzen heraus handeln oder kreative Einsichten empfangen, sind Sie bereits jetzt mit Ihrem Höheren Selbst identisch. Wenn Sie mit Licht arbeiten, das Bewußtsein in anderen Menschen verändern oder sich darauf ausrichten, wie Sie der Welt dienen und sie verändern können, dann sind Sie Ihr Höheres Selbst. Ich will Ihnen zeigen, was für ein Gefühl es ist, mit seinem Höheren Selbst identisch zu sein und Sein strahlenderes Licht in alle Lebensbereiche einströmen zu lassen. Wenn Sie die Augenblicke erkennen, in denen Sie bereits jetzt mit Ihrem Höheren Selbst eins sind, können Sie diese häufiger herbeirufen.

Spirituelles Wachstum entspringt aus einem immer intensiver werdenden Kontakt mit Ihrem Höheren Selbst, indem Sie Ihm erlauben, alle Bereiche Ihres Lebens zu lenken. Sobald Sie sich auf den Weg des spirituellen Wachstums begeben haben, d. h., das höhere Wesen, das Sie eigentlich sind, kennenzulernen und zu erforschen und die Geheimnisse des Universums zu entschleiern, werden Sie nie wieder derselbe Mensch sein wie früher. Sie werden vielleicht einmal eine Zeitlang innehalten oder sich entscheiden, langsamer voranzuschreiten – aber wenn Sie erst einmal die Freude des inneren Wachstums erlebt haben, werden Sie nicht mehr lange stillstehen wollen. Sobald Sie sich einmal auf dieses Abenteuer eingelassen haben, wollen Sie wahrscheinlich nie wieder damit aufhören!

Wie Sie mit Ihrem Höheren Selbst eins werden können

Meditation

In dieser Meditation sollen Sie mit Ihrem Höheren Selbst in Verbindung treten, das ein Teil von Ihnen ist. Sie sollen spüren, daß Ihr Höheres Selbst mit Ihnen identisch ist.

Bei allen Meditationen sollten Sie ruhig dasitzen, Ihren Körper entspannen, Ihren Geist konzentrieren und mit einem tiefen Atemzug beginnen. Vielleicht möchten Sie sich auch eine Musik anhören, die Sie beruhigt und Ihren Geist auf eine höhere Ebene einstimmt. Sie können die Meditationsanleitungen laut vor sich hin sprechen, Sie können sie sich aber auch von einem Freund vorlesen lassen oder auf Kassette aufnehmen und dann wieder abspielen. Haben Sie Schreibgerät und Papier oder einen Kassettenrecorder griffbereit, damit Sie Ihre Antworten aufschreiben oder aufnehmen können.

Meditationsschritte:

1. Setzen Sie sich mit offenen oder geschlossenen Augen bequem hin. Wenn Sie möchten, können Sie die Hände an die Seiten legen. Atmen Sie ein paarmal tief.

2. Stellen Sie sich vor, wie Ihr ganzer Körper sich allmählich entspannt. Beginnen Sie bei den Zehen, und dann lassen Sie das Gefühl des Entspanntseins in Ihre Füße, Waden und Schenkel, in Ihren Unterleib, unteren Rücken, Ihre

Brust, Ihren oberen Rücken und Ihre Schultern emporsteigen. Als nächstes entspannen Sie Ihre Arme und Hände, den Nacken, den Kopf und das Gesicht. Auch Ihre Kiefermuskeln und die Muskeln rund um Ihre Augen sollen völlig entspannt sein. Entspannen Sie sich so lange, bis Sie das Gefühl haben, konzentriert und von innerem Frieden erfüllt zu sein, und sich körperlich vollkommen wohl fühlen.

3. Setzen Sie sich so hin, daß Ihre Energie leichter in Ihrer Wirbelsäule auf- und abströmen kann. Atmen Sie ein, und füllen Sie die obere Hälfte Ihrer Brust mit Luft. Zwerchfell und Unterleib sollten sich dabei so wenig wie möglich bewegen. Atmen Sie noch mehrere Male auf diese Weise ein, und achten Sie darauf, wie Sie sich dabei fühlen. Nun atmen Sie mehrere Male in den Unterleib und anschließend mehrere Male in die obere Hälfte Ihrer Brust und den Unterleib gleichzeitig.

4. Tun Sie einen tiefen Atemzug und heben und strecken Sie dabei den Brustkorb, so daß Ihre Wirbelsäule gerader wird. Vielleicht fällt Ihnen auf, daß Sie dabei das Bedürfnis haben, auch Hinterkopf und Nacken in die bequemste aufrechte Position zu bringen. Dadurch wird Ihr Gefühlskörper fließender, Ihr Herzzentrum öffnet sich eher, und es fällt Ihnen leichter, höhere Gedanken zu fassen.

5. Jetzt sind Sie für die Begegnung mit Ihrem Höheren Selbst bereit. Stellen Sie sich vor, daß viele höhere Wesen in einem Kreis um Sie herumsitzen. Spüren Sie den Frieden, die Freude und die Liebe um Sie her. Diese

Wesen sind hier, um Ihnen bei der Begegnung mit Ihrem Höheren Selbst zu helfen.

6. Sehen Sie Ihr Höheres Selbst in der Ferne. Jetzt kommt es langsam auf Sie zu. Sie können Es sich als schönes, schimmerndes, strahlendes Licht vorstellen. Begrüßen Sie Ihr Höheres Selbst, heißen Sie Es willkommen und fordern Sie Es auf näherzutreten. Bitten Sie Ihr Höheres Selbst im Geist, daß Es Ihnen hilft, eine intensivere Verbindung zu Ihm aufzubauen. Spüren Sie, wie das Strahlen Seiner Liebe Sie von allen Seiten umgibt und umarmt. Fühlen Sie, wie von diesem Höheren Selbst Linien der Liebe ausgehen und auf Sie zukommen. Spüren Sie, wie Ihre Schwingungen höher und intensiver werden, sobald diese Linien Sie berühren. Ihr Höheres Selbst vereint sich jetzt mit Ihnen. Fühlen Sie, wie Ihre Moleküle und Atome mit Ihm verschmelzen, als gewännen Sie einen Teil Ihrer Energie zurück. Lassen Sie Ihr Höheres Selbst noch mehr mit Ihnen eins werden, bis all Ihre Energiemuster Sein Strahlen in sich aufgenommen haben. Jetzt sind Sie und Ihr Höheres Selbst völlig vereint.

7. Sie sind jetzt Ihr Höheres Selbst. Öffnen Sie nun Ihre Atmung, um den Energiestrom in Ihrem Körper zu intensivieren. Verändern Sie Ihre Haltung; Sie sitzen jetzt so da wie Ihr Höheres Selbst. Richten Sie Ihre Schultern und Ihren Brustkorb auf, um Ihr Selbstvertrauen und Ihre Weisheit zum Ausdruck zu bringen. Was für einen Gesichtsausdruck haben Sie als Ihr Höheres Selbst?

8. Denken Sie an eine Situation, in der Sie der Führung

bedürfen. Und nun geben Sie sich als Ihr Höheres Selbst Ratschläge im Hinblick auf diese Situation. Stellen Sie sich vor, ein weiser Lehrer und Berater zu sein. Was für einen Rat würden Sie sich selbst dann geben? Wenn Sie möchten, können Sie Ihre Antwort laut vor sich hin sprechen oder niederschreiben.

9. Haben Sie als Ihr Höheres Selbst auch noch andere Botschaften, zum Beispiel im Hinblick auf Ihr spirituelles Wachstum, Ihr höheres Ziel oder irgend etwas anderes?

10. Danken Sie Ihrem Höheren Selbst, daß Es sich mit Ihnen vereint hat, und bleiben Sie so lange mit Ihm identisch, wie Sie möchten.

Ich werde diesen Zustand von nun an den «Höheres-Selbst-Zustand» nennen. Einige der folgenden Meditationsübungen beginnen mit der Anleitung: «Versetzen Sie sich in den Höheres-Selbst-Zustand.» Das können Sie mit Hilfe dieser Meditation erreichen. Je häufiger Sie üben, sich in diesen Zustand zu versetzen, um so stärker wird Ihr Drang werden, über Ihre Zukunft und wichtige Entscheidungen nur noch in diesem Zustand nachzudenken. Wenn Sie sich häufig in den Höheres-Selbst-Zustand versetzen, eignen Sie sich damit nach und nach die Fähigkeit an, ständig mit Ihrem Höheren Selbst identisch zu sein.

2
Licht als kreative Kraft

Licht ist eine der mächtigsten Kräfte im Universum. Sie können sich das Licht als eine lebendige Gegenwart vorstellen, die die Fähigkeit besitzt, überall gleichzeitig zu sein. Das Licht reagiert sofort, wenn Sie daran denken oder es herbeirufen. Es existiert in allen bekannten Universen, wenn auch nicht in genau derselben Form wie bei uns.

Licht ist eine mächtige Wandlungskraft. Deshalb ruft die neue Lichtwelle, die sich im Augenblick durch unser Universum bewegt, so viele Veränderungen hervor. Sie können mit Hilfe des Lichts Ihre Verbindung zu Ihrem Höheren Selbst verstärken. Sie können es anrufen und bitten, Energien umzuwandeln und Ihnen und den Menschen, die Sie lieben, Kraft und Heilung zu schenken. Licht kann Ihre Schwingungen erhöhen und intensivieren, die Kraft Ihrer positiven Gedanken verstärken und Ihr Herz öffnen. Sie können sich mit ihm verbinden, sich seine Kraft zunutze machen und überall in Ihrer Umgebung Gutes schaffen.

Die Kraft des Lichtes wird von Tag zu Tag intensiver.

Das Licht auf Ihrem Planeten nimmt immer mehr zu, und seine Kraft verstärkt sich von Tag zu Tag. Das bedeutet, daß Ihre positiven und liebevollen Handlungen jetzt mehr Einfluß haben als die anderen Aktivitäten, die nicht positiv und von Liebe getragen sind. Das war nicht immer so. Früher war die Macht des Lichts auf diesem Planeten noch nicht so groß. Man brauchte viel Konzentration und eine starke Absicht, um etwas Gutes zu bewirken. Es kostete große Mühe, Energie auf eine höhere Ebene zu verlagern. Aber nun, da die Kräfte des Lichts erstarken, trägt Sie schon ein kleiner Schritt rascher weiter als in der Vergangenheit.

Sie müssen intuitiv begreifen, was Licht ist und wie Sie mit ihm in Verbindung treten können. Das ist wichtiger als alle Definitionen von Licht, die ich Ihnen geben könnte. Wenn ich zu Ihnen sagte: «Nehmen Sie Verbindung mit dem Licht auf», dann müßten Sie instinktiv wissen, wie man das macht, denn Ihr Höheres Selbst steht ständig mit dem Licht in Verbindung. Sobald Sie an Licht denken, beginnen Sie mit Ihrem Höheren Selbst mitzuschwingen.

Sie können mehr Licht in Ihr Leben bringen, indem Sie einfach daran denken. Das Licht reagiert auf Ihre Gedanken. Es wird dann sofort zu Ihnen hingezogen. Anfangs wird es Ihnen leichter fallen, Licht anzuziehen, als Licht auszustrahlen. Doch wenn Sie öfter an das Licht denken, laden Sie sich damit auf und umgeben sich mit einem strahlenden Lichtkörper. Je mehr Licht Ihr Körper in sich bewahren kann, um so höher wird Ihre Schwingung und um so leichter werden Sie die Energie in Ihrer Umgebung auf ein höheres Niveau heben können.

Halten Sie einen Augenblick inne und rufen Sie Licht herbei.

Stellen Sie sich vor, daß Sie unter einem Wasserfall aus funkelndem Licht stehen und daß Ihr Körper und Ihre Aura immer strahlender werden. Fühlen Sie, wie Licht durch Ihren Körper strömt. Schon der Gedanke an das Licht wird alle Zellen Ihres Körpers verjüngen und Ihre Energie steigern. Das Licht kann Sie auf Ihre nächste Entwicklungsstufe heben und Ihre Erlebnisse und Erfahrungen grundlegend verändern.

Nehmen Sie jeden Tag ein paar Augenblicke Verbindung mit dem Licht auf – bei der Arbeit, in Ihrem Auto, zu Hause oder in einem Geschäft. Jedesmal, wenn Sie sich mit dem Licht verbinden, bauen Sie eine Brücke zwischen sich selbst und den höheren Daseinsbereichen. Durch diese Lichtbrücke wird alles, was Sie auf der Erdebene tun, strahlender und wirksamer.

Sie können das Licht sehr intensiv nutzen, indem Sie sich vorstellen, daß Sie eine Kugel oder einen Kokon aus Licht um sich herum bauen, der bis über Ihren Kopf und bis unter Ihre Füße reicht. Im Anschluß an dieses Kapitel finden Sie eine Energiemeditation, die Ihnen beim Aufbau dieses Lichtkokons hilft. Denken Sie an das Licht nicht als Schutz, sondern als Energie, die so stark ist, daß sie die Schwingungen Ihrer gesamten Umgebung erhöhen kann. Dieses Bild kann in Ihnen ein Gefühl der Kraft, Harmonie und Liebe erwecken. Wenn Sie sich mit Licht umgeben, brauchen Sie keine Mauer um sich herum zu bauen, um unerwünschte Dinge von sich fernzuhalten. Ihr Licht wird allem um Sie her eine höhere Schwingung verleihen.

Wenn Sie sich mit dem Bild dieses Lichtes umgeben, erhöhen Sie Ihre eigene Schwingung. Ihre höhere Energie wird einen Ton anstimmen, den Ihre Umgebung aufnehmen kann. Nicht alle werden in der Lage sein, sich auf die höhere Frequenz einzustimmen. Aber Sie machen den anderen dadurch eine höhere Schwingung zugänglich, und Ihnen wird es leichter fallen, ruhig und in Ihrer Mitte zu bleiben, das Herz offenzuhalten und liebevoll und mitfühlend zu sein.

Wenn Sie an einer geschäftlichen Besprechung oder einer anderen Zusammenkunft teilnehmen, bei der eigentlich recht wenig erreicht wird – oder wenn Sie mit dem Ablauf unzufrieden sind und ihn ändern möchten –, sitzen Sie ruhig da und rufen Sie Licht herbei. Stellen Sie sich Licht überall um sich herum vor, und dehnen Sie es so weit aus, bis es alle Anwesenden einschließt. Sie werden subtile, manchmal auch deutlicher spürbare Veränderungen wahrnehmen. Denken Sie weiter an das Licht, und verstärken Sie Ihr eigenes Gefühl von innerem Frieden, Harmonie und Liebe. Eine Frau, die sich vor Gericht gegen eine ungerechte Anklage verteidigen mußte, umgab sich mehrere Tage hintereinander mit Licht. Erstaunt stellte sie fest, daß die Stimmung im Gerichtssaal sich allmählich veränderte und günstiger für sie wurde. Schließlich wurde ein Urteil zu ihren Gunsten gefällt.

Wenn Sie Licht zu sich rufen, werden Sie vielleicht feststellen, daß Ihr Herz sich immer mehr öffnet. Es wird Ihnen leichter fallen, dem Universum zu vertrauen und zu wissen, daß nichts Sie verletzen kann. Aus Ihrer Fähigkeit, in Ihrem Leben positive Veränderungen zu bewirken, und dem Bewußtsein, daß Sie Ihr Schicksal selbst in der Hand haben, wird Ihnen Selbstvertrauen erwachsen. Das Licht kann Ihnen ein Gefühl des inneren Friedens schenken, ganz unabhängig davon, was in Ihrer Umgebung vorgeht.

Mit dem Licht, das Sie ausströmen, können Sie Ihre Beziehungen zu anderen Menschen harmonischer gestalten.

Wenn sich irgend etwas Trennendes zwischen Sie und einen geliebten Menschen geschoben hat, können Sie die Energie, die zwischen Ihnen beiden herrscht, mit Hilfe von Licht verändern. Wenn jemand wütend auf Sie ist, würden Sie sich normalerweise vielleicht große Mühe geben, ihn zu beruhigen. Statt dessen brauchen Sie nur innerlich ruhig zu werden und Licht herbeizurufen. Laden Sie sich mit möglichst viel Licht auf, und gestalten Sie Ihre eigene Energie so schön, wie Sie es sich nur vorstellen können. Dann senden Sie Licht aus Ihrem Herzen zum Herzen des anderen. Lassen Sie nicht nach, bald werden Sie eine positive Veränderung in den Gefühlen zwischen Ihnen und diesem Menschen spüren.

Eine Frau hatte Probleme mit ihrem Mann, der wütend wurde und sie anschrie, wenn sie nicht das tat, was er wollte. Sie gab sich stets große Mühe, ihm alles recht zu machen, aber dadurch schien alles nur noch schlimmer zu werden. Eines Tages, als sie wieder einmal Streit mit ihm hatte, kam ihr eine Idee. Statt sich zu verteidigen, ging sie in ein anderes Zimmer, stellte sich ihre eigene Energie so schön und klar wie möglich vor und umgab sich mit Licht. Bald spürte sie, wie sich ein Gefühl des inneren Friedens in ihr ausbreitete.

Nun begann sie ihrem Mann friedliche, liebevolle Gedanken zu senden, unternahm aber sonst nichts, um ihn zu beruhigen. Sie sandte ihm Licht. Ein paar Minuten später kam er herein und sprach mit ihr, als hätte es nie einen Streit gegeben. So rasch hatten sie sich noch nie wieder versöhnt, und dabei hatte sie gar nichts anderes getan, als sich selbst zu beruhigen, ihre eigene Energie zu verschönern und Licht zu ihm auszustrahlen. Dagegen hatten ihre früheren physischen und verbalen Versuche, ihn zu beruhigen, die Situation nur noch verschlimmert.

Es gibt viele praktische Möglichkeiten, die Kraft des Lichts zu nutzen. Auf Reisen können Sie z. B. sich und das Fahrzeug, in dem Sie reisen, mit Licht umgeben, um sich sicher und beschützt zu fühlen. Oder Sie umgeben Ihr Haus mit Licht, wenn Sie fortgehen. Wenn Ihre Kinder morgens zur Schule gehen oder andere geliebte Menschen das Haus verlassen, spinnen Sie sie in eine Lichtkugel ein. Ihre liebevollen Gedanken und Bilder des Lichts werden sie den ganzen Tag über begleiten, sie beschützen und es ihnen erleichtern, positive Dinge anzuziehen.

Ein Mann hatte einmal eine Auseinandersetzung mit einem schwierigen Kunden, der unberechtigte Forderungen stellte und sich lautstark beschwerte. Statt ihn zu beschwichtigen, stellte er sich vor, rundum in Licht eingesponnen zu sein; er verschönerte seine Energie, tat einen tiefen Atemzug und sandte dem Kunden durch sein Herz Licht. Innerhalb weniger Minuten hatte die Energie zwischen den beiden sich entscheidend verändert, der Kunde wurde ruhiger und vernünftiger.

Ein anderer Mann wurde ganz unerwartet von seiner Frau verlassen. Sie zog aus und nahm die Kinder mit. Er war völlig verzweifelt, denn er liebte die Frau und die Kinder. Obwohl er nicht daran glaubte, rief er jeden Tag Licht herbei und sandte seiner Frau Liebe. Statt wütend zu werden oder sie um ihre Rückkehr zu bitten, rief er jedesmal Licht zu sich, wenn er mit ihr zusammen war. Vor ihrem Auszug hatte sie sich ihm gegenüber kalt und distanziert gezeigt. Doch sobald er die Hilfe des Lichts in Anspruch nahm, wurde sie sanfter und umgänglicher. Innerhalb von zwei Monaten kehrte sie wieder zu ihm zurück.

So können auch Sie Ihre Zukunft verändern, indem Sie

sich vorstellen, was geschehen soll, und dieses Zukunftsbild in Licht einhüllen. Denken Sie an irgendeinen Zeitpunkt in der Zukunft – in einem Tag, einem Monat oder einem Jahr –, und senden Sie ihm Licht. Dadurch wird alles, was Sie zu diesem Zeitpunkt erleben, besser ausfallen.

Licht ist eine sehr wirksame Quelle der Heilung. Wenn Sie irgendwo Beschwerden haben, senden Sie diesem Bereich Ihres Körpers Licht.

Sie können das Licht ebenso bitten, Ihren Körper zu heilen. Nehmen Sie sich einen Augenblick Zeit, um ruhig zu werden und sich auf Ihren Körper einzustimmen. Haben Sie irgendwelche Beschwerden? Konzentrieren Sie sich auf den Bereich Ihres Körpers, der Ihnen Probleme bereitet, und verschaffen Sie sich ein klares Bild von den Beschwerden. Wie tief sitzen sie, und wie groß ist die schmerzende Fläche? Nun denken Sie ans Licht und rufen Sie es herbei. Hüllen Sie den kranken Körperteil in Licht ein und fragen Sie ihn, ob es noch etwas gibt, womit Sie ihm helfen könnten, seinen Schmerz oder sein Leiden loszulassen.

Eine Frau, die unter starken Rückenschmerzen litt, ging zu mehreren Ärzten. Keiner konnte eine physische Ursache für ihre Schmerzen finden. Da begann sie ihrem Rücken Licht zu senden. Nach einiger Zeit hatten die Schmerzen nachgelassen. Jedesmal, wenn sie wiederkehrten, waren sie weniger heftig. Als sie mehr Licht in ihr Leben rief, erkannte sie auch, daß sie sich ungeheuer belastet fühlte – sie versuchte ständig alle Menschen glücklich zu machen und hatte das Gefühl, wenn sie auch nur eine Minute lang in ihren Bemühungen nachließe und sich einfach entspannte, würde alles um sie her zusammenfallen wie ein Kartenhaus. Sie trug im wahrsten Sinne des Wortes «die Last der Welt auf ihren Schultern» und hatte das Gefühl, daß alle etwas von ihr erwarteten. Nun änderte sie ihre Einstellung und beschloß, die anderen selbst aus ihren Problemen lernen zu lassen, statt sie vor allen Schwierigkeiten bewahren zu wollen oder für sie Entscheidungen zu treffen. Durch diese Veränderung in ihrem Leben verschwanden die Rückenschmerzen völlig. Und zu ihrer Überraschung stürzte nicht alles in sich zusammen, sondern die Menschen in ihrer Umgebung begannen die Verantwortung für ihr Leben selbst zu übernehmen.

Vielleicht möchten Sie andere Menschen heilen, wissen aber nicht, wie Sie dabei vorgehen sollen. Je leuchtender Sie selbst werden, um so mehr werden Sie anderen bei ihrem Wachstum helfen – einfach durch dieses stärkere Licht. Sie können den anderen Menschen auch helfen, indem Sie ihnen Licht senden. Dadurch wird Ihr eigenes Licht noch intensiver.

Um andere durch Licht zu heilen, ziehen Sie zunächst so viel Licht an, wie Sie sich vorstellen können, und umgeben Sie sich von allen Seiten mit diesem Licht. Dann stellen Sie sich vor, so klar zu sein wie ein Kristall, so daß Sie dieses Licht völlig rein übermitteln können. Senden Sie dem Menschen, dem Sie helfen möchten, ein Bild des Lichts. Stellen Sie sich vor, wie Licht von Ihren Händen, Ihrem Herzen und Ihrer Schädeldecke ausgeht, als sendeten Sie dieser anderen Person einen Lichtstrom. Das ist alles, was Sie tun müssen. Um die Einzelheiten wird sich Ihr Höheres Selbst kümmern. Sie müssen nur die Absicht haben, dem anderen Menschen zusammen mit Ihrem Licht heilende Energie zu senden, und es wird geschehen.

Eine Freundin von Sanaya rief aus dem Krankenhaus an und erzählte, eine Bekannte von ihr habe einen Unfall gehabt und sei lebensgefährlich verletzt. Sie bat uns um Hilfe. Ich gab Sanaya die Anweisung, Licht herbeizurufen und sich mit diesem Licht zu umgeben und aufzuladen. Sobald sie das Gefühl hatte, voller Licht zu sein, bat ich sie, das ganze Licht in einem Schub der verletzten Frau ins Krankenhaus zu senden. Es waren noch ein paar andere Leute anwesend. Sie wurden gebeten, das gleiche zu tun. Ich erklärte ihnen, die Freundin im Krankenhaus könne dieses Licht für den Zweck einsetzen, der ihrem höchsten Wohl diene: entweder, um gesund zu werden oder um in Frieden zu sterben und ins Licht einzugehen. Da verstummten alle und sandten der Frau ihr Licht. Zehn Minuten später rief Sanayas Freundin an und berichtete, der Frau sei es sofort besser gegangen, und sie schwebe nicht mehr zwischen Leben und Tod.

Jemandem, von dem Sie wissen, daß er Schmerzen hat – seelische, mentale oder körperliche Schmerzen –, können Sie helfen, indem Sie ihm jedesmal Licht senden, wenn Sie an ihn denken. Es kommt oft vor, daß Ihnen ein anderer Mensch einfällt, weil er Sie gerade in diesem Augenblick aus einer tieferen Seinsebene heraus um Liebe und Licht bittet.

Das Licht, das Sie anderen Menschen senden, wird in vervielfachter Form zu Ihnen zurückkehren.

Wenn Sie lernen, mehr Licht in sich zu bewahren und auszustrahlen, so ist das ein großes Geschenk für Sie selbst und für die Welt. Je stärker Sie mit Licht aufgeladen sind und je mehr Licht Sie ausstrahlen, um so intensiver werden die Menschen sich zu Ihnen hingezogen fühlen. Diejenigen, die schon so weit sind, werden allein durch Ihre Nähe in einen höheren Bewußtseinszustand gelangen.

Alles Licht, das Sie aussenden, wird in vervielfachter Form

zu Ihnen zurückkommen. Senden Sie Licht durch Ihre Augen, indem Sie sich vorstellen, daß Licht aus Ihren Augen ausströmt, wenn Sie einen anderen Menschen ansehen. Sehen Sie vor Ihrem geistigen Auge, wie Licht aus Ihren Händen strömt, wenn Sie einen anderen Menschen berühren. Das können Sie immer tun, wenn Sie jemanden sehen, der Hilfe gebrauchen könnte – wenn Sie im Lebensmittelladen oder am Postschalter warten, wenn Sie mit Freunden zusammen sind oder wann immer es Ihnen gerade einfällt. Mit jedem Augenblick, in dem Sie Licht aussenden, wird Ihr eigenes Strahlen intensiver. Wenn Sie Ihre Energie verschönern, sich mit Licht aufladen und es dann ausströmen, sind Sie identisch mit Ihrem Höheren Selbst.

Wie Sie die kreative Kraft des Lichts nutzen können

Meditation

Durch diese Meditation können Sie lernen, wie man Licht herbeiruft, sich damit auflädt und es dann ausstrahlt.

Meditationsschritte:

Versetzen Sie sich in den Höheres-Selbst-Zustand.

1. So können Sie Licht herbeirufen und sich damit aufladen:

   a. Sehen Sie vor Ihrem geistigen Auge, wie Sie Ihre Energie so schön wie möglich gestalten. Diese Vorstellung genügt, dadurch verschönert sich Ihre Energie von selbst. Setzen Sie sich dazu möglichst bequem hin, so daß Sie tief atmen können, und lassen Sie die Energie Ihre Wirbelsäule entlangfließen.

   b. Tun Sie einen tiefen Atemzug, und laden Sie das Licht ein, zu Ihnen zu kommen. Licht ist lebendiges Bewußtsein, das sofort auf Ihren Ruf reagiert. Lassen Sie es in Ihre Wirbelsäule einströmen; stellen Sie sich Ihre Wirbelsäule wie eine Stange vor, die mit Licht gefüllt ist und sich über Ihrem Kopf und unterhalb Ihrer Füße noch fortsetzt. Von der Wirbelsäule ausgehend, strahlen Sie dieses Licht nun in Ihren ganzen Körper aus. Stellen Sie sich vor, wie Sie Ihren Körper mit Lichtlinien durchziehen, so daß er auf physischer Ebene mehr Licht enthalten kann. Senden Sie das Licht in Ihre Zellen, in Ihre

DNS und dann in alle Atome Ihres Körpers. Füllen Sie Ihren Körper vollständig mit Licht an.

c. Geben Sie diesem Licht die schönste Farbe, die Sie sich vorstellen können. Welche Farbe hat es? Ist es ein goldenes Licht, oder stellen Sie es sich weiß oder bläulichweiß vor? Lassen Sie das Licht in der Farbe und Intensität strahlen, die Ihnen am besten gefällt.

d. Stellen Sie sich das Licht als Kugel oder als Kokon vor, von dem Sie völlig umgeben sind – von vorn und hinten, über Ihrem Kopf und unter Ihren Füßen. Dehnen Sie es über Ihren Körper hinaus auf das Zimmer aus, in dem Sie sitzen. Lassen Sie Ihre Lichtkugel so groß werden, daß sie das ganze Zimmer ausfüllt oder darüber hinausgeht. Dann lassen Sie sie so klein werden, daß sie sich ganz eng an Ihren Körper anschmiegt. Entscheiden Sie, wie groß Ihre Lichtkugel sein soll. Hat sie klar umrissene Konturen, oder wird sie nach außen hin allmählich immer blasser? Wenn sie deutlich abgegrenzt ist – an welcher Stelle im Zimmer hört das Licht auf?

2. Und so können Sie das Licht ausstrahlen:

   Nachdem Sie Licht herbeigerufen und sich damit aufgeladen haben, können Sie es vielen verschiedenen Personen und Dingen senden – zum Beispiel Ihren Ideen, der Zukunft, Ihrem höheren Ziel, Ihrem Körper, Ihren Gedanken und Gefühlen. Wo immer Sie Ihr Licht hinschicken – Sie bringen die Energie dieser Person, dieses Gegenstands oder dieser Idee auf eine höhere, feinere Schwingung. Strahlen Sie Licht aus, wenn Sie sich in einer Situation befinden, die Sie ändern möchten, oder senden Sie Ihr Licht anderen Menschen, um ihnen beizustehen.

a. Denken Sie an eine Person, der Sie Licht senden möchten. Senden Sie ihr das Licht zunächst durch Ihren ganzen Körper zu. Beobachten Sie, wie sich das anfühlt. Als nächstes stellen Sie sich vor, daß Licht aus Ihren Augen, Ihren Händen oder Ihrem Herzen strömt und direkt zu diesem Menschen hinüberfließt. Schicken Sie ihm Ihr Licht auf die Weise, die Ihnen am angenehmsten und richtigsten erscheint.

b. Denken Sie an etwas anderes, dem Sie Licht senden möchten. Rufen Sie Licht herbei und laden Sie sich damit auf. Stellen Sie sich vor, Sie seien so klar wie ein Kristall, so daß Sie das Licht rein übermitteln können. Nun senden Sie dem Etwas, für das Sie sich entschieden haben, Licht. Als nächstes schicken Sie ihm zuerst durch Ihr Herz und dann durch Ihren ganzen Körper Energie. Senden Sie das Licht auf die Weise, die sich am angenehmsten und richtigsten anfühlt.

c. Überlegen Sie sich anderes, dem Sie Licht schikken möchten – zum Beispiel dem Weltfrieden, der Erde, den Tieren usw. Spüren Sie, wie Ihr eigenes Licht immer strahlender und schöner wird, wenn Sie anderen Licht senden?

d. Sie haben jetzt gelernt, wie man Licht herbeiruft, sich damit auflädt und es ausstrahlt.

3
Die Verbindung mit dem Universalen Geist

Alles in Ihrer Umgebung ist Teil des Universalen Geistes, den man auch Gott oder Alles-Was-Ist nennt. Der Universale Geist ist unmanifestierte Essenz – die Substanz, aus der alle physischen Formen entstehen. Auch Sie sind ein Teil dieser Unendlichen Intelligenz. Diese Höhere Intelligenz ist vollkommen und schafft Ihre Gedanken, Glaubensvorstellungen und inneren Bilder und auch die Welt um Sie her in vollendeter Weise. Sie können lernen, mit diesem Höheren Geist Verbindung aufzunehmen und dadurch unbegrenzte Gesundheit und Fülle, neue Ideen, neues Wissen und alles andere anzuziehen, was Sie sich wünschen.

Der Universale Geist ist vollkommen.
Er erschafft alles, woran Sie denken,
in vollendeter Form.

Wie können Sie Ihre Verbindung mit dieser überwältigenden, allmächtigen Kraft zu Ihrem höchsten Wohl nutzen?

Denken Sie eher daran, was Sie sich wünschen, als daran, was Sie sich nicht wünschen, denn der Universale Geist erschafft alles, was Ihnen durch den Kopf geht. Richten Sie Ihre Aufmerksamkeit fest auf Ihre Visionen, Hoffnungen, Träume und Ziele, und glauben Sie daran, daß sie sich erfüllen werden. Unterstellen Sie Ihren Geist der Führung Ihres Höheren Selbst, dann werden Ihre Gedanken klar, positiv und kreativ werden.

Stellen Sie sich vor, daß Ihre Realität in Wirklichkeit nur ein Traum ist. Sie haben diesen Traum mit gewissen Requisiten verschönert – Ihrem Zuhause, Ihrer Arbeit und Ihrem materiellen Besitz. All diese Dinge spiegeln wider, was Sie Ihrer Meinung nach haben können. Außerdem haben Sie Menschen angezogen, die in Ihrem Leben eine ergänzende Rolle spielen. Sie dienen als Spiegel, der Ihnen mehr über sich selbst verrät. Sie sind auf der Erde, um etwas über Ihre Gedanken und Emotionen zu erfahren, und darüber lernen Sie am meisten, wenn es Ihnen aus Ihrer Umgebung widergespiegelt wird.

Da Ihre Realität IHR Traum ist, können Sie sich diese Realität so vorstellen, wie Sie möchten. Sie können jederzeit das Drehbuch ändern, neue Schauspieler einführen und Ihrem Traum eine bessere Wendung geben. Sie können alles haben, was Sie sich wünschen und was Ihrem höchsten Wohl dient. Ihre Realität ist nicht so starr festgelegt, wie Sie vielleicht glauben. Sie können Ihre Lebensumstände leichter ändern als Sie denken. Sie können in einer Welt der Freude, des Friedens und der Fülle leben und stets von lächelnden Gesichtern umgeben sein. Ihre Möglichkeiten sind unbegrenzt.

Durch «Energiearbeit» können Sie Wunder bewirken.

Wie können Sie mit dem Universalen Geist in Verbindung treten und mit Seiner Hilfe alles erschaffen, was Sie möchten? Das ist gar nicht schwer. Sie sind ständig mit dem Universalen Geist verbunden, denn Er schafft alles, woran Sie denken. Aber durch das, was ich als «Energiearbeit» bezeichne, können Sie lernen, bewußt mit Ihm Verbindung aufzunehmen, ehe Sie physische Schritte unternehmen, um irgend etwas zu bewirken. Der Universale Geist enthält die unmanifestierte Essenz aller Formen, ehe sie in Ihrer physischen Realität auftauchen. Energiearbeit bedeutet nichts anderes, als bewußt mit dem Universalen Geist zusammenzuarbeiten.

Bei der Energiearbeit setzt man seine Gedanken und seine Vorstellungskraft und Visualisationen ein, ehe man in physischer Hinsicht aktiv wird. Man nutzt die Kräfte des Lichts und des Magnetismus und seine Verbindung mit höheren Dimensionen, um die gewünschten Resultate zu erzielen.

Sie können mit Hilfe Ihrer Vorstellungskraft alles, was Sie möchten, in Muster, Farben, Symbole oder Gefühle verwandeln. Das ist Energiearbeit. Anschließend versuchen Sie sich dieses Muster noch schöner, offener und harmonischer vorzustellen. Sie können mit der Energie dessen arbeiten, was Sie erschaffen möchten. Stellen Sie es sich zunächst einmal im Geist vor und spielen Sie mit dieser Vorstellung.

Wenn Sie Energiearbeit leisten und dann Licht in Ihre Vorstellungen einströmen lassen, sind Ihre Möglichkeiten grenzenlos. Dann können Sie alles erschaffen, was Sie möchten. Tun Sie es, bevor Sie physisch handeln, dann werden die gewünschten Ereignisse, Umstände oder Dinge viel rascher und in vollkommenerer Form in Ihr Leben treten. Wenn Sie direkt mit der Essenz des Gewünschten arbeiten, wird es in seiner höchsten Form zu Ihnen kommen. Durch Energiearbeit können so rasche und durchschlagende Resultate erzielt werden, daß mancher tatsächlich glauben wird, Sie könnten «Wunder wirken».

Vor der Energiearbeit sollten Sie sich auf das Ergebnis konzentrieren, das Sie schaffen möchten. Dann stellen Sie sich Ihre mentale Aura als ein Netz aus Licht vor, das sich nach oben hin fortsetzt und immer feiner wird. Manche Menschen stellen sich dieses Netz wie einen Wandschirm vor, dessen Maschengeflecht sich nach oben zu immer mehr verfeinert. Andere sehen es als ein Gewebe aus Licht und malen sich aus, wie dieses Gewebe in den höheren Dimensionen immer enger und zarter wird.

Nun senden Sie Ihr Bewußtsein an diesem Netz entlang nach oben, und sehen Sie vor Ihrem geistigen Auge, wie Sie mit den höheren Aspekten des Universalen Geistes in Verbindung treten. Stellen Sie sich vor, daß Sie dem Energiezustand des Gegenstands oder Zustands begegnen, den Sie erschaffen möchten, und arbeiten Sie mit allen Bildern, die Ihnen in den Sinn kommen, um diese Energie zu verschönern. Sobald Ihnen die Energie des gewünschten Gegenstands oder Zustands gut und richtig erscheint, können Sie ihn in Ihre Realität «hineinziehen», indem Sie sich vorstellen, daß Sie diese Energie in Licht-Elementarteilchen verwandeln, mit denen Sie harmonieren und die Sie in Ihre Existenz hereinholen. Sie können lernen, das innerhalb von Sekunden zu schaffen. Damit werden Sie schnelle, erstaunliche Resultate erzielen.

Ein Mann mußte z. B. in einer langen Schlange warten. Alle anderen Menschen waren ungeduldig und ärgerlich, weil es so lange dauerte. Er begann auf die Situation einzuwirken, indem er sich die Resultate vorstellte, die er sich wünschte – daß die Menschen rascher an die Reihe kommen und zufrieden sein mögen. Er konzentrierte sich auf diese Resultate. Dann stellte er sich rund um seinen Kopf ein Netz aus Licht vor, das sich nach oben fortsetzte und mit zunehmender Höhe immer feiner und schöner wurde. Er stellte sich die gewünschten Resultate in Form von Energie vor und sah rosarote Kreise der Harmonie, die sich nach außen verbreiteten. Nun ließ er Licht in dieses Bild einströmen. Diese Energiearbeit dauerte nur ein paar Sekunden, doch das Ergebnis verblüffte ihn. Kaum war er damit fertig, beschlossen drei Leute vor ihm, nicht länger zu warten, und gingen fort. Als nächstes kamen zwei neue Schalterbeamte hinzu, so daß sich die Warteschlange jetzt auf drei Schalter verteilte. Alle Menschen wurden ruhiger und friedlicher. Innerhalb von ein paar Minuten wurde der Mann bedient und konnte gehen.

Als es an der Zeit war, mein erstes Buch, *Sich dem Leben öffnen*, zu veröffentlichen, forderte ich Sanaya auf, Energiearbeit zu leisten, statt das Manuskript an Verleger zu schikken. Sie stellte sich einfach das gewünschte Resultat vor – ein veröffentlichtes Buch.

Bei einer Energiearbeitssitzung stellte sie sich das Buch als magnetische Lichtkugel vor, die alle Menschen anzog, die mehr Licht in ihr Leben bringen wollten und denen dieses Buch dabei eine wertvolle Hilfe sein würde. Ein anderes Mal sah sie vor sich, wie das Manuskript sich mit der Energie all jener Menschen auflud, denen seine Lektüre helfen würde. Sie sah, wie ein Verleger sich von der Möglichkeit angezogen fühlte, durch die Veröffentlichung des Buches einen wertvollen Beitrag zum Leben dieser Menschen zu leisten.

Obwohl es Sanaya Freude machte, mit der Energie des unveröffentlichten Buches zu arbeiten, war sie auch ein wenig besorgt. Sie dachte, sie müsse auch konkrete Schritte unternehmen, um es zur Veröffentlichung zu bringen. Doch da ihr Gefühl ihr zu keiner besonderen Aktivität riet, blieb sie weiterhin bei Energiearbeit und schickte das Manuskript keinem Verlag. Sie wußte nicht, daß einer ihrer Freunde das Manuskript inzwischen einem Verleger eingereicht hatte. Eines Tages, als er meditierte, empfing dieser Verleger eine intensive innere Botschaft, dieses Buch zu veröffentlichen, obwohl er bisher noch gar nicht daran gedacht hatte. Er rief Sanaya sofort an, um ihr seine Entscheidung mitzuteilen, und das Buch erschien.

Wenn Sie mit Energie arbeiten, haben Sie vielleicht das Gefühl, die Dinge nur zu «erfinden». Aber Sie können tatsächlich Ergebnisse erzielen, indem Sie sich vorstellen, mit der Energie dessen zu arbeiten, was Sie erschaffen möchten. Eine Frau wollte z. B. ein Auto mieten, weil ihres kaputt war und sie dringend ein Auto brauchte, um zur Arbeit zu fahren und ihre Kinder von der Schule abzuholen.

Ein Freund fuhr sie zum Flughafen, wo sie bei mehreren Mietwagenunternehmen vorsprach. Überall sagte man ihr das gleiche – daß sie kein Auto mieten könne, weil sie keine Kreditkarte besaß. Sie war schon drauf und dran, aufzugeben; aber da sie das Auto so dringend brauchte, versuchte sie eine andere Lösung zu finden. Sie erinnerte sich an ihre Fähigkeit, bewußt mit dem Universalen Geist in Verbindung zu treten und sich das, was sie sich wünschte, in Form von Energie vorzustellen.

Sie ging hinaus und konzentrierte sich einen Augenblick lang auf das Ergebnis, das sie sich wünschte – in einem Auto davonfahren zu können, das sie gemietet hatte. Als nächstes stellte sie sich ihre mentale Aura als Netz aus Licht vor. Sie sandte ihr Bewußtsein an diesem Netz entlang in höhere Dimensionen empor und spürte die Energie dessen, was sie sich wünschte. An dieser Energie fühlte sich alles starr und abweisend an. Also stellte sie sich vor, wie die Energie sich öffnete. Sie umgab alles mit Licht, bis sie fast so etwas wie ein physisches «Klick» spürte. Obwohl sie das Gefühl hatte, all das nur erfunden zu haben, fühlte sie sich zu einer der Mietwagenfirmen hingezogen, bei der man sie vorher abgewiesen hatte. Sie kehrte dorthin zurück und stellte fest, daß der vorige Mitarbeiter inzwischen von einem neuen abgelöst worden war. Dieser Mann fand eine Möglichkeit, ihr das Auto zu vermieten. Er erklärte ihr, er wisse eigentlich selbst nicht, warum er in ihrem Fall eine Ausnahme mache. Aber er fühle sich aus irgendeinem unerfindlichen Grund gezwungen, ihr zu helfen.

Ein Mann war auf der Suche nach mehr Kunden. Er hatte es schon mit Zeitungsannoncen und vielem anderen versucht, aber die meisten Werbeaktionen kosteten ihn nur eine Menge Geld, ohne ihm viele Kunden einzubringen. Da beschloß er, sich das, was er sich wünschte – die Kunden –, als Energie vorzustellen und mit dieser Energie zu arbeiten. Er setzte sich ruhig hin und sandte sein Bewußtsein an dem Lichtnetz entlang nach oben, um mit dem Universalen Geist und der Energie seines Wunsches in Verbindung zu treten.

Er stellte sich vor, daß von seinem Herzen ein Regenbogen ausging und alle Personen berührte, die er erreichen wollte. Immer wenn er mit einem Menschen in Verbindung trat, stellte er sich dazu schöne Musik vor; dadurch wurde sein geistiges Bild noch lebendiger und wirksamer. Nun sandte er all diesen Menschen ein Bild des Lichts, das von seinem Herzen zu ihrem strömte, und sagte ihnen im Geiste, wie gern er sie willkommen heißen und ihnen dienen würde.

Innerhalb der nächsten Woche riefen ihn viele neue Kunden an, obwohl er gar keine besondere Werbeaktion gestartet hatte. Und ihm kamen auch einige neue Ideen, wie er mehr Kunden gewinnen könnte. Als er diese Ideen zu verwirklichen begann, stieg die Zahl seiner Kunden rapide an.

Eine Firma, der eine sehr wertvolle Mitarbeiterin gekündigt hatte, suchte dringend einen Ersatz. Sie gab Annoncen in der Zeitung auf und stellte bald darauf eine neue Kraft ein. Doch diese neue Mitarbeiterin fand genau einen Tag, ehe sie ihre Arbeit bei der Firma aufnehmen wollte, eine andere Stellung. Die nächste Mitarbeiterin, die eingestellt wurde, erschien nie. Da beschlossen die leitenden Angestellten der Firma, es zunächst mit Energiearbeit zu versuchen, ehe sie weitere Annoncen aufgaben.

Einige glaubten zwar nicht daran, daß es funktionieren würde. Trotzdem setzten sie sich zusammen und konzentrierten sich auf die Person, für die diese Stellung optimal geeignet wäre. Sie schufen rund um sich her ein klares, feines Netz aus Licht und stellten sich vor, wie sie an diesem Netz in höhere Dimensionen aufstiegen, um für diese neue Mitarbeiterin einen einladenden, angenehmen Arbeitsplatz zu schaffen. Jeder steuerte sein Bild von der notwendigen Energie bei, und sie spielten im Geist mit den verschiedenen Bildern der idealen Mitarbeiterin, die auf diese Weise entstanden. Am nächsten Tag rief eine Frau an, die auf eine Annonce in einer früheren Ausgabe der Zeitung gestoßen war. Diese Frau erwies sich als die ideale Bewerberin für die Stellung und wurde sofort eingestellt.

Die Angestellten einer anderen Firma fanden ihr Büro zu dunkel und bedrückend und ihren Chef zu negativ. Sie hatten das Gefühl, daß er ihnen zu wenig Anerkennung zollte und ihre Ideen ignorierte. Sie hatten sich zwar bereits darüber beschwert, aber das hatte nichts genützt. Da beschlossen sie, sich mit der Energie dieser Situation auseinanderzusetzen.

Gemeinsam stellten sie sich vor, von einem feinen Netz aus Licht umgeben zu sein, das sich bis in die höheren Dimensionen des Universalen Geistes hinein erstreckte.

Dort existierten die Arbeitsbedingungen, die sie sich wünschten, in Form von Energie.

Zunächst stellten sie sich ihr Büro und ihre derzeitigen Arbeitsbedingungen als kleinen, dunklen Käfig vor, den sie dann in ein lichterfülltes Auditorium verwandelten. Sie spielten im Geist immer weiter mit diesem Symbol, bis sie es als freundlich, geräumig, fließend und offen empfanden.

Bereits nach einem Monat waren tiefgreifende, unvorhergesehene Veränderungen eingetreten. Der unangenehme Chef hatte gekündigt, und sein Nachfolger hatte eine sehr positive Einstellung und unterstützte seine Mitarbeiter, wo er nur konnte. Die Firmenleitung beschloß plötzlich, das Büro in einen größeren, helleren, freundlicheren Raum zu verlegen. Auch die Firmenpolitik änderte sich, und die Mitarbeiter erhielten ein viel größeres Mitspracherecht bei Entscheidungen.

Je weiter Sie den Horizont Ihrer Gedanken spannen, um so umfassender wird auch die Realität sein, die Sie mit Ihren Gedanken erschaffen.

Ihre Kreativität und Ihre Vorstellungskraft sind zwei wichtige Schlüssel zu einer besseren Realität. Um mit Energie arbeiten zu können, müssen Sie kreativ sein, und um sich die Resultate, die Sie anstreben, bildlich vorstellen zu können, brauchen Sie Phantasie. Wenn Sie Ihre Kreativität und Ihre Phantasie einsetzen, können Sie Ihre Vorstellung von den Möglichkeiten, die Ihnen offenstehen, erweitern und Ihr Leben dadurch verbessern.

Kreativität kann man lernen. Sie alle haben schon Augenblicke der Kreativität erlebt – plötzliche Einsichten, Inspirationen und neue Visionen, was man anders machen könnte als bisher. Der einzige Unterschied zwischen Menschen, die sich für kreativ halten, und Menschen, die glauben, diese Gabe nicht zu besitzen, liegt in der inneren Einstellung. Sagen Sie sich von jetzt an einfach, daß Sie ein kreativer Mensch sind.

Sie sind in der Lage, neue Ideen hervorzubringen, die Sie beruflich und in Ihrem Privatleben auf eine höhere Ebene bringen werden. Halten Sie einen Augenblick inne, und denken Sie an eine Situation, die Sie gern verbessern würden. Dann seien Sie kreativ und stellen Sie sich vor, daß auf diesem Gebiet eine noch positivere Veränderung eintritt, als Sie sich zu erträumen wagten. Akzeptieren Sie Ihre jetzigen Lebensumstände nicht als etwas Unabänderliches; sie sind nicht das Beste, was Sie jemals erreichen können. Wenn Ihnen jemand einzureden versucht, etwas sei unmöglich, glauben Sie ihm nicht. Wenn Sie wissen, wie man mit Hilfe von Energie und Licht Veränderungen schafft, ist alles möglich.

Glauben Sie an Ihren Erfolg. Stellen Sie sich vor, alles zu haben, was Sie sich wünschen.

Lernen Sie, von Ihrer Vorstellungskraft Gebrauch zu machen. Ihre Fähigkeit, sich etwas vorzustellen, was in Ihrer Realität bis jetzt noch nicht existiert, ist eine Ihrer phantastischsten Gaben. Mit Hilfe Ihrer Phantasie können Sie sich vorstellen, viel mehr zu haben, als Sie im Augenblick tatsächlich besitzen. Ihre Phantasie ist in der Lage, über diese Dimension hinauszugehen und mit dem Universalen Geist in Verbindung zu treten, und dort ist alles möglich. Ihre Vorstellungskraft kann sich mit der Energie aller Dinge verbinden, die Sie sich wünschen. Sie kann mit dieser Energie spielen, Licht hinzufügen und das Gewünschte dann rasch und mühelos in Ihre Realität rufen.

Nehmen Sie sich Zeit für Tagträume und Phantasien. Entspannen Sie sich und denken Sie an das, was Sie schaffen möchten. Üben Sie, in neuen, unbegrenzten Kategorien zu denken. Dadurch treten Sie mit den umfassenderen Zusammenhängen Ihres Lebens und mit der erweiterten Vision Ihres Höheren Selbst in Verbindung. Erweitern Sie Ihre Vorstellung von dem, was möglich ist. Denken Sie positiv und stellen Sie sich vor, mehr zu haben als im Augenblick.

Falls Sie das Gefühl haben, daß eine Beziehung zu einem anderen Menschen nicht liebevoll genug ist, stellen Sie sich diese Beziehung so vor, wie sie sein sollte, statt sich darauf zu konzentrieren, wie sie im Augenblick ist. Wünschen Sie sich Geld, Fülle, einen Seelengefährten und Gesundheit, stellen Sie sich vor, das Gewünschte bereits zu besitzen, und danken Sie Ihrem Höheren Selbst im voraus für dieses Geschenk. Arbeiten Sie mit der Energie Ihrer Wunschvorstellungen, und glauben Sie daran, daß diese Vorstellungen sich erfüllen können.

Wenn Sie einen Wunsch haben, formulieren Sie ihn positiv und in der Zeitform der Gegenwart – ganz so, als besäßen Sie bereits das, was Sie sich wünschen. Zum Beispiel können Sie sich sagen: «Ich bin erleuchtet; ich lebe in Reichtum und Überfluß; ich bin liebevoll, gütig und aufgeschlossen.» Dann werden diese Dinge bald tatsächlich eintreten. In dem Augenblick, in dem Sie diese Sätze aussprechen, sind sie vielleicht noch nicht wahr, aber wenn Sie diese Aussagen ständig wiederholen, werden sie sich verwirklichen.

Sobald Sie mit Ihren Worten bestätigen, etwas zu besitzen, werden von nun an alle Ereignisse darauf abzielen, daß Sie es auch tatsächlich erhalten. Wenn Sie sich Ihren Erfolg vorstellen und erklären, ihn bereits zu haben, wird der Universale Geist mit Ihnen zusammenarbeiten und alles, woran Sie denken und glauben, in vollendeter Form erschaffen.

Der Universale Geist kann nur dann Dinge FÜR Sie erschaffen, wenn Er sie DURCH Sie schafft.

Sie sind eine Kraft, die in der Lage ist, mit dem Universalen Geist zusammenzuarbeiten. Er erschafft für Sie das Beste, was im Rahmen Ihrer jetzigen Fähigkeit, zu empfangen, möglich ist. Sobald Sie kreativer und offener werden und Ihren gedanklichen Horizont erweitern, wird der Universale Geist diese neuen Denkformen widerspiegeln, indem Er Ihnen entsprechend größere, bedeutendere, umfassendere Dinge beschert. Sie könnten das beste Leben führen, das Sie sich vorstellen – ein Leben voller Freude, Fülle, liebevoller Freunde und Gesundheit. Denken Sie an einen Bereich Ihres Lebens, den Sie gern verbessern würden, und stellen Sie ihn sich jetzt so vor, wie er sein sollte. Bekräftigen Sie sich, daß das, was Sie sich wünschen, auf jeden Fall eintreten WIRD, und vertrauen Sie darauf, daß diese Veränderung sich in vollendeter Form und zum idealen Zeitpunkt manifestieren wird. Schaffen Sie die neue Situation in Form von Energie, und rufen Sie sie durch die folgende Meditation in Ihr Leben.

Wie Sie mit dem Universalen Geist in Verbindung treten können

Meditation

Diese Meditation soll Ihnen dabei helfen, mit dem Universalen Geist Verbindung aufzunehmen und etwas, was Sie sich wünschen, aus der Welt der unmanifestierten Energie in eine physische Form umzusetzen.

Denken Sie an etwas Bestimmtes, was Sie gern hätten, und zwar an einen Gegenstand oder eine Sache – also keine Beziehung und auch keine Eigenschaft oder Empfindung wie zum Beispiel innerer Frieden.

Meditationsschritte:

Versetzen Sie sich in den Höheres-Selbst-Zustand.

1. Stellen Sie sich rund um Ihren Kopf ein Netz aus Licht vor, das über Ihren Kopf hinaus in höhere Dimensionen hineinreicht. Nach oben hin wird es immer feiner und schöner. Senden Sie Ihr Bewußtsein an diesem Netz entlang nach oben und stellen Sie sich vor, daß Sie Ihre irdische Realität verlassen und in die Welt der Essenz aufsteigen – die Welt des Universalen Geistes.

2. Sehen Sie vor Ihrem geistigen Auge, wie Sie der unmanifestierten Energie der Sache begegnen, die Sie erschaffen möchten. Malen Sie sich diese Energie mit Hilfe Ihrer Vorstellungskraft aus. Hat sie ein Muster oder

eine Farbe? Können Sie sie spüren oder fühlen? Können Sie sie in ein Symbol verwandeln?

3. Gestalten Sie das Bild noch fließender, offener und harmonischer. Verbessern Sie es, so gut Sie können, vielleicht durch Hinzufügen von Farbe, Duft und schönen Klängen. Verschönern Sie die Farben und Muster der Energie, und bringen Sie sie in eine Größe, die Ihnen als gut und richtig erscheint. Stellen Sie sich vor, daß die unmanifestierte Energie dessen, was Sie erschaffen möchten, lebendig ist, und lassen Sie diese Energie auf sich wirken. Und nun lassen Sie Licht hineinströmen. Wenn Sie mit einem Symbol arbeiten, treten Sie mit diesem Symbol in Wechselbeziehung.

4. Jetzt sind Sie bereit, den gewünschten Gegenstand in Ihre physische Welt eintreten zu lassen. Verwandeln Sie seine Energie in Licht-Elementarteilchen. Verleihen Sie diesen Teilchen die höchste Schwingung, die Sie sich vorstellen können. Während Sie die Energie verwandeln, sehen Sie vor Ihrem geistigen Auge, wie sie aus der Welt der Essenz in Ihre Welt der Form übergeht. Jetzt lassen Sie die Lichtpartikel in Ihrer Vorstellung miteinander verschmelzen. Stellen Sie sich vor, daß sie eine Form und eine Masse erhalten, während sie sich miteinander verbinden.

5. Öffnen Sie Ihr Herz, um diese Licht-Elementarteilchen zu empfangen, die die Energie dessen darstellen, was Sie sich wünschen. Begrüßen Sie sie voller Liebe, umarmen Sie sie, und ziehen Sie sie zu sich heran.

6. Bringen Sie die Licht-Elementarteilchen in Ihre DNS, die sich im Zentrum Ihrer Zellen befindet. Spüren Sie, wie die Lichtteilchen Ihre DNS durchdringen, in der das Programm Ihres gesamten Lebens in verschlüsselter Form gespeichert ist. Stellen Sie sich vor, daß Ihre DNS Ihnen jetzt dabei hilft, diese Sache in ihrer höchsten, erleuchtetsten Form in Ihr Leben zu bringen. Die Lichtpartikel dieser Sache stehen durch die Verbindung mit Ihrer DNS mit Ihrem Leben in Einklang, so daß diese Ihnen nun mühelos zufallen und in jeder Hinsicht in Ihr Leben passen wird.

7. Lassen Sie die Licht-Elementarteilchen des Gewünschten von Ihrer DNS aus in all Ihre Zellen und als nächstes in Ihre Gefühle und Ihren Geist ausstrahlen.

8. Und jetzt tun Sie so, als hätten Sie bereits das, was Sie sich wünschen. Wie fühlen Sie sich? Stellen Sie sich vor, wie Sie eine Zeit und einen Raum für diese Sache schaffen. Wieviel Raum nimmt sie ein? An welchem Zeitpunkt siedeln Sie sie an – einem nahen oder einem fernen?

9. Danken Sie der Sache, die Sie sich wünschen, im voraus für ihr Kommen. Bestätigen Sie, daß Sie in Ihrem Leben Platz für sie haben. Und wenn sie kommt, seien Sie bereit, sie zu empfangen und dankbar anzuerkennen. Wenn Sie in den Raum zurückkehren, in dem Sie mit dieser Meditation begonnen haben, spüren Sie Ihre neue Verbindung zu dem, was nun in Ihr Leben treten wird.

4
Wie man mit dem Höheren Willen in Kontakt tritt

Der Höhere Wille ist ein Aspekt von Gott/Alles-Was-Ist. Er ist ein Energiestrom, der sich bewegt und zu einer höheren Entwicklung hinführt. Er ist ein sanfter Strom der Liebe und spirituellen Energie und leitet alle Dinge und Lebewesen – das Reich der Mineralien, die Tier- und Pflanzenwelt und die Menschheit – zu Wachstum, Kraft und einer höheren Seinsordnung.

Dem Universum liegt ein göttlicher Plan zugrunde. Dieser Plan besteht nicht aus Richtlinien und Maßnahmen, sondern existiert in Form spiritueller Energien. Der Höhere Wille erhöht mit großer Präzision die Frequenz dieser Energien so, daß Ihre physische Welt und das gesamte Bewußtsein in ihr auf die höchste Entwicklungsstufe zusteuern kann. Sie haben den freien Willen, auf diese Energien so einzugehen, wie Sie möchten. Wenn Sie sie für Ihr spirituelles Wachstum nutzen wollen, werden sie Ihnen sehr helfen.

Wenn Sie mit diesem Evolutionsstrom in Verbindung treten möchten, müssen Sie nur bereit und willens sein, Ihr Leben auf eine höhere Stufe zu heben. Seien Sie offen für alles Gute, akzeptieren Sie es und lassen Sie es in Ihr Leben eintreten. Glauben Sie daran, daß Sie das schönste Leben verdienen, das Sie sich vorstellen können. Wenn Sie sich am Höheren Willen orientieren, wird Ihr Leben harmonischer und befriedigender werden.

Der Höhere Wille ist der Wille, Gutes zu tun und anderen Menschen zu dienen und beizustehen. Sie können Ihre Harmonie mit dem Höheren Willen verstärken, indem Sie sich immer, wenn Sie etwas schaffen, fragen: «Inwieweit trägt das zu meinem eigenen höchsten Wohl und dem Wohl der anderen bei?» Je mehr Sie Ihren gedanklichen Horizont erweitern und auch den Dienst an anderen Menschen in Ihre Gedanken einschließen, um so mehr werden Sie mit dem Höheren Willen im Einklang stehen. Wenn Sie anderen dienen, empfangen Sie Belohnungen und einen geistigen Reichtum, der über alles Vorstellbare hinausgeht. Das ist das Ziel des Höheren Willens: daß Sie für alle Menschen das höchste Wohl schaffen, weil das auch Ihnen zum Wohl gereichen wird.

Ihr Leben hat ein höheres Ziel. Sie sind auf die Welt gekommen, um einen ganz bestimmten Beitrag für die Menschheit zu leisten.

Sie sind auf die Welt gekommen, um sich selbst weiterzuentwickeln und um der Menschheit auf irgendeine Weise zu dienen. Ich werde Ihre eigene Weiterentwicklung von jetzt an als «Lebensziel» und den Dienst an der Menschheit als «Lebensaufgabe» bezeichnen. Diese beiden Ziele sind eng miteinander verflochten. Indem Sie anderen dienen, wachsen Sie dabei selber, und indem Sie innerlich wachsen und mehr Licht ausstrahlen, dienen Sie damit gleichzeitig den anderen Menschen. Mit allem, was Sie tun, um sich weiterzuentwickeln und Ihre Lebensaufgabe zu erfüllen, bringen Sie sich in Einklang mit dem Höheren Willen und Ihrem Höheren Selbst.

Sie haben hier eine besondere Rolle zu spielen – eine Rolle, für die Sie als einziger geeignet sind. Ihre Lebensaufgabe wird zu verschiedenen Zeiten unterschiedliche Formen annehmen. Vielleicht verändert sie ihre Form von Monat zu Monat, vielleicht von Jahr zu Jahr. Also bleiben Sie innerlich mit dieser Aufgabe in Verbindung und achten Sie darauf, wie die Vision dieser Aufgabe wächst und sich erweitert. Sie können herausfinden, worin Ihre Lebensaufgabe besteht, indem Sie sich überlegen, welche Ihrer Talente und Fähigkeiten Sie am liebsten einsetzen, was Sie gern tun und zu welchen Gebieten Sie sich von Natur aus hingezogen fühlen. Mit allem, was Sie gern tun, werden Sie auf irgendeine Weise dienen, denn es ist ein Gesetz des Universums, daß Sie automatisch etwas Wertvolles leisten, sobald Sie Ihre höchsten Talente und Fähigkeiten einsetzen.

Ihre Träume von einem idealen Leben zeigen Ihnen, welche Möglichkeiten in Ihnen stecken und welchen höheren Weg Sie einschlagen sollten. Schieben Sie Ihre Träume und Phantasien nicht als bloßes Wunschdenken beiseite. Achten Sie sie als Botschaften aus Ihrem tiefsten Wesen. Sie verraten Ihnen, worin Ihre Lebensaufgabe besteht und wozu Sie auf die Erde gekommen sind.

Tief in Ihrem Inneren wußten Sie bereits, daß während Ihres jetzigen Lebens neue Frequenzen und Energien auf die Erdebene kommen würden, die mehr Liebe, Ordnung und Harmonie schaffen würden, als es auf der Erde früher gegeben hat. Sie haben gewußt, daß während Ihres Lebens eine neue Licht- und Energiewelle da sein würde. Sie sind auf die Welt gekommen, um mitzuhelfen, diese neuen Energien in alle Ebenen der Gesellschaft zu integrieren, und zu dem Bereich, in den Sie die neuen Energien am besten einbringen können, fühlen Sie sich automatisch hingezogen.

Sie können den Höheren Willen erkennen, indem Sie in sich hineinhorchen.

Wenn Sie sich am Höheren Willen orientieren, werden Sie innere Führung empfangen. Sie werden erfahren, mit welchen Handlungen Sie die Resultate erzielen können, die Sie sich wünschen. Ehe Sie im Anschluß an Ihre Energiearbeit etwas unternehmen, um ein bestimmtes Ziel zu erreichen, halten Sie einen Augenblick inne und stellen Sie sich vor, wie Sie sich mit der höheren Strömung verbinden. Sie können sich zum Beispiel einen höheren Energiestrom vorstellen, der Sie zu Ihrem Ziel führt, und sich ausmalen, wie Sie sich von diesem Strom tragen lassen. Spüren Sie, wie der Höhere Wille sich mit Ihnen verbindet und Ihnen hilft, das, was Ihrem höchsten Wohl dient, so schnell wie möglich und in der bestmöglichen Form zu erschaffen.

Ihr Höheres Selbst steht mit dem Höheren Willen in Verbindung und führt Sie ständig. Es sagt Ihnen, wie Sie sich von dem höheren Strom des Universums noch stärker mittragen lassen können. Wenn Sie sich Zeit nehmen, in sich hineinzuhorchen, wird Ihnen die Führung, die Ihr Höheres Selbst Ihnen in Form von Gedanken und Gefühlen zukommen läßt, immer deutlicher bewußt werden. Mit Hilfe dieser inneren Stimme können Sie in Ihrem Leben viele positive Resultate erzielen.

Handeln Sie nur dann, wenn Sie ein offenes, gutes Gefühl haben, das Sie zum Handeln auffordert. Dann wird alles, was Sie tun, mit dem Höheren Willen im Einklang stehen. Sie werden müheloser positive Ergebnisse erreichen können. Zum Beispiel könnte es sein, daß Sie nach der Energiearbeit plötzlich den Drang verspüren, jemanden anzurufen. Ehe Sie diesem Impuls folgen, halten Sie einen Augenblick inne, werden Sie innerlich ganz ruhig und stellen Sie sich vor, wie Sie mit dieser Person telefonieren. Wenn Ihnen diese Vorstellung ein warmes, gutes Gefühl vermittelt, sollten Sie es tun. Wenn Sie dabei aber einen inneren Widerstand oder ein Absinken Ihrer Energie verspüren oder andere negative Empfindungen haben, warten Sie ab.

Eine Frau, die im Verkauf tätig war, rief ihre Kunden immer erst an, nachdem Sie einen Moment lang innerlich zur Ruhe gekommen war und auf das Gefühl gewartet hatte, daß der Zeitpunkt für das Telefonat günstig sei. Mit der Zeit lernte sie, was für Gefühle sie hatte, wenn der Zeitpunkt ideal war, und was sie empfand, wenn sie lieber nicht anrufen sollte. Zu einem günstigen Zeitpunkt empfand sie bei dem Gedanken an die Person, die sie anrufen wollte, ein Gefühl der Aufforderung, des Willkommens. Wenn sie dieses Gefühl nicht hatte und trotzdem anrief, war ihr Gesprächspartner im allgemeinen gerade nicht da, beschäftigt, schlecht gelaunt oder nicht offen für ihre Vorschläge. Wenn sie dagegen wartete, bis die Energie für einen Anruf positiv zu sein schien, war das Telefongespräch in der Regel gut und produktiv.

Um sich am Höheren Willen orientieren zu können, müssen Sie ein sensibleres Gewahrsein für Ihre eigene Energie und für die Menschen in Ihrer Umgebung und deren Gefühle entwickeln, die sich von Sekunde zu Sekunde ändern können. Handeln Sie nur, wenn Sie eindeutig ein positives Gefühl haben, das Sie dazu auffordert. Ihre Empfindungen und Ihr Bewußtsein werden Ihnen verraten, ob Sie im höheren Strom mitfließen. Wenn Sie spüren, daß

Ihre Energie sich verschließt oder wenn Sie sich unbehaglich fühlen, wissen Sie, daß Sie die Verbindung zum höheren Strom verloren haben. Empfinden Sie Ihre Energie dagegen als lebendig und pulsierend, sind Sie dabei, dem Höheren Willen zu folgen.

Sie können sich am Höheren Willen orientieren, indem Sie auf Ihre inneren Botschaften hören. Ihr Höheres Selbst führt Sie stets zur Harmonie mit dem Höheren Willen hin. Wenn Sie lernen, den Unterschied zwischen der inneren Führung Ihres Höheren Selbst und den Botschaften Ihres Intellekts zu erkennen, werden Sie alles, was Sie sich wünschen, rascher und freudiger bewirken können.

Die Botschaften von Ihrem Höheren Selbst sind stets sanft und liebevoll.

Es gibt einen unfehlbaren Weg, die Botschaften Ihres Höheren Selbst von denen Ihres Intellekts zu unterscheiden: Achten Sie darauf, ob sich hinter der Botschaft irgendein furchtsamer Gedanke verbirgt. Die Botschaften Ihres Intellekts beruhen häufig auf Vorstellungen von Mangel oder Schuld oder auf dem Bedürfnis, sich vor irgendeiner imaginären Gefahr zu schützen. Wenn Sie um innere Führung bitten, ignorieren Sie alle Antworten, denen irgendeine Angst zugrunde liegt, denn sie kommen nicht von Ihrem Höheren Selbst. Die Botschaften Ihres Höheren Selbst vermitteln Ihnen stets ein Gefühl des Friedens und der Ausgeglichenheit.

Die Führung, die von Ihrem Höheren Selbst kommt, ist meist ruhig und subtil. Oft ist die Stimme Ihres Höheren Selbst erst die zweite Antwort, die Sie auf Ihre Bitte um Führung erhalten. Ihr Intellekt hat viel rascher eine Antwort parat. Wenn Sie darüber nachdenken, was Sie tun sollen, stammt die erste oder die lauteste Antwort, die Sie hören, unter Umständen nicht von Ihrem Höheren Selbst. Also lauschen Sie weiter. Dann werden Sie vielleicht die Stimme Ihres Höheren Selbst hören, die Ihnen sagt, daß alles in Ordnung ist, daß Sie sich keine Sorgen machen und nicht sofort etwas unternehmen müssen. Die ruhige Stimme Ihres Höheren Selbst ist immer ermutigend, liebevoll und positiv.

Ihr Höheres Selbst führt Sie durch Ihr Herz zum höheren Strom hin. Wenn Sie eine Entscheidung fällen müssen, entscheiden Sie sich für das, wozu Sie sich hingezogen fühlen und was Sie gern tun möchten. Unternehmen Sie die Schritte, zu denen Ihr Herz Sie hinführt. Zwingen Sie sich nicht dazu, etwas zu tun. Wenn Sie sich bei den Worten oder dem Gedanken ertappen: «Das *muß* ich tun» oder «Das *sollte* ich tun», dann dient diese Handlung nicht Ihrem höchsten Wohl und steht nicht mit dem Höheren Willen im Einklang.

Ihr Höheres Selbst sendet Ihnen ständig Ideen und Vorschläge, die Ihnen dabei helfen sollen, im höheren Strom mitzufließen und mit dem Höheren Willen in Verbindung zu bleiben. Diese Vorschläge sind sehr sanft. Ihr Höheres Selbst fordert Sie selten auf, drastische Veränderungen in Ihrem Leben vorzunehmen, ohne Ihnen vorher erst einmal viele einfachere Veränderungen vorzuschlagen. Manchmal kommen solche Erkenntnisse, was für Veränderungen Sie durchführen sollten, für Sie ziemlich überraschend. Aber Ihr Höheres Selbst wird Ihnen zeigen, wie Sie diese Veränderungen mit Hilfe Ihrer jetzigen Fähigkeiten, Mittel und Möglichkeiten bewirken können. Es überfordert Sie niemals.

Nehmen Sie sich Zeit, sich zu entspannen und sich Ihrer inneren Botschaften bewußt zu werden. Herrscht in Ihrem Leben ein harmonisches Gleichgewicht zwischen Zeiten, in denen Sie ruhig sind und Muße zum Nachdenken haben, und Zeiten, in denen Sie sehr aktiv und beschäftigt sind? Falls Sie den ganzen Tag aktiv sind und ständig Energie verströmen, gönnen Sie sich dann zwischendurch auch einmal eine «Atempause»? Wenn Sie das Gefühl haben, daß diese beiden Zustände sich bei Ihnen nicht im Gleichgewicht befinden, was könnten Sie dann heute oder morgen tun, um einen Ausgleich zu schaffen? Daß Sie sich Zeit nehmen, um in aller Ruhe auf Ihre Gedanken und Empfindungen zu hören, ist genauso wichtig wie all Ihre Aktivitäten.

Sie können ein müheloseres und freudigeres Leben haben, wenn Sie sich Zeit nehmen, in einem ruhigen, friedlichen Bewußtseinszustand über alles nachzudenken, ehe Sie handeln. Manchmal kann eine ganz einfache Idee Ihnen Monate harter Arbeit ersparen und ein schwerwiegendes Problem verhüten. Sobald Sie sich die notwendige Zeit nehmen, um alles in Ruhe zu überdenken, werden Sie friedlicher leben, und alles wird reibungsloser gehen.

Sie sind ein gleichberechtigter Mitarbeiter des Höheren Willens.

Sie sind auf der Welt, um mit dem Höheren Willen zusammenzuarbeiten. Sie sollen Ihre Lebensaufgabe erfüllen und auf der Welt etwas verändern. Wenn Sie sich am Höheren Willen orientieren, bedeutet das nicht, daß Ihre Individualität darunter leiden muß. Ihre individuelle Persönlichkeit, Ihre Kraft, Ihre Wahrnehmungen und Ihre Einzigartigkeit helfen Ihnen dabei, den Höheren Willen und Ihre Lebensaufgabe wirksam zu erfüllen.

Warten Sie nicht darauf, daß das Schicksal bestimmt, was mit Ihnen geschehen soll. Einklang mit dem Höheren Willen heißt, daß Sie sich Ziele setzen, entscheiden, was für Ergebnisse Sie erhalten wollen und handeln. Sie haben nicht umsonst einen hochentwickelten Willen. Je mehr Sie gelernt haben, Ihren Willen weise einzusetzen, um so eher werden Sie in der Lage sein, sich Ihren höheren Weg zu schaffen und alle notwendigen Schritte zu tun.

Woher wissen Sie, ob Sie zuviel oder zuwenig Kraft einsetzen? Wie können Sie feststellen, ob Sie dabei sind, Ihren eigenen Willen gegen den Höheren Willen durchzusetzen, oder ob Sie im Einklang mit dem Höheren Willen arbeiten? Ganz einfach. Wenn Sie etwas zu schaffen versuchen und sich dabei abmühen und alles erzwingen müssen, ohne daß wesentliche Resultate eintreten, dann folgen Sie nicht dem Höheren Willen.

Es kann schon sein, daß sich Ihnen *ein paar* Hindernisse in den Weg stellen, um Ihnen Gelegenheit zu geben, stärker zu werden und Ihre Ziele mit größerer Entschiedenheit zu verfolgen. Aber wenn Sie auf zu viele «verschlossene Türen» stoßen, wenn Sie sich durch Ihre Bemühungen erschöpft und ausgelaugt fühlen oder das Gefühl haben, etwas zu tun, nur weil Sie keine andere Wahl haben – dann HÖREN SIE AUF. Suchen Sie nach etwas anderem, was Sie schon lange tun wollten. Wenn Sie mit dem Höheren Willen fließen, bekommen Sie das Gefühl, mit Hilfe Ihres eigenen Willens etwas zu bewirken, fühlen sich aber gleichzeitig auch vom Strom des Höheren Willens getragen.

Wann soll man loslassen, nachgeben und die Dinge einfach geschehen lassen, und wann ist es besser, seinen Willen einzusetzen und zu einer aktiven Kraft zu werden? Es ist immer das Beste, zunächst Energiearbeit zu leisten und dann das zu tun, wozu man ein spontanes Bedürfnis verspürt. Möchten Sie ein bestimmtes Resultat erreichen, tun Sie alles, was Ihre innere Stimme Ihnen empfiehlt. Dann geben Sie nach und lassen Sie das Beste geschehen.

Wenn Ihnen nach der Energiearbeit nicht klar ist, was Sie

tun sollen, und Sie auch keinen starken Zug zu irgendeiner Handlung spüren, ist es im allgemeinen besser zu warten. Lassen Sie los und vertrauen Sie darauf, daß das, was nun geschehen wird, für Sie und Ihr inneres Wachstum in irgendeiner Hinsicht das Beste ist, selbst wenn es nicht Ihren Erwartungen entspricht.

Sobald Sie mit dem Höheren Willen in Verbindung stehen und vom höheren Strom getragen werden, werden Sie sich in physischer Hinsicht sehr wohl fühlen. Ihr Körper wird entspannt und voller Energie sein. Wenn Sie feststellen, daß Sie sich nicht so fühlen, halten Sie einen Augenblick inne, atmen Sie tief und bitten Sie um eine Botschaft, wie Sie besser in den Fluß finden können. Hören Sie auf die ruhige Botschaft Ihres Höheren Selbst, denn normalerweise gibt es einen leichteren Weg.

Wenn Sie vom Höheren Willen getragen werden, können Sie alles mit Leichtigkeit schaffen.

Es ist Ihre Bestimmung, ein freudvolles Leben zu führen. Sie sind auf der Welt, um Ihre Träume zu verwirklichen. Sie können sich den Himmel auf Erden schaffen. Sie verdienen es, das schönste Leben zu führen, das Sie sich vorstellen können. Tun Sie das, was Sie gern möchten, und folgen Sie in jedem Bereich Ihres Lebens Ihrem Herzen, denn wenn Sie das tun, bringen Sie sich ganz von selbst in Einklang mit dem Höheren Willen.

Wie Sie mit dem Höheren Willen in Verbindung treten können

Meditation

Diese Meditation soll Ihnen die Energie verleihen, schon in diesem Leben Ihre höchste Entwicklungsstufe zu erreichen und all Ihre Möglichkeiten auszuschöpfen, indem Sie sich mit dem Höheren Willen in Einklang bringen.

Meditationsschritte:

Versetzen Sie sich in den Höheres-Selbst-Zustand.

1. Schließen Sie die Augen und setzen Sie sich ruhig hin. Bitten Sie Ihr Höheres Selbst, Ihnen ein Symbol zu zeigen, das die höchste Entwicklungsstufe verkörpert, die Sie in diesem Leben erreichen können. Akzeptieren Sie das Bild, das Ihnen als erstes in den Sinn kommt, denn es wird das Symbol sein, das Ihnen in diesem Augenblick am meisten Energie geben kann. Wie sieht es aus? Sehen Sie sich im Geist vor diesem Symbol stehen. Stellen Sie sich vor, daß Energie von Ihrem Höheren Selbst ausgeht und direkt in das Symbol einströmt. Umgeben Sie es mit Licht.

2. Sehen Sie vor Ihrem geistigen Auge, wie Sie dieses Symbol auf den Gipfel eines Berges stellen. Erschaffen Sie eine Verbindung zwischen sich und dem Symbol: Sehen Sie einen Weg vor sich, der sich von Ihnen bis hoch oben

zum Gipfel erstreckt. Wie sieht dieser Weg aus? Wählen Sie den Weg zum Gipfel, der Ihnen am einladendsten erscheint – gleichgültig, ob es ein gewundener Weg ist, auf dem Sie nur langsam vorankommen, oder ein steiler, der Sie direkt zum Ziel führt.

3. Malen Sie sich aus, wie Sie diesen Weg freudig bis zum Gipfel emporgehen. Sie fühlen sich unterwegs ruhig und ausgeglichen. Sie haben eine Vision, die Sie ständig leitet.

4. Und jetzt stellen Sie sich vor, daß Sie auf dem Gipfel des Berges angelangt sind. Gratulieren Sie sich zu der einzieligen Entschlossenheit, mit der Sie Ihr Ziel verfolgt haben. Stellen Sie sich vor, wie Sie sich fühlen werden, wenn Sie Ihr höchstes Potential manifestieren werden, zur Erleuchtung gelangen und Ihr Licht zu anderen Menschen hinströmen wird.

5. Nun stellen Sie sich vor Ihr Symbol und malen Sie sich aus, wie Sie sich mit ihm verbinden. Sehen Sie vor Ihrem inneren Auge, wie dieses Symbol Ihren ganzen Körper mit Licht und Energie durchströmt, bis jede Zelle sich mit Ihrem spirituellen Wachstum und Ihrem höheren Ziel im Einklang befindet. Holen Sie das Symbol in Ihr Herz hinein und verschmelzen Sie vollständig mit ihm. Dann lassen Sie es los und bieten Sie es dem Höheren Willen dar.

6. Spüren Sie Ihre Einheit mit dem Höheren Willen. Sie können sich zum Beispiel eine Lichtschnur vorstellen, die aus Ihrem Solarplexus (der Gegend oberhalb Ihres

Nabels) kommt und eine Verbindung zwischen Ihrem Willen und dem Höheren Willen herstellt.

7. Der Höhere Wille sendet eine Botschaft über den höchsten Entwicklungsweg aus, den die Menschheit gehen soll. Stellen Sie sich vor, wie Sie diese Botschaft mit Ihrem inneren «Radiogerät» empfangen und all Ihre Energien an dem Höheren Willen, dem höchsten Evolutionsplan und Ihrer Rolle darin orientieren. Ihr höheres Ziel und Ihre Lebensaufgabe werden sich nun stärker entfalten, und all Ihre Handlungen werden im Einklang mit dem höheren Strom stehen.

8. Genießen Sie den Ausblick vom Gipfel und Ihre angenehmen Gefühle noch ein wenig. Sie können so lange oben bleiben, wie Sie möchten. Sie haben Ihrem höheren Ziel nun Energie verliehen und sich dem Strom des Höheren Willens angeschlossen.

5
Offenbarungen – ein Blick auf die größeren Zusammenhänge

Um die umfassenderen Zusammenhänge Ihres Lebens zu erkennen, müssen Sie alles in einen größeren Rahmen einordnen. Erst dann können Sie ihre wahre Bedeutung begreifen. Sie können sich das wie einen Versuch vorstellen, die Teile eines Puzzlespiels zusammenzusetzen. Sie beginnen in einer Ecke, und es entsteht ein kleines Haus. Als nächstes fangen Sie vielleicht an einer ganz anderen Stelle an und setzen einen Baum zusammen. Die beiden scheinen nichts miteinander zu tun zu haben; erst später, wenn Sie an einer dritten Stelle weiterbasteln, entsteht allmählich eine Landschaft. Baum und Haus sind in sich selbst komplett, aber gleichzeitig auch Teil eines größeren Bildes.

Vielleicht haben Sie auch schon festgestellt, wie scheinbar unwichtiges früher Gelerntes, berufliche Stellungen und Erfahrungen, die Sie irgendwann einmal gemacht haben, jetzt alle auf eine Weise zusammenpassen, die Sie damals nicht voraussehen konnten. Erst später, als Sie den größeren Zusammenhang erkannten, wurde Ihnen die Bedeutung bestimmter Dinge klar, die Ihnen früher völlig unwichtig erschienen waren. Ihr Höheres Selbst hat einen größeren Plan für Ihr Leben, und jede Erfahrung, die Sie machen, wird sich in diesen Plan einfügen und einen Wert für Sie haben, selbst wenn Sie es jetzt noch nicht wissen.

Sobald Sie sich mit dem Höheren Willen verbinden, werden Sie mehr über den größeren Rahmen Ihres Lebens erfahren; und es wird Ihnen auch offenbart werden, was für eine Rolle Sie im großen Plan spielen. Menschen, die diesen größeren Rahmen wahrnehmen können, werden häufig als «Visionäre» bezeichnet, weil sie ein weiteres Blickfeld haben als die meisten Menschen. Auch Sie können ein Visionär werden, wenn Sie lernen, die umfassenderen Zusammenhänge in Ihrem und dem Leben anderer Menschen zu erkennen. Wenn Sie die Entwicklung der Menschheit überblicken, werden Sie klarer erkennen, was für einen Beitrag Sie leisten und wie Sie der Menschheit dienen können.

Stellen Sie sich vor, daß Sie von dichtem Nebel umgeben sind. Sie können nur ein paar Bäume in Ihrer Nähe erkennen. Nun beginnt sich der Nebel zu lichten, und Sie sehen, daß Sie auf einem Hügel stehen. Sobald der Nebel weiter schwindet, sehen Sie in der Ferne noch mehr Hügel und haben bald ein vollständiges Bild von Ihrer gesamten Umgebung. Genauso ist es, wenn Sie die größeren Zusammenhänge überblicken: Ihre Sicht der Welt wird immer klarer, denn Sie sehen sie mit den Augen Ihres Höheren Selbst. Sobald Sie dieses erweiterte Blickfeld haben, wird Ihr spirituelles Wachstum zu einem großen Teil von innen her ablaufen, und Sie selbst werden es lenken.

Das spirituelle Wachstum besteht in einer Reihe von Offenbarungen.

Weise und spirituelle Lehrer haben die Erdebene als «dicht» bezeichnet. Durch die Dichte der Materie entsteht ein Schleier des Nichtwissens, und die meisten Menschen, die auf die Erde geboren werden – selbst hochentwickelte Seelen –, erinnern sich nicht mehr daran, wer sie sind. Sie müssen oft «blind» handeln und sind sich ihrer Ziele und Aufgaben nur undeutlich und schwach bewußt. Das ist einer der Gründe, warum die Dimension, in der Sie alle leben, eine solche Herausforderung darstellt – und Ihnen so enorme Wachstumsmöglichkeiten bietet.

Das Wissen und die Weisheit Ihres Höheren Selbst wird Ihnen durch eine Reihe von Offenbarungen übermittelt werden. Offenbarungen sind jene Augenblicke, in denen die Schleier sich heben und Ihnen eine Einsicht, ein Durchbruch oder ein neues Verständnis zuteil wird. Wenn der Schleier sich lüftet, können Sie über diese Realität hinaussehen und erhalten viele Einblicke in Zusammenhänge, über die Sie vorher vielleicht noch nicht nachgedacht haben.

Je intensiver Ihre Verbindung mit dem Höheren Selbst wird, um so deutlicher werden Sie sich Seiner größeren Weisheit und Seines umfassenderen Überblicks bewußt werden. Sie werden vielleicht ungewöhnliche Gedanken oder Fragen haben. Es kann auch sein, daß Sie über mögliche Lebensformen auf anderen Planeten, über Ihre früheren Existenzen und über das Wesen von Realität, Zeit und Raum nachdenken und Ihnen Einsichten darüber zuteil werden. Möglicherweise verspüren Sie einen Drang, Dinge zu erforschen, für die Sie sich früher nie interessiert haben.

Wenn Sie eine Offenbarung empfangen, wird Ihr vorübergehendes Nichtwissen von Ihnen abgestreift, und Sie erhalten etwas vom Wissen Ihres Höheren Selbst. Solche Offenbarungen vermitteln Ihnen Informationen über die umfassendere Realität, von der Sie ein Teil sind, den höheren Plan für die Menschheit und Ihr eigenes höheres Ziel. Auf diese Weise werden Sie allmählich mehr über Ihren Weg, Ihre Mission und die Schritte erfahren, die Sie als nächstes tun müssen.

Offenbarungen werden Sie von einer höheren, weiseren Warte aus erkennen lassen, warum bestimmte Dinge geschehen. Sie werden Menschen und Ereignisse besser begreifen lernen. Allmählich werden Sie den Sinn des Lebens und des Universums, das «Warum» hinter dem «Was» erkennen. Jede Offenbarung wird den Schleier zwischen Ihrer Dimension und den höheren Dimensionen lüften und Ihnen mehr Aspekte des großen Zusammenhangs vermitteln.

Wenn die Schleier schwinden, wird Ihnen eine erweiterte Sicht Ihres Lebens und des Universums zuteil. Sie werden höhere Wahrheiten erfahren, die schon immer existierten, Ihnen aber so lange verborgen bleiben, bis Sie bereit sind, sich der größeren, unbegrenzteren Perspektive Ihres Höheren Selbst zu öffnen.

Wenn Sie die größeren Zusammenhänge sehen, werden Sie die Vollkommenheit des Universums erkennen. Sie werden Ursachen und Wirkungen begreifen und tief in Ihrem Inneren wissen, daß alles, was Sie tun, perfekt ist. Vielleicht erkennen Sie, daß die Sorgen und Unannehmlichkeiten, die Sie in irgendeinem Lebensbereich haben, Sie auf ein ganz bestimmtes Ziel hinführen. Oder Sie merken, daß es durchaus seinen Sinn hat, wenn Sie sich unausgeglichen und orientierungslos fühlen, denn dadurch lernen Sie, wie man ausgeglichener wird und seine Orientierung im Leben findet. Vielleicht verstehen Sie, daß Ihre Krankheit nur ein Weg Ihres Körpers ist, sein Gleichgewicht wiederzufinden und sich auf eine höhere Schwingung zu bringen oder Ihnen den Weg zu einer neuen Ebene der Selbstliebe zu zeigen. Der Überblick über die größeren Zusammenhänge wird Ihnen inneren Frieden und Selbstvertrauen schenken. Denn diese Empfindungen stellen sich von selbst ein, wenn Sie wissen, daß das Universum Sie auf vollkommenen Wegen Ihrem höchsten Wohl näherbringt. Sie können Ihre Fähigkeit, die größeren Zusammenhänge zu erkennen und Offenbarungen zu empfangen, stärken, indem Sie sich folgende Fragen stellen: «Warum bin ich hier? Worin besteht meine Lebensaufgabe?» Setzen Sie Ihre Vorstellungskraft ein; denken Sie sich Fragen aus, deren Antworten Ihnen etwas über das Wesen des Universums offenbaren und einen größeren Überblick vermitteln könnten: «Wo komme ich her? Was geschieht nach meinem Tod mit mir? Ist die Erde der einzige Planet, auf dem es Leben gibt? Kann ich mich auch in anderen Dimensionen bewegen? Habe ich früher schon einmal gelebt?»

Wenn Sie spirituell weiterwachsen, werden Sie das Ziel Ihres Lebens erkennen.

Denken Sie an die Aktivitäten, die Sie im Augenblick verfolgen. Fragen Sie sich: «Worin liegt der wahre Sinn dieser Handlungen? Wie lassen sie sich in die größeren Zusammenhänge meines Lebens einordnen? In welcher Hinsicht bringe ich mit meinem Tun mehr Licht in die Welt?» Indem Sie sich diese Fragen stellen, werden Sie mehr darüber erfahren, in welchem Zusammenhang Ihre jetzigen Aktivitäten mit Ihrem Lebensziel stehen. Vielleicht werden Sie erkennen, wie alles, was Sie in der Vergangenheit getan haben, zu Ihren jetzigen Handlungen paßt.

Sie können sehr viel über Ihr Lebensziel und den Weg dorthin erfahren, indem Sie einfach um diese Informationen bitten. Sie sind aus vielen verschiedenen Gründen auf der Welt. Es gibt vieles zu lernen und zahlreiche höhere Eigenschaften zu entwickeln. Sie sind hier, um einen ganz bestimmten Beitrag für die Menschheit zu leisten. Die Meditation im Anschluß an dieses Kapitel ist eine Reise zu der Bibliothek, in der die Akasha-Chronik aufbewahrt wird. Diese Chronik enthält Aufzeichnungen Ihrer Seele und aller anderen Seelen. Die Bibliothek existiert in den höheren Dimensionen des Universalen Geistes, und mit Hilfe Ihrer Vorstellungskraft können Sie dorthin gelangen. In der Akasha-Chronik sind all Ihre Leben aufgezeichnet.

Offenbarungen werden Ihnen häufig zuteil, wenn Sie ganz entspannt sind. Thomas Edison hatte viele seiner besten Ideen, wenn er tagsüber eines seiner «Nickerchen» machte, wobei er seinen Körper entspannte und sein normales Bewußtsein abschaltete. Albert Einstein stellte sich jahrelang Fragen über das Wesen von Zeit und Raum, die ihn schließlich zur Entwicklung der Relativitätstheorie hinführten. Der entscheidende Durchbruch gelang ihm in einem Traum, in dem er sah, wie er auf einem Lichtstrahl bis zum Ende des Universums ritt. Die Art, wie das Licht sich fortbewegte, vermittelte ihm die Erkenntnis, nach der er suchte.

Offenbarungen können Ihnen in Augenblicken des Nachdenkens oder durch Meditation zuteil werden, aber auch während eines Spaziergangs oder sogar beim Duschen. Offenbarungen sind kreative Durchbrüche, die Ihnen neue Einsichten über das Wesen der Realität vermitteln, neue Visionen des Möglichen und ein größeres Verständnis für die Ereignisse in Ihrem Leben.

Solche Enthüllungen können einfach, aber auch sehr komplex sein. Sie sind im allgemeinen mit einem ganz besonderen Gefühl verbunden. Manche Menschen bekommen eine Gänsehaut, spüren ein Prickeln auf der Haut oder nehmen irgendeine andere physische Veränderung in ihrem Körper wahr. Manchmal hat man keine solche Empfindung, spürt aber im Geist ein «Klick», als sei gerade ein Mosaikteilchen dorthin gefallen, wo es hingehört. Offenbarungen kann man auf viele verschiedene Arten erhalten – direkt im Geist in Form von Einsichten, durch Kontakt mit einem höheren Wesen, durch die Lektüre eines Buches oder auf akustischem Weg.

Eine Frau wollte mehr darüber wissen, warum sie auf die Welt gekommen war und warum sie sich gerade diese Eltern ausgesucht hatte. Eines Tages, als sie dasaß und Musik hörte, empfing sie folgende Botschaft: «Du bist gekommen, um ein offenes Herz zu entwickeln. In der Vergangenheit, in deinen früheren Leben wähltest du Lebensumstände, die dein Herz verschlossen. In diesem Leben hast du dir Eltern ausgesucht, die dich nicht lieben konnten, dich oft kritisierten, keine Zeit für dich hatten und deren Verhaltensweisen du in deinen früheren Leben auf keinen Fall hättest lieben können. Aber weil sie deine Eltern waren und du ihr Kind, hast du es in deiner jetzigen irdischen Existenz doch fertiggebracht, sie zu lieben. Du hast gelernt, Verhaltensweisen zu akzeptieren, die du früher nicht für liebenswert hieltest, und bist dadurch spirituell gewachsen.»

Solche Offenbarungen sind eine große Herausforderung an Sie. Sie müssen einfach an sie glauben, statt zu meinen, Sie hätten sie nur erfunden. Wenn Sie eine bestimmte Ebene der spirituellen Entwicklung erreicht haben, werden Ihnen viele Informationen durch Ihren Geist und Ihre inneren Sinne zuteil werden.

Pflegen Sie Ihre Fähigkeit, Erkenntnisse und Offenbarungen zu empfangen, indem Sie an diese Offenbarungen glauben. Wenn Ihnen eine Idee kommt, die neu oder anders ist, können Sie sich diese Idee als einen winzig kleinen Sämling vorstellen, der sich gerade durch die Erde zum Licht emporschiebt. Indem Sie sich sagen: «Diese Idee läßt sich vielleicht manifestieren, sie könnte wahr sein – vielleicht funktioniert das Universum tatsächlich so», und so weiter, wird der Sämling kräftiger werden und gedeihen. So können Sie zum Gärtner neuer Ideen werden, sie hegen und pflegen und ermutigen, sich weiter zu entfalten.

Lernen Sie, Ihren Erkenntnissen zu vertrauen.

Wird eine Offenbarung Ihnen zum ersten Mal zuteil, ist sie vielleicht noch nicht ganz ausgeformt. Vielleicht erhaschen Sie nur einen flüchtigen Blick auf irgend etwas Neues und haben das Gefühl, daß Sie es nicht begreifen können, daß es über Ihren Horizont geht. Es ist ganz normal, daß Offenbarungen zunächst als ungeformte Gedankenfragmente in Ihrem Bewußtsein auftauchen. Lassen Sie sich einfach von diesen neuen Ideen durchströmen. Versuchen Sie nicht, sie gleich auf Anhieb zu verstehen oder in eine perfekte Form zu bringen. Spielen Sie mit Ihren Erkenntnissen. Allmählich werden immer mehr Einsichten dazu kommen, bis Sie ein komplettes Bild vor sich haben.

Manche Ideen erfüllen Sie mit blitzartiger Aufregung und Begeisterung und zeigen Ihnen ganz neue Möglichkeiten auf. Anfangs sehen Sie vielleicht noch keine Chance, diese Ideen auszuführen. Doch sobald Sie eine Zeitlang mit ihnen gespielt haben, wird sich vor Ihnen ein Weg auftun, der Sie dorthin führt, wo Sie gern sein möchten. Es ist zwar wichtig, nach Ihren Einsichten zu handeln. Aber Sie sollten erst damit beginnen, wenn Ihre Ideen so ausgeformt sind, daß

Sie sie auch erfolgreich in die Realität umsetzen können. Je mehr Sie über diese Ideen nachdenken, um so vollständiger werden sie. Dann beginnen Sie automatisch, die notwendigen Umstände, Zufälle und Menschen anzuziehen, um Ihre Ideen zu verwirklichen.

Vielleicht haben Sie das Gefühl, schon lange auf der Suche nach Antworten und nach einem Sinn zu sein. Sie wünschen sich, daß Ihnen jetzt endlich das ganze Geheimnis auf einmal enthüllt werden möge. Aber Sie müssen Offenbarungen so langsam und schrittweise empfangen, daß Sie sie leicht verarbeiten können. Wird Ihnen etwas zu früh oder zu rasch enthüllt, verwirrt Sie das unter Umständen oder zwingt Sie, Ihre jetzigen Glaubenssätze zu drastisch zu verändern. Vertrauen Sie darauf, daß Ihnen stets so viele Einblicke in die umfassendere Realität zuteil werden, wie Sie im Augenblick verkraften können.

Wenn Sie zu viele Informationen auf einmal bekommen, weisen Sie sie vielleicht zurück. Viele Ideen, die Sie heute als völlig selbstverständlich empfinden, haben Sie früher abgelehnt, weil sie Ihnen zu ungewöhnlich vorkamen. Jede Offenbarung muß sich in Ihre jetzigen Glaubensvorstellungen einfügen und darf Ihr Fassungsvermögen nicht übersteigen. Manche Offenbarungen stellen eine Herausforderung für Sie dar, sich neuen Sichtweisen der Realität zu öffnen und Ihr Leben aus anderen Blickwinkeln zu betrachten als bisher. Möchten Sie mehr Einblicke gewinnen, sollten Sie sich bemühen, möglichst flexibel und aufgeschlossen für neue Ideen zu werden.

Nutzen Sie Ihre Einsichten, um Ihr Leben zu verbessern.

Zuerst rufen die Erkenntnisse und Offenbarungen, die Sie empfangen, in Ihnen vielleicht ein Gefühl der Befreiung, der Aufregung und Freude hervor. Dieses Hochgefühl hält jedoch nicht an. Danach kommt vielleicht eine Zeit, in der Ihre Faszination und Erregung allmählich schwinden. Jetzt stehen Sie vor der Aufgabe, Ihre Einsichten zu verwirklichen und in Ihr Leben zu integrieren.

Nehmen wir an, Sie haben eine Reihe von Offenbarungen über Ihre Lebensaufgabe erhalten und erfahren, daß Sie beruflich eine neue Richtung einschlagen müssen. Nun beschließen Sie vielleicht, sich über Ihren jetzigen Beruf Gedanken zu machen und sich zu überlegen, wie Sie sich beruflich neu orientieren könnten. Sie haben viele großartige Ideen, wie Ihr neuer beruflicher Weg zu Ihrem Wohl und dem anderer Menschen beitragen könnte, und sehen der Verwirklichung Ihrer Einsichten mit großer Begeisterung entgegen.

Doch nach dieser anfänglichen Begeisterung über Ihren neuen beruflichen Weg müssen Sie die erforderlichen Schritte unternehmen. Es reicht nicht aus, einfach nur Offenbarungen zu empfangen. Erst durch deren Ausführung wachsen Sie innerlich. Die kreativen Ideen, die Ihnen kommen, können Sie auf ganz neue Ebenen des Wachstums und des Ausdrucks Ihrer Persönlichkeit emporheben, wenn Sie sie ausführen. Dazu müssen Sie unter Umständen Dinge tun, die für Sie völlig ungewohnt sind, sich neue Fähigkeiten aneignen, Risiken auf sich nehmen und sich auf unbekanntes Terrain wagen. Um Ihren neuen Weg zu manifestieren, müssen Sie Ihr Potential erweitern, kreativ sein und sich neue Denkweisen erschließen.

Lernen Sie, auf Ideen und Einsichten hin zu handeln, die Ihnen zeigen, wie Sie ein besseres Leben führen könnten. Durch die Manifestation Ihrer Erkenntnisse werden Sie spirituell wachsen, und die Meisterung dieses Prozesses ist ebenso wichtig wie die Erreichung Ihrer Ziele. Menschen, die nicht handeln, können die Früchte, die ihre Einsichten und Offenbarungen ihnen bringen sollten, auch nicht ernten. Dadurch, daß Sie Ihre Erkenntnisse in die Realität umsetzen, erwerben Sie die erforderlichen Fähigkeiten, um sich ein besseres Leben zu schaffen, in größerer Fülle zu leben und sich kraftvoller und lebendiger zu fühlen.

Suchen Sie nicht bei anderen Menschen nach Bestätigung, denn die Ideen, die Sie empfangen, werden völlig neu sein und über das Denken der großen Masse hinausgehen. Irgendwann werden Ihnen vielleicht Ihre Bekannten Beifall zollen und Ihnen sagen, wie großartig sie Ihre Ideen finden. Aber auf diese Unterstützung sollten Sie nicht warten. Glauben Sie von sich aus an Ihre Erkenntnisse und handeln Sie danach. Entwickeln Sie den Mut, auf sich selbst und Ihre Einsichten zu vertrauen. Tun Sie das, was Sie für richtig halten, und nicht, was andere Ihnen sagen.

Sind Ihnen in der letzten Zeit Erkenntnisse zuteil geworden, die Ihnen klarmachten, daß Sie etwas Bestimmtes tun müssen? Dann fragen Sie sich, was für einen Schritt Sie unternehmen könnten, um diese Einsicht umzusetzen. Vielleicht ist es ein ganz einfacher. Ergänzt man Erkenntnisse und Offenbarungen durch Handlungen, kann man sehr durchschlagende Ergebnisse erzielen. Ideen allein reichen nicht aus, um auf dieser Welt erfolgreich zu sein. Sie müssen auch auf Ihre Ideen vertrauen und sie beharrlich in die Praxis umsetzen.

Wenn Sie die größeren Zusammenhänge Ihres Lebens und den Sinn des Universums kennenlernen, wird Ihr Leben leichter werden. Sie haben dann eine Vision, von der

Sie sich leiten lassen können. Sie werden innerhalb kurzer Zeit vieles erreichen können, denn Sie wissen, welche Handlungen zu den besten Ergebnissen führen. Sie wissen, wo Ihre Zeit und Ihre Energie am meisten Positives bewirken kann. Durch diesen Überblick werden die tausend Kleinigkeiten des täglichen Lebens Ihnen mehr Freude bereiten. Sie werden sie als sinnvoller empfinden, weil Sie wissen, welchen Beitrag sie zum großen Zusammenhang Ihres Lebens leisten.

Wie Sie die größeren Zusammenhänge erkennen können

Meditation

Diese Meditation lädt Sie zu einer Reise zur Akasha-Chronik ein. Dort werden Sie mehr über sich selbst erfahren – warum Sie sich gerade dieses Leben ausgesucht haben, worin Ihr höheres Ziel besteht, was Sie hier auf der Erde lernen sollen und wie Sie der Menschheit dienen können.

Die Akasha-Chronik befindet sich in einer Bibliothek, die in den höheren Dimensionen jenseits der physischen Welt existiert. Sie enthält Informationen über all Ihre irdischen Existenzen und die Leben anderer Menschen, über Ihr inneres Wachstum, Ihre Lebensziele und vieles mehr.

Meditationsschritte:

Versetzen Sie sich in den Höheres-Selbst-Zustand.

1. Rufen Sie Licht herbei und stellen Sie sich vor, von einem Lichtkokon umgeben zu sein. Gestalten Sie diesen Lichtkokon so schön wie möglich und geben Sie ihm genau die Größe, die sich gut und richtig anfühlt. Sie können sich diesen Kokon wie eine Blase vorstellen, die Sie davonträgt. Malen Sie sich aus, wie Sie immer höher schweben, bis Sie bei der Bibliothek angelangt sind.

2. Jetzt stehen Sie vor der Bibliothek. Wie sieht sie aus? Sobald Sie dazu bereit sind, betreten Sie die Bibliothek,

und schauen Sie sich um. Nun sehen Sie unzählige Bücherreihen, in denen Informationen über Ihre Leben und die Leben anderer Menschen enthalten sind.

3. Jetzt kommt ein sehr hohes Wesen auf Sie zu, das Sie herzlich begrüßt. Teilen Sie diesem Wesen im Geist mit, daß Sie die Aufzeichnungen über Ihre Leben lesen möchten. Sobald Sie diese Bitte ausgesprochen haben, werden Sie auch schon vor den Aufzeichnungen Ihres Höheren Selbst stehen – denn wenn Sie in den höheren Dimensionen an etwas denken, tritt es sogleich ein.

4. Diese Bücher enthalten Informationen über die Ziele, Aufgaben und Ergebnisse all Ihrer irdischen Existenzen. Nehmen Sie das Buch mit den Aufzeichnungen Ihres jetzigen Lebens aus dem Regal. Wie sieht dieses Buch aus? Wenn Sie bereit dazu sind, öffnen Sie es und schauen Sie sich die erste Seite an. Dort steht eine Widmung an die Essenz Ihrer Lebensaufgabe und des Beitrags, den Sie in diesem Leben leisten sollen. Wie lautet diese Widmung?

5. Nun schlagen Sie die nächste Seite auf. Hier finden Sie noch mehr Informationen über Ihre Lebensaufgabe und Ihren Beitrag. Sehen Sie vor Ihrem geistigen Auge, was auf dieser Seite steht.

6. Auf der nächsten Seite finden Sie die Eigenschaften, an denen Sie in diesem Leben arbeiten sollen – zum Beispiel Liebe, Mut, Vertrauen und Mitgefühl. Welche Eigenschaften entwickeln Sie gerade in sich weiter?

7. Wenn es noch etwas gibt, was Sie gern erfahren möch-

ten, lesen Sie weiter. Welche wichtigen Ereignisse Ihres Lebens sind in dem Buch aufgezeichnet? Welches der Dinge, an denen Sie gerade arbeiten, ist von der Perspektive Ihres Höheren Selbst aus betrachtet am wichtigsten?

8. Sobald Sie zum Gehen bereit sind, stellen Sie sich vor, daß Sie nun wieder draußen vor der Bibliothek stehen. Umgeben Sie sich mit Licht und lassen Sie sich von Ihrer Lichtblase an den Ort zurücktragen, an dem Sie mit dieser Meditation begonnen haben. Wenn Sie noch mehr Informationen über Ihr Leben erhalten möchten, können Sie jederzeit in die Bibliothek zurückkehren.

6
Wie man sich den inneren Ebenen öffnet

Außer der Realität, die Sie mit Ihren physischen Sinnesorganen sehen, berühren und hören können, gibt es auch noch andere Realitäten. Das sind die höheren Dimensionen, in denen Ihr Höheres Selbst lebt. Diese Wirklichkeiten sind sehr real; dort existieren Ihr Höheres Selbst, die Höheren Selbste Ihrer Mitmenschen und viele andere höhere Wesen.

Die Dimensionen, in denen Ihr Höheres Selbst normalerweise existiert, bestehen aus Schwingungen, die eine höhere Frequenz haben als die Ihrer physischen Welt. Alles in Ihrer Welt hat eine Schwingung – die Atome Ihres Körpers, Ihr Zuhause, die Nahrungsmittel, die Sie zu sich nehmen. Was uns die Materie als fest und real empfinden läßt, ist die Beziehung zwischen ihrer Frequenz und unserer. Die höheren Dimensionen sind von den Bereichen, in denen Sie leben, teilweise durch ihre Schwingungen getrennt; sie haben raschere, gleichmäßigere, höhere Schwingungen. Wenn Sie spirituell wachsen, erhöhen Sie Ihre Schwingung, und die Dimensionen Ihres Höheren Selbst werden für Sie realer und leichter erkennbar. Da man diese Realitäten durch seine Gedanken, seine Vorstellungskraft und die inneren Sinne kennenlernen kann, werde ich Sie von jetzt an die «inneren Ebenen» der Realität nennen.

Auf den inneren Ebenen arbeitet eine spirituelle Gemeinschaft vieler höherer Wesen zusammen.

Wenn Sie sich auf Ihr Höheres Selbst einstimmen, werden Ihnen auch die Dimensionen bewußt, in denen Es existiert. Sie können sich ganz bewußt der Gemeinschaft höherer Wesen anschließen, zu der Ihr Höheres Selbst bereits gehört. Eines der höheren Ziele dieser Gemeinschaft besteht darin, gemeinsam mit dem Universalen Geist und dem Höheren Willen allen Lebensformen bei ihrer Weiterentwicklung zu helfen. Die höheren Wesen bemühen sich ständig, Menschen aufzuwecken, und senden gemeinsam mit dem Höheren Willen spirituelle Energien aus. Sie erleichtern allen Menschen, die innerlich wachsen oder der Menschheit dienen möchten oder die um Hilfe bitten, ihre spirituelle Reise. Sie können Ihr Bewußtsein für diese Zusammenarbeit öffnen, mit der die Wesen der höheren Dimensionen den Evolutionsplan der Menschheit verwirklichen. Dann wird es Ihnen noch leichter fallen, Ihr höheres Ziel kennenzulernen und in die Realität umzusetzen.

Einige dieser höheren Wesen sind spirituelle Führer und arbeiten, neben ihren anderen Aufgaben, ganz intensiv mit einem bestimmten Menschen zusammen. Andere helfen allen Menschen, die für diese Hilfe offen sind und darum gebeten haben, auf die verschiedenste Weise. Kein Hilferuf verhallt ungehört. Bittet jemand um Hilfe, senden ihm sein Höheres Selbst und diese höheren Wesen sofort Licht und Unterstützung. Alle Hilfe wird zur Verfügung gestellt, die man braucht. Nichts wird einem vorenthalten. Wenn Sie wüßten, wieviel Liebe Ihnen in den höheren Dimensionen entgegengebracht wird, würden Sie sich nie wieder Sorgen machen oder einsam fühlen.

In den höheren Dimensionen gibt es kein Gefühl des Getrenntseins oder der Isolation. Jedes Wesen leistet seinen Beitrag dort, wo es am meisten Gutes bewirken kann, ebenso wie Sie in Ihrer Realität mit anderen Menschen kooperieren, um wichtige Dinge zu schaffen. Manchmal arbeitet Ihr Höheres Selbst mit Ihnen zusammen, um ein Ziel zu erreichen; manchmal tut Es sich aber auch mit anderen hohen spirituellen Führern zusammen, um Ihnen für Ihr spirituelles Wachstum und die Erfüllung Ihrer Lebensaufgabe Kraft und Unterstützung zu geben.

In den höheren Dimensionen gibt es keine Kritik, nur gegenseitigen Respekt und gütige Worte. Es herrscht eine Atmosphäre der Sanftmut, Bescheidenheit und Konzentration auf die Arbeit, die geleistet werden muß. Alle Wesen auf dieser Ebene haben eine hohe Vision voneinander und senden sich gegenseitig bedingungslose Liebe. Keines denkt an sich selbst, ohne gleichzeitig auch das Wohl der anderen im Auge zu behalten.

Wenn jemand an einem Projekt arbeitet, kümmern sich alle darum. Es gibt nicht die Vorstellung, daß einer seine Aufgabe ganz allein bewältigen muß. Die Aufgaben, die zu erledigen sind, werden von der Energie aller höheren Wesen unterstützt. Niemand denkt an Mangel oder an Konkurrenz. Alles wird als ein Teil der vollkommenen, göttlichen Ordnung des Universums betrachtet. Jeder, der helfen möchte, kann sich dieser offenen Gruppe anschließen. Auch in den Dimensionen, in denen Ihr Höheres Selbst lebt, gibt es noch so etwas wie Individualität. Doch das Individuum ist viel stärker mit allen anderen Wesen verbunden als in Ihrer Realität.

Die Verbindung zu den höheren Dimensionen erfolgt durch Ihre Telepathiezentren. Die meisten von Ihnen empfangen telepathische Botschaften durch die Gefühlszentren. Das erleben Sie zum Beispiel, wenn Sie mit anderen Menschen zusammen sind und von deren Empfindungen «angesteckt» werden. Ein Teil Ihres spirituellen Wachstums besteht darin, für die emotionalen Botschaften anderer Menschen durchlässig zu werden und Ihre höheren Telepathiezentren zu öffnen, damit Ihr Höheres Selbst Sie leiten kann.

Ihre höheren Telepathiezentren sind mental und intuitiv. Sie empfangen durch sie eine deutlich erkennbare geistige Führung oder ein intuitives Gefühl, das Ihnen sagt, was Sie tun sollen. Wenn Sie sich mit Ihrem Höheren Selbst in Einklang bringen, auf Seine Führung hören und Ihr folgen, öffnen Sie automatisch Ihre höheren Telepathiezentren.

Sie können mit Hilfe dieser Zentren auch dem Höheren Selbst anderer Menschen Botschaften übersenden oder Ihr Bewußtsein dem Seelenbewußtsein anderer Lebensformen – zum Beispiel Pflanzen, Tiere und Mineralien – öffnen. Durch Telepathie können Sie sich der vielen höheren Wesen bewußt werden, die der Menschheit dienen, Ihres persönlichen Führers, wenn Sie einen möchten, und der Dimensionen Ihres Höheren Selbst.

Mit all diesen höheren Wesen können Sie in Verbindung treten, indem Sie sich vorstellen, wie Sie Kontakt mit ihnen aufnehmen. Wenn Sie an etwas arbeiten, bitten Sie die höheren Wesen um besondere Führung und Unterstützung. Stellen Sie sich vor, daß sie Ihnen, Ihrer Arbeit oder den Menschen, die Sie lieben, Licht senden. Sie sind nicht allein. Sie werden viel Hilfe, Unterstützung und Kraft für die Arbeit erhalten, die Sie auf der Welt zu leisten haben, wenn Sie mit dieser Gemeinschaft höherer Wesen in Verbindung kommen.

Sie können auf den inneren Ebenen wirken, indem Sie sich nicht mehr nach außen, sondern nach innen wenden.

In der Verbindung mit Ihrem Höheren Selbst kommen Ihnen Führung und Informationen eher von innen als von außen zu. Sie empfangen die Führung Ihres Höheren Selbst in Ihren höheren Telepathiezentren. Von dort wird sie Ihnen durch Ihre Vorstellungskraft und Ihren Geist weitervermittelt. Da die Verbindung mit den höheren Dimensionen aus Ihrem Inneren entspringt, sollten Sie auf Ihre Gedanken, Ihre inneren Sinne und Ihre Vorstellungen achten.

Durch Meditation können Sie sich der höheren Dimensionen und der Führung Ihres Höheren Selbst bewußt werden. Die Meditation gibt Ihnen die Möglichkeit, Ihre üblichen Gedanken zur Ruhe zu bringen und auf Ihr Höheres Selbst zu hören. Beim Meditieren konzentrieren Sie sich stärker auf Ihre innere Realität, auf die Bilder und Gefühle in Ihrem Inneren. Sie erhöhen Ihre Schwingungsfrequenz und erkennen die Dimensionen Ihres Höheren Selbst klarer. Durch Meditation können Sie Ihre Sensibilität für Ideen, geistige Konzepte und Bilder steigern, die aus den höheren Bereichen und von Ihrem Höheren Selbst stammen.

Zur Meditation können auch Zustände der Entspannung, der Beobachtung und Konzentration gehören. Meditation kann die verschiedensten Formen annehmen – Sie können Ihren Verstand zur Ruhe bringen oder sich auf eine bestimmte Aufgabe konzentrieren. Meditation ist eine innere Haltung der Vertiefung und Betrachtung, eine Zeit konzentrierten Nachdenkens. Sie meditieren zum Beispiel, wenn Sie sich darauf konzentrieren, wie Sie anderen Menschen helfen oder Ihr Lebensziel verwirklichen können. Meditation kann auch darin bestehen, anderen Menschen

Licht und Liebe zu senden oder nur still dazusitzen und seinen Geist zur Ruhe zu bringen. Alle Tätigkeiten, mit deren Hilfe Sie sich entspannen, konzentrieren oder innerlich zur Ruhe kommen – lange Waldspaziergänge, Musikhören oder einfach ruhiges Dasitzen und Nachdenken –, werden Sie mit Ihrem Höheren Selbst und den höheren Dimensionen in Verbindung bringen.

Sie können Ihre Fähigkeit, mit den höheren Dimensionen Kontakt aufzunehmen, steigern, indem Sie lernen, wie man sich entspannt und zentriert. Dazu ist keine bestimmte Meditationspraxis notwendig. Sie können es anhand Ihrer täglichen Aktivitäten üben. Auch im Alltag können Sie das ständige Geschwätz Ihres Verstandes zur Ruhe bringen und, selbst während Sie aktiv sind, einen Zustand der Meditation erreichen. Wenn Sie mit Ihrem Höheren Selbst eins werden, haben Sie einen festen spirituellen Brennpunkt, der es Ihnen ermöglicht, ständig mit den höheren Dimensionen als Ihrer primären Realität in Berührung zu bleiben. Dann brauchen Sie nicht stundenlang zu sitzen und eine formelle Meditationspraxis zu befolgen. Sie werden sich stets im Zustand der Meditation – aktive Empfänglichkeit, inneres Lauschen, wache Aufmerksamkeit – befinden, unabhängig davon, was Sie gerade tun.

Sie können die Energie in Kristallen und anderen Lebensformen, zum Beispiel Pflanzen und Tieren, spüren.

Als Ihr Höheres Selbst sind Sie über die inneren Ebenen mit dem Seelenbewußtsein aller Lebensformen verbunden. Sie können lernen, mit Hilfe Ihrer Vorstellungskraft und Ihrer höheren telepathischen Fähigkeiten bewußt mit den

Seelen von Mineralien, Pflanzen und Tieren in Verbindung zu treten. Sobald Sie dieser inneren Welt stärker gewahr werden, können Sie erkennen, daß Sie mit ihr eins sind, und das Bewußtsein aller Lebensformen begreifen. Trotzdem werden Sie Ihre Individualität und das Gefühl, Sie selbst zu sein, beibehalten. Die Einheit zu spüren bedeutet, daß Sie in der Lage sind, das Leben aus der Perspektive eines jeden Dings oder Lebewesens zu erfahren, auf das Sie sich zentrieren. Indem Sie lernen, das Leben durch die «Augen» anderer Lebensformen zu sehen, werden Sie weiser und mitfühlender werden und sich selbst besser verstehen.

Um mit anderen Lebensformen in Verbindung zu treten, verwenden Sie Ihr Vorstellungsvermögen. Wenn Sie das nächste Mal in der Nähe eines Baums sind, setzen Sie sich still neben ihn und stellen Sie sich vor, selbst dieser Baum zu sein. Stimmen Sie sich dabei auf die anderen Pflanzen ein, so wie der Baum sie Ihrer Meinung nach sieht. Wie empfindet er Tag und Nacht, Hitze und Kälte? Wie nimmt er Sie wahr? Vielleicht spüren Sie subtile Empfindungen, Eindrücke und Bilder, die sich mit Worten nicht erfassen lassen.

So beginnen Sie, mit allem Leben eins zu werden und diesen Aspekt des Bewußtseins Ihres Höheren Selbst zu erfahren. Sie können die inneren Bilder des Baumes in sich aufnehmen und bis zu einem gewissen Grad seine Realität spüren, denn der Baum und Sie sind auf einer tieferen Seinsebene miteinander vereint. Mit Hilfe Ihres Geistes und Ihrer Vorstellungskraft können Sie sich auf einen Felsen, eine Pflanze und ein Tier einstimmen, deren Bewußtsein besser verstehen und mit ihnen eins werden. Machen Sie sich keine Sorgen, wenn Sie das Gefühl haben, das alles im Grunde nur zu erfinden. Vertrauen Sie den Eindrücken, die Sie empfangen.

Sie können auch das Bewußtsein eines Kristalls kennenlernen. In dieser Zeit fühlen sich viele von Ihnen zum Reich der Mineralien hingezogen, und zwar besonders zu Kristallen. Das liegt daran, daß das kristalline Molekularmuster die menschliche Fähigkeit steigert, sich mit Hilfe der inneren Realitätsebenen auf andere Dimensionen einzustimmen. Die inneren Ebenen bestehen aus einem Lichtnetz, das den kristallinen Strukturen sehr ähnlich ist. Kristalle können es Ihnen erleichtern, auf telepathischem Weg Energie auszusenden und auf den inneren Ebenen und in den höheren Dimensionen zu wirken.

Durch die inneren Ebenen können Sie telepathische Botschaften aussenden und empfangen.

Sie können einen Beitrag zum Weltfrieden leisten oder anderen Menschen auf telepathischem Weg helfen, indem Sie ihnen oder der ganzen Menschheit durch die inneren Ebenen Licht senden. Dabei vermehren Sie die Menge des Lichts auf der Welt ebensosehr wie durch jede physische Bemühung. Sie können sich die inneren Ebenen als riesiges, sehr gleichmäßig gewobenes, feines Lichtnetz vorstellen. Je höher die Dimension, um so feiner wird das Netz. Entlang dieses Netzes können Botschaften von Ihrem Höheren Selbst zum Höheren Selbst anderer Menschen gelangen.

Sie können Menschen, die Sie kennen, telepathische Botschaften zuschicken. Botschaften, die von Ihrem Höheren Selbst an das Höhere Selbst eines anderen Menschen gesandt werden, bewirken stets etwas. Denken Sie an jemanden, mit dem Sie gern kommunizieren möchten. Werden Sie innerlich ruhig und stellen Sie sich vor, von einem feinen Lichtnetz umgeben zu sein, das sich nach oben fortsetzt. Als nächstes sehen Sie vor Ihrem inneren

Auge, wie eine Lichtlinie von Ihrem Herzen zum Herzen dieses Menschen geht. Teilen Sie dem Menschen im Geist mit, daß Sie ihn/sie so lieben und akzeptieren, wie er/sie ist. Formulieren Sie auch andere Liebesbotschaften, die Sie ihm senden möchten.

Ein Mann praktizierte das mit seiner Frau, als sie sich über die Erziehung eines ihrer Kinder stritten. Er hatte das Gefühl, sie sei zu nachgiebig, und sie fand ihn zu streng. Sie hatten sich in ihrer Diskussion festgefahren. Keiner war bereit nachzugeben. Es war sogar schon so weit gekommen, daß sie nicht mehr miteinander sprachen. Da sandte er seiner Frau durch die inneren Ebenen eine telepathische Botschaft von seinem Höheren Selbst, in der er ihr mitteilte, daß er sie liebte und sich wünschte, zwischen ihnen möge wieder Frieden einkehren. Bald darauf kam seine Frau zu ihm und sagte, sie sei offen für eine neue Lösung. Sie fanden zu einem Kompromiß, den beide akzeptieren konnten.

In dieser Zeit tiefgreifender planetarer Veränderungen wandeln die Menschen sich sehr rasch, und neue Formen, Ideen und Informationen überfluten unseren Planeten. Wenn Sie Stabilität in der äußeren Welt suchen, fühlen Sie sich vielleicht verwirrt und unsicher. Doch wenn Sie nach innen schauen und mit den höheren Dimensionen und Ihrem Höheren Selbst in Verbindung treten, werden Sie Liebe, Stabilität und Frieden finden; denn die höheren Dimensionen senden ständig Frieden, Erfolg, spirituelle Konzentration und andere Ausdrucksformen des Lichts aus.

Es gibt auf den inneren Ebenen nicht nur höhere Wesen, sondern auch viele schöne Orte. Zum Beispiel gibt es Orte, an denen die reinen Töne der Liebe, des Mitgefühls, des Mutes und anderer Eigenschaften existieren. Jeder dieser Orte ist ständig von seinem Ton erfüllt und sendet ihn in viele Dimensionen aus. Diese Orte bestehen aus Energie, Klang, Licht und Schwingungen. Sie können im Geist zu

Ihnen hinreisen und die Eigenschaften, die sie ausströmen, in sich aufnehmen. Diese Orte dienen als Bezugspunkte für die reine Schwingung des entsprechenden Gefühlstons in vielen Universen. Immer wenn Sie eine Eigenschaft in sich verstärken möchten, können Sie zu einem dieser Orte reisen und mehr davon in sich aufnehmen.

Manchmal verspüren Sie vielleicht den überwältigenden Wunsch, zur Ruhe zu kommen. Danach fühlen Sie sich von Energie oder Kraft durchströmt. Das sind die Zeiten, in denen Ihr Höheres Selbst auf der Welt intensive Arbeit leistet und dazu beiträgt, durch die inneren Ebenen Licht und Energie auszusenden. Dann sollten Sie innerlich ruhig werden und sich von dieser hohen Energie durchströmen lassen. Dadurch wird Ihr Licht noch strahlender.

Je mehr Sie Ihr Bewußtsein den inneren Ebenen öffnen, um so sensibler werden Sie für telepathische Eindrücke aus den höheren Bereichen und von Ihrem Höheren Selbst. Ihre Fähigkeit, Menschen auf telepathischem Weg zu helfen und selber Führung und Unterstützung zu empfangen, wird sich stärker ausprägen. Sie werden bei der Erfüllung des Höheren Willens eine wichtigere Rolle spielen, und der große Evolutionsplan der Menschheit wird Ihnen immer bewußter werden. Sie werden als Mitglied der höheren Gemeinschaften, die der Menschheit dabei helfen, ihr höchstes Potential auszuschöpfen, geschätzt werden und bei Ihrem spirituellen Wachstum und der Erfüllung Ihrer Lebensaufgabe viel Unterstützung und Liebe erfahren.

Wie Sie Ihr Bewußtsein den inneren Ebenen öffnen können

Meditation

Diese Meditation soll Ihre höheren Telepathiezentren öffnen und Sie zu der Gemeinschaft jener höheren Wesen hinführen, die auf den inneren Ebenen zusammenarbeiten und allen Menschen helfen, die dabei sind, spirituell zu erwachen, oder die um Führung bitten.

Meditationsschritte:

Wenn Sie möchten, legen Sie einen Kristall bereit, den Sie während der Meditation in der Hand halten können.

1. Rufen Sie Licht herbei und stellen Sie sich vor, von allen Seiten von diesem Licht umgeben zu sein. Malen Sie sich aus, daß Sie sich in einer Lichtblase befinden und in dieser Blase zu einem Tempel mit vielen höheren Wesen emporschweben. Diese höheren Wesen arbeiten gemeinsam daran, die Schwingungen der Menschheit zu erhöhen und alle Menschen mit ihrem Höheren Selbst in Einklang zu bringen. Sie senden Frieden, Liebe und spirituelles Erwachen aus.

2. Fühlen Sie den Frieden, die Liebe und die Freude um sich her, sobald Sie zu dem Tempel gelangen. Achten Sie auf die Schönheit des Tempels und seiner Umgebung. Lauschen Sie den Klängen der Natur und dem schönen Unterton feierlicher Gesänge.

3. Ihr Höheres Selbst kommt auf Sie zu. Spüren Sie die bedingungslose Liebe, den Frieden und die Ruhe, die Es ausstrahlt. Als Es vor Ihnen steht, berührt Es Ihr Scheitelchakra oben an der Schädeldecke, um Ihnen beim spirituellen Erwachen zu helfen. Dann berührt Es sanft Ihr drittes Auge auf der Stirn zwischen Ihren Augenbrauen. Dadurch öffnet sich Ihre innere Sicht noch mehr, und beide Chakren werden mit den Schwingungen Ihres Höheren Selbst in Einklang gebracht.

4. Jetzt führt Ihr Höheres Selbst Sie in einen schönen Hof, in dem viele höhere Wesen in einem Kreis sitzen. Sie senden Frieden, Liebe und Freude aus, spürbar für alle Menschen, die lauschen. Sie und Ihr Höheres Selbst werden aufgefordert, sich in die Mitte des Kreises zu setzen. Sie stimmen sich mit in die Botschaft ein. Spüren Sie die Liebe und Freude, die Sie dabei durchströmt. Immer wenn Sie sich wohler und glücklicher fühlen möchten, brauchen Sie sich von jetzt an nur vorzustellen, daß Sie in diesem Kreis sitzen und die Ausstrahlung der höheren Wesen empfangen.

5. Spüren Sie den warmen Willkommensgruß und die Freude darüber, daß Sie sich ihrer Gemeinschaft angeschlossen haben. Alle senden Ihnen Liebe und Unterstützung für Ihre Arbeit und Ihr spirituelles Wachstum. Erwärmen Sie sich einen Augenblick an dieser Liebe und diesem Licht.

6. Drei sehr hohe, mächtige Wesen treten vor und stellen sich in Form eines Dreiecks um Sie und Ihr Höheres Selbst auf. Sie stehen im Licht dieser Wesen und emp-

fangen Kraft und Liebe. Fühlen Sie, wie sehr Sie geliebt werden. Nun kommen noch mehr höhere Wesen herbei und stellen sich in immer größeren Dreiecken um Sie herum auf. Spüren Sie, wie Sie in diesem Licht mit Ihrem Höheren Selbst verschmelzen. Sie sind jetzt Ihr Höheres Selbst.

7. Jetzt stellen diese Wesen sich in einem größeren Kreis auf und laden Sie dazu ein, gemeinsam mit ihnen dem Pflanzenreich Licht zu senden. Fragen Sie das Pflanzenreich dabei im Geist, ob Sie im Augenblick irgend etwas tun können, um ihm zu helfen. Fragen Sie auch, wie das Pflanzenreich Sie bei Ihrem Wachstum unterstützen könnte. Dann tun Sie das gleiche mit dem Tierreich.

8. Nun senden Sie gemeinsam mit allen höheren Wesen dem Reich der Mineralien und der Erde Licht und Liebe. Wenn Sie möchten, können Sie jetzt Ihren Kristall in die Hand nehmen und sich vorstellen, wie Licht durch den Kristall zur Erde strömt. Spüren Sie Ihre Liebe zur Erde und Ihre Verbindung mit ihr. Fragen Sie, wie Sie der Erde im Augenblick helfen und wie Sie Ihre Verbindung zu ihr verstärken können, um selbst zu wachsen.

9. Sobald Sie zum Gehen bereit sind, danken Sie den höheren Wesen für ihr Licht. Lassen Sie sich von Ihrer Lichtblase in den Raum zurücktragen, in dem Sie mit dieser Meditation begonnen haben. Spüren Sie die intensivere Verbindung, die Sie nun mit der Gemeinschaft höherer Wesen, mit dem Tierreich, dem Pflanzenreich, dem Reich der Mineralien und der Erde haben.

7
Der Aufstieg zu einem höheren Bewußtsein

Wenn Sie mit Ihrem Höheren Selbst eins werden, erleben Sie viele höhere Bewußtseinszustände. Diese Zustände ergeben sich ganz von selbst aus Ihrer intensiveren Beobachtung, Aufmerksamkeit und Bewußtheit. Sie rühren daher, daß Sie nun stärker auf die höheren Dimensionen eingestimmt sind und die Fähigkeit besitzen, in mehreren Dimensionen zu existieren und nicht nur in Ihrer Erdrealität. Diese Bewußtseinszustände entstehen, wenn Sie innerlich fließender werden, daran glauben, daß alles möglich ist, und Ihren Geist der Erforschung des Unbekannten öffnen.

Wenn Sie mit Ihrem Höheren Selbst verschmelzen, werden Sie vielleicht immer ausgeprägtere telepathische und andere übersinnliche Fähigkeiten haben; Sie werden unter Umständen hellsichtig werden oder sich an frühere Leben erinnern können. Sie müssen diese Fähigkeiten zwar nicht besitzen, um spirituell wachsen zu können, aber sie können ein Teil Ihrer inneren Entwicklung sein. Man kann solche Fähigkeiten bewußt entfalten. Es ist aber auch möglich, daß sie sich im Lauf Ihres spirituellen Wachstums von selbst einstellen.

Sie können die Fähigkeiten eines höheren Bewußtseins ganz gezielt entwickeln, indem Sie Ihre Bewußtheit erweitern. Ihre Handlungen laufen auf viel mehr verschiedenen Ebenen ab, als Sie normalerweise merken. Um Sie herum geht mehr vor, als Sie mit Ihrem normalen Bewußtsein wahrnehmen können. Sobald Sie innerlich wacher und aufmerksamer werden, bemerken Sie die subtilen Energien, die überall in Ihrer Umgebung existieren. Sie sind stets gegenwärtig, und Sie können mit ihnen zusammenwirken und Ihre Realität verändern.

Wie viele Ebenen können Sie gleichzeitig bewußt empfinden? Können Sie Ihre Atmung, Ihre Körperhaltung, Ihre Gedanken, Gefühle und Muskelbewegungen, die Klänge im Zimmer, die Gerüche um Sie her und das Gefühl Ihrer Kleidung auf Ihrer Haut gleichzeitig wahrnehmen? Wie weit reicht Ihre Energie über Ihren Körper hinaus in den Raum hinein? Werden Sie sich der Fülle Ihrer Fähigkeiten bewußt, feinstoffliche Energien wahrzunehmen.

Dadurch, daß Sie innerlich wacher und aufmerksamer werden, bringen Sie das Bewußtsein Ihres Höheren Selbst in Bereiche ein, die früher unbewußt blieben. Sie haben vielleicht sehr lebhafte Träume oder erhalten in Ihren Träumen Botschaften im Hinblick auf Ihr Leben. Sobald Ihre Bewußtheit sich intensiviert, werden Sie vielleicht anderer Existenzen gewahr werden – zum Beispiel paralleler oder früherer Leben. Erinnerungen an frühere irdische Existenzen werden in Ihnen aufsteigen. Wenn Sie einem Menschen zum erstenmal begegnen, kann es sein, daß Sie sofort eine Zuneigung zu ihm fassen und das Gefühl haben, als hätten Sie ihn früher schon einmal gekannt. Oder Sie kommen an einen neuen Ort und haben das Gefühl, schon einmal dort gewesen zu sein.

Wenn Sie zu Ihrem Höheren Selbst erwachen, kommen Ihnen Ihre psychischen, außersinnlichen Fähigkeiten vielleicht stärker zum Bewußtsein. Sie stellen fest, daß Sie irgend etwas wissen, ohne sich erklären zu können, woher. Sie wissen schon im voraus, was die Menschen um Sie her gleich sagen werden, und nehmen ihnen vielleicht sogar das Wort aus dem Mund. Sie ahnen Ereignisse voraus, die dann tatsächlich eintreffen. Sie denken an jemanden, und kurze Zeit später läuft er Ihnen «zufällig» über den Weg oder ruft Sie an. Sie empfangen blitzartig Informationen über einen Menschen, den Sie gar nicht kennen, und stellen später fest, daß Ihre Eingebung richtig war. Solche Informationen sind Ihnen zwar im Grunde genommen immer zugänglich, aber wenn Sie zur Bewußtheit Ihres Höheren Selbst heranwachsen, machen sie sich deutlicher bemerkbar. Dann werden Sie auch aufmerksamer für Ihre Gedanken und alle Ereignisse um Sie her.

Dadurch, daß Sie in sich das Bewußtsein und die Sensibilität Ihres Höheren Selbst – zum Beispiel hellseherische und telepathische Fähigkeiten – stärker entwickeln, erlangen Sie mehr persönliche Kraft und ein erweitertes Blickfeld. Über Ihre wachsenden hellseherischen Fähigkeiten gewinnen Sie eine weitere Bewußtseinsdimension hinzu, durch die Sie in Ihrer normalen Realität viel mehr bewirken können. Sie werden verstehen, wie Sie Resultate, die Ihnen früher wie Wunder erschienen wären, bewußt herbeiführen können. Ihre Fähigkeit, sich selbst zu heilen, zentriert und ausgeglichen zu bleiben, zu wissen, wer Sie sind, und die positive Energie in Ihrer Umgebung zu verstärken, wird sich vergrößern.

Ob diese Fähigkeiten Ihrem höchsten Wohl dienen oder nicht, hängt davon ab, wie Sie sie einsetzen. Wenn Sie sie nutzen, um anderen Menschen zu dienen und Kraft zu geben oder Ihr Lebensziel zu erreichen, werden sie zu Ihrem spirituellen Wachstum beitragen. Wenn Sie damit andere Menschen beherrschen und nur Ihr eigenes Selbstgefühl befriedigen möchten oder in ihnen einen Selbstzweck sehen, werden sie Ihrem Wachstum nicht dienen, und sie werden die Folgen Ihres Handelns selber tragen müssen. Denn diese Fähigkeiten sind nicht das Ziel Ihres inneren Wachstums, sondern nur Werkzeuge, mit denen Sie dieses Wachstum fördern können.

Wenn Sie zu Ihrem Höheren Selbst erwachen, wachsen Ihre hellseherischen Fähigkeiten.

Ihre hellseherischen Fähigkeiten – die Gabe, Informationen zu spüren, sehen und zu hören, die Ihre physischen Sinne nicht wahrnehmen können – werden sich steigern. Sie werden für diese subtilen Energien immer sensibler werden. Viele von Ihnen haben bereits Erlebnisse in dieser Hinsicht gehabt, wußten aber nicht, wie sie es nennen sollen. Vielleicht haben Sie einen Menschen angeschaut und dabei intuitiv gespürt, daß irgend etwas mit ihm nicht stimmte. Oder Sie berühren jemanden und verspüren plötzlich den Drang, Ihre Hände auf eine bestimmte Weise zu bewegen, ohne darüber nachzudenken. Durch diese Handbewegungen können Sie dem anderen Menschen Erleichterung verschaffen oder eine Veränderung herbeiführen. Vielleicht stellen Sie fest, daß Sie während des Sprechens mit den Händen gestikulieren, als bewegten Sie Energie. Oder Sie spüren eine kommende Krankheit oder Erkältung bereits, ehe sich physische Symptome zeigen.

Sie vermögen die physischen, emotionalen und mentalen Energiekörper anderer Menschen zu spüren. Vielleicht fühlen Sie auch, an welchen Stellen den Energiemustern dieser Menschen die Harmonie fehlt. Manche Menschen sehen Störungen in der Energie anderer Leute vor ihrem inneren Auge als dichtere oder dunklere Stellen. Diese Stellen können Krankheiten anzeigen oder darauf hindeuten, daß dieser Mensch Energiemuster von einer anderen Person aufgenommen hat, die nicht mit den seinen im Einklang stehen.

Je mehr Sie innerlich wachsen, um so mehr werden Sie über Ihre eigenen Energiesysteme erfahren. Sie werden lernen, wie man sich mit Hilfe von Energie heilen, ja sogar Nahrungsmittel in seinem Körper umwandeln kann. Durch Arbeit auf der Energieebene können Sie bei sich selbst tiefgreifende Veränderungen bewirken. Beginnen Sie Ihre hellseherischen Fähigkeiten – das heißt, die Gabe, mit Ihrem Energiekörper zu arbeiten – zu entfalten, indem Sie einfach auf Ihre Vorstellungskraft vertrauen und erfinderisch, kreativ und spielerisch sind. Wenn Sie zum Beispiel spüren, daß Sie eine Erkältung bekommen, tun Sie so, als könnten Sie Ihre Aura – die Energie, die Ihren Körper umgibt – sehen. Achten Sie darauf, ob die Aura an irgendeiner Stelle nicht gut aussieht oder sich nicht gut anfühlt. Machen Sie sich keine Sorgen, wenn Sie die Aura nicht wirklich sehen können; tun Sie einfach so, als sähen Sie sie mit Ihren inneren Augen.

Manche Menschen stellen sich vor, daß ihre Energiefelder zusammengebrochen sind oder sich zu nah an ihrem Körper befinden, wenn sie Schmerzen haben oder krank sind. Andere nehmen bestimmte Farben wahr. Sie könnten sich zunächst einmal vorstellen, wie Sie Ihr Energiefeld so weit ausdehnen, daß es schön und ausgewogen wirkt. Dann verschönern Sie seine Farbe oder fügen noch weitere Farben hinzu. Senden Sie den betroffenen Stellen Licht. Gehen Sie so spielerisch wie möglich damit um, und zwar so lange, bis Sie eine Veränderung spüren. Wenn Sie nämlich in der Lage sind, selbst eine kleine, vorübergehende Veränderung wahrzunehmen, können Sie auch dauerhafte Veränderungen bewirken. Beglückwünschen Sie sich zu jeder

Veränderung Ihrer physischen Empfindungen, selbst wenn sie nur eine oder zwei Sekunden anhält. Jede Veränderung ist ein Zeichen dafür, daß Sie auf dem richtigen Weg sind und Ihre Energie beeinflussen können.

Ein Sänger bekam kurz vor einem wichtigen Auftritt Halsschmerzen. Er konnte es sich nicht leisten, jetzt seine Stimme zu verlieren. Also setzte er seine Vorstellung ein und tat so, als sähe er Lichtbänder rund um seinen Hals. Einige dieser Bänder schienen den Hals zu stark einzuschnüren; er stellte sich vor, wie er sie herauszog. Sofort verstärkten sich seine Schmerzen und sein Gefühl des Eingeschnürtseins; also löste er sich wieder von diesem Bild.

Dieser Mann hatte eigentlich gar nicht daran geglaubt, daß man durch Energiearbeit überhaupt etwas bewirken kann. Daher empfand er diese plötzliche Veränderung als Ermutigung, obwohl sie nicht positiv, sondern negativ war. Als nächstes stellte er sich vor, wie er noch weitere Lichtbänder um seinen Hals herumlegte, sie feiner gestaltete und mehr Licht in sie einströmen ließ. Sein Hals fühlte sich nun gleich viel besser an, wenn auch jeweils nur für ein paar Sekunden. In dieser Nacht wachte er noch mehrmals auf und spielte in seiner Vorstellung mit dem entzündeten Hals. Das Gefühl der Besserung hielt von Mal zu Mal länger an. Als er am nächsten Tag aufwachte, waren seine Halsschmerzen weg.

Wenn Sie solche höheren Bewußtseinskräfte entwickeln, werden Sie lernen, das Universum aus einem immer umfassenderen Blickwinkel zu betrachten. Ihre Ansichten über die Möglichkeiten des Menschen und des Universums werden sich ändern. Es wird Ihnen immer leichter fallen, auf die Materie einzuwirken und physische Resultate zu erzielen. Sobald Sie feststellen, daß Sie Menschen und Gegenstände immer leichter beeinflussen können, wird gleichzeitig auch Ihr Verantwortungsgefühl wachsen. Durch diese Kräfte erlangen Sie mehr Klarheit und ein größeres Wissen, mit denen Sie anderen Menschen dabei helfen können, ebenfalls zu ihrer höheren Weisheit zu gelangen. Es ist äußerst wichtig, diese Fähigkeiten nur so schnell zu entwickeln, wie für Sie richtig ist, und sie mit höchster Integrität einzusetzen.

Meditation

Diese Meditation soll Ihre Fähigkeit entwickeln, die subtilen Energien der höheren Dimensionen zu spüren und Ihr psychisches Zentrum (das «dritte Auge») und Ihr spirituelles Zentrum (das «Scheitelchakra») stärker zu stimulieren.

Meditationsschritte:

1. Setzen Sie sich bequem hin. Werden Sie sich der Geräusche im Zimmer, der Kleidung an Ihrer Haut und des Rhythmus und der Fülle Ihrer Atemzüge bewußt. Atmen Sie ein paarmal tief. Dann senden Sie Ihr Bewußtsein durch Ihren Körper. Entspannen Sie sich noch mehr und achten Sie dabei auf Ihren Herzschlag und Ihren Puls.

2. Stellen Sie sich vor, wie Sie mit dem strahlenden Licht Ihres Höheren Selbst verschmelzen. Nun sind Sie Ihr Höheres Selbst. Konzentrieren Sie sich jetzt auf Ihren Gefühlskörper. Sie können sich vorstellen, daß er sich wie eine Energieschicht anfühlt, die an der Oberfläche Ihres physischen Körpers anliegt. «Ziehen» Sie nun als Ihr Höheres Selbst Ihren Gefühlskörper weiter von Ihrem physischen Körper weg, bis er Sie funkelnd, klar und fließend umgibt.

3. Jetzt stellen Sie sich das spirituelle Zentrum unter Ihrer Schädeldecke als Lotosblume vor. Jedesmal, wenn Sie

wachsen und aufwärts streben, entfaltet sich ein Blütenblatt, bis Sie einen tausendblättrigen Lotos haben. Malen Sie sich aus, wie Sie sich fühlen werden, wenn sich alle Blätter entfaltet haben. Stellen Sie sich vor, wie die Lotosblume im Augenblick aussieht – wie viele Blütenblätter haben sich schon entfaltet? Sehen Sie vor Ihrem inneren Auge, wie sich ganz sanft und mühelos noch mehr Blätter öffnen. Und dabei stellen Sie sich gleichzeitig vor, wie der Schimmer Ihres erwachten spirituellen Körpers Sie umgibt.

4. Als nächstes stellen Sie sich das Lichtnetz um Sie herum vor. Dieses Lichtnetz ist Ihr mentaler Körper. Lassen Sie ihn gerade nach oben wachsen und gestalten Sie ihn noch feiner und schöner.

5. Hüllen Sie als Ihr Höheres Selbst Ihre Zirbeldrüse, die sich hinter Ihren Augen in der Nähe Ihres Schädelzentrums befindet, in ein violettes Licht ein. Die Zirbeldrüse ist in der Lage, Ihre spirituellen Augen zum Erwachen zu bringen, die in dieser und anderen Dimensionen feinstoffliche Energien wahrnehmen können. (Sie können damit zum Beispiel Ihre Aura und die anderer sehen.)

6. Blicken Sie sich nun – mit einem nicht scharf eingestellten Blick – im Zimmer um. Achten Sie darauf, ob irgend etwas anders aussieht als sonst oder ob Ihnen die Energie rund um die Dinge, die Sie sehen, jetzt stärker bewußt ist. Wenn Sie um Gegenstände ein sanftes Leuchten wahrnehmen, blicken Sie in dieses Leuchten hinein, spielen Sie damit, bis Sie noch mehr erkennen können – seine Größe, seine Dichte, seine Muster und so weiter.

7. Nachdem Sie zurückgekommen sind, beglückwünschen Sie sich dazu, daß Sie an Ihren Energiezentren gearbeitet haben und jetzt bereit sind, mehr von den unsichtbaren, subtilen Energien in Ihrer Umgebung wahrzunehmen.

Durch diese Meditation entwickeln sich unter Umständen Ihre hellseherischen Fähigkeiten weiter. Sie entfalten sich in ihrer eigenen Schnelligkeit und auf eine Weise, die für Sie am geeignetsten und angenehmsten ist. Seien Sie dankbar für jeden Augenblick, in dem Sie diese früher unsichtbaren oder unerkannten Energien ein bißchen stärker gewahren, denn nun werden Sie sich der höheren Dimensionen bewußt und sehen alles mit den Augen Ihres Höheren Selbst.

Teil II

Sich innerlich öffnen

Wie man seine Schwingung erhöht

Bringen Sie Ihre Emotionen zur Ruhe

Seien Sie offen für Ihr höchstes Wohl

Beschleunigen Sie Ihr inneres Wachstum

Sie können sich Ihre Realität selbst aussuchen

Der Gang durch die Leere

Wie man die Zeit ausdehnt und zusammenzieht

8
Wie man seine Schwingung erhöht

Ihre Schwingung erhöht sich, indem Sie Ihr Herz öffnen. Wenn Sie Liebe empfinden, fühlen Sie sich automatisch lebendiger. Sie haben dann das Gefühl, sich innerlich auszudehnen und zu erneuern. Liebe fließt im Strom des Universums mit, statt ihm Widerstand zu leisten. Liebe ist die Bereitschaft, verwundbar zu sein. Sie akzeptiert alle Menschen so, wie sie sind. Bedingungslose Liebe überwindet alle Trennungen. Wenn Sie lernen, sich selbst und andere Menschen mehr zu lieben, erhöhen Sie dadurch Ihre Schwingung. Ihre Energie nimmt die sanftere, feinere Frequenz der höheren Dimensionen an, und Sie werden eins mit Ihrem Höheren Selbst.

Liebe ist das Tor zur Erleuchtung.

Nur wenn Sie sich selbst lieben, können Sie Ihr Herz weiter öffnen. Lieben Sie sich uneingeschränkt – auch jene Gedanken und Empfindungen, die Sie bisher vielleicht als negativ abgestempelt haben. Wenn Sie zum Beispiel zornig sind oder an etwas zweifeln, lieben Sie diese Empfindungen ebensosehr wie Ihre Gefühle der Freude und des inneren Friedens.

Lieben Sie Ihre Menschlichkeit ebenso wie Ihre Göttlichkeit. Lieben Sie auch Ihre Unsicherheit und Ihre negativen Empfindungen. Und wenn Sie im Augenblick einem Ihrer Mitmenschen gegenüber unversöhnlich und lieblos sein sollten, lieben Sie auch diese Gefühle. Lieben und akzeptieren Sie all das, was Sie als Ihre «Schwächen» bezeichnen. Sie können sie nicht ändern, indem Sie sie ableugnen oder hassen, sondern nur, indem Sie sie lieben. Wenn Sie Ihre negativen Empfindungen lieben, können sie sich in ihre positiven Ausdrucksformen verwandeln.

Lieben Sie all Ihre Gedanken – selbst die begrenzten und ängstlichen. Stellen Sie sich Ihre Gedanken wie kleine Kinder vor, die Liebe und Beruhigung brauchen. Wenn Ihnen ein negativer Gedanke durch den Kopf geht, werfen Sie sich das nicht vor. Lieben Sie all Ihre negativen Gedanken, dann werden sie viel weniger Macht über Sie haben. Geht Ihnen etwas im Kopf herum, worüber Sie nicht mehr nachdenken wollen, lieben Sie sich für diesen Gedanken. Dann wird es Ihnen leichter fallen, sich von ihm zu lösen. Stellen Sie einen positiven Gedanken an die Stelle Ihres negativen. Ein einziger positiver Gedanke kann Hunderte von negativen Ideen aufheben.

Eine Frau litt unter Höhenangst und fürchtete sich vor Aufzügen. Sie haßte sich selbst für diese Angst und hatte schon oft versucht, sie sich auszureden. Aber es ging einfach nicht. Sie versuchte es mit einer neuen Taktik – sie begann ihre Angstgefühle zu lieben. Als sie das nächste Mal einen Aufzug betrat und wie üblich Panik in ihr emporstieg, sandte sie ihrer Angst Liebe. Während der Aufzug nach oben fuhr, ließ ihre Angst immer mehr nach, und als sie oben angelangt war, empfand sie plötzlich ein ungeheures Gefühl der Freude und Befreiung.

Man kann die Schwingung seiner negativen Empfindungen erhöhen und sie aus der Begrenzung ins Licht heben, indem man sie liebt, oder man kann sie hassen und ihnen Widerstand leisten. Wenn Sie das tun, bekommen diese Gefühle noch mehr Macht über Sie. Lieben Sie Ihre Menschlichkeit. Sie sind auf die Welt gekommen, um diese Menschlichkeit zu erfahren und aus ihr zu lernen. Lieben Sie Ihre Schwächen ebensosehr wie Ihre Stärken, denn diese Aspekte Ihres Selbst brauchen Ihre Liebe am dringendsten, um sich weiterentwickeln zu können. Sobald Sie Ihre negativen Gefühle lieben, erweitert sich Ihre Welt, und Sie haben mehr Möglichkeiten.

Liebe ist eine heilende Kraft.

Krankheit entsteht durch die Zusammenziehung von Energie. Ihre Energie zieht sich immer dann zusammen, wenn Sie sich selbst gegenüber nicht liebevoll sind. Eine Erkältung kann z. B. ein Zeichen dafür sein, daß Sie sich nicht genug lieben. Sobald Sie die ersten Symptome einer Erkältung spüren, fragen Sie sich, was Sie jetzt für sich täten, wenn Sie die Erkältung bereits hätten. Vielleicht würden Sie sich ausruhen oder sich von einem Teil des Drucks befreien, unter dem Sie stehen. Versprechen Sie sich, das zu tun, selbst wenn Sie keine Erkältung bekommen – dann kommt die Erkältung häufig gar nicht erst zum Ausbruch. Aber natürlich müssen Sie Ihr Versprechen dann auch halten!

Als Sie einmal längere Zeit krank waren, haben Sie vielleicht festgestellt, daß Ihre Gedanken und Gefühle sich an einem bestimmten Punkt plötzlich veränderten und es

Ihnen von da an besser ging. Manche Krankheiten erschafft Ihr Körper absichtlich, um Ihnen Gelegenheit zu geben, alte Energien loszulassen und eine neue Ebene der Selbstliebe zu erreichen. Durch mehr Liebe und Selbstachtung erhöhen Sie Ihre Schwingung, und das wirkt sich positiv auf den Verlauf jeder Krankheit aus. Die meisten Heilungen eines wahren Heilers kommen zustande, weil er ein höheres Schwingungsmuster der Liebe und mehr Lebenskraft besitzt als der Patient – zumindest in dem Bereich, der die Krankheit ausgelöst hat. Das Energiefeld des Heilers dehnt sich aus und schafft einen Raum, in dem der Patient sich mehr lieben kann. Sobald er das tut, dehnt sich das zusammengezogene Gebiet, das die Krankheit hervorgerufen hat, wieder aus, und die Heilung kann beginnen.

Sie können anderen Menschen Kraft geben, indem Sie sie in liebevolle Gedanken einhüllen.

Lieben und akzeptieren Sie nicht nur sich selbst, sondern dehnen Sie diese Gefühle auch auf andere aus. Alle Menschen tun das Beste, was ihnen im Rahmen ihrer Lebensumstände und Anschauungen möglich ist. Statt sie zu beurteilen oder zu kritisieren, sollten Sie sich lieber fragen, wie Sie ihnen ihr Leben verbessern könnten. Eine Frau begann zu trinken und ihre Kinder zu vernachlässigen. Ihre Freundinnen verhielten sich zuerst kritisch, merkten dann aber, daß sie selber nicht liebevoll genug gewesen waren. Statt nun zu versuchen, sie zu ändern, vermittelten sie ihr im Geist regelmäßig die Botschaft, daß sie sie so liebten, wie sie war. Dann begannen sie ihr Licht zu senden. Das Ergebnis war erstaunlich. Schon nach zwei Wochen beschloß die Frau, mit dem Trinken aufzuhören, und änderte wieder ihr Leben.

Senden Sie anderen Menschen liebevolle Gedanken. Dadurch geben Sie ihnen Kraft und helfen ihnen, Gutes anzuziehen. Große Meister verbringen einen Großteil ihrer Zeit in einem Zustand intensiver Liebe und schicken allen Menschen, die um Hilfe bitten, auf telepathischem Wege Energie und Liebe.

Sie können Liebe sowohl in die Zukunft wie in die Vergangenheit senden. Beides wird eine wohltuende Wirkung haben, denn Liebe geht über die Zeit hinaus. Eine Frau sandte ihrem früheren Freund Liebe und Vergebung. Er hatte sie vor Jahren verlassen und sehr verletzt, und manchmal dachte sie immer noch daran zurück und fühlte sich gekränkt. Doch eines Tages stellte sie sich vor, wie sie mit seinem Höheren Selbst sprach und ihm Liebe und Vergebung sandte. Kurz darauf spürte sie eine Veränderung in ihrer Beziehung zu ihrem eigenen Mann; sie konnte jetzt offener und verletzlicher sein, da sie nicht mehr ständig versuchte, sich vor Zurückweisungen zu schützen. Wenn jemand in Ihrer Vergangenheit Ihnen Unrecht getan hat oder Sie ihm, senden Sie ihm Liebe und Vergebung. So erhöht sich Ihre Schwingung.

Nachdem Sie eine neue Ebene der Liebe und des Engagements anderen gegenüber erreicht haben, kann es sein, daß diese plötzlich unliebenswerte Verhaltensweisen an den Tag legen, die sie vorher nicht gezeigt hatten. Liebe ist eine mächtige Kraft. Teile ihrer Persönlichkeit, die sich in der Vergangenheit ungeliebt fühlten, beginnen sich jetzt sicherer zu fühlen und zum Vorschein zu kommen. Sie haben mit Ihrer Liebe einen sicheren Ort geschaffen, an dem die Heilung sich vollziehen kann. Wenn jemand, den Sie jetzt mehr lieben als früher, plötzlich unliebenswerter wird, seien Sie sich darüber im klaren, daß er sich so verhält, *weil* Sie ihn mehr lieben, und nicht *trotz* Ihrer Liebe.

Jedes negative Verhalten ist ein Ruf nach mehr Liebe.

Jeder Mensch kann mehr Liebe brauchen. Fühlen Sie sich nicht getroffen, wenn Menschen unhöflich oder lieblos zu Ihnen sind und es geradezu darauf anzulegen scheinen, Sie zu verletzen. Sie wissen ja nicht, was in ihnen vorgeht. Senden Sie ihnen Liebe, ganz egal, wie sie sich verhalten. Diese Liebe wird später in vielfacher Form zu Ihnen zurückkehren und Ihr Leben bereichern. Wenn Sie andere Menschen lieben können – selbst jene Aspekte ihrer Persönlichkeit, die nicht liebenswert sind –, erhöhen Sie rasch Ihre Schwingung.

Eine Frau wurde von einem Verkäufer in einer Drogerie sehr unhöflich behandelt. Zuerst fühlte sie sich versucht zurückzuschlagen, aber dann tat sie es doch nicht und sandte ihm statt dessen Liebe. Sie hätte ihm zwar lieber böse Gedanken gesandt, doch sie widerstand dieser Versuchung. Sie verzieh sich auch ihre unfreundlichen Gedanken ihm gegenüber. So fiel es ihr leichter, ihm liebevolle Gedanken zu schicken. Als sie nach ein paar Wochen wieder in die Drogerie kam, verhielt er sich völlig anders. Er war nicht nur freundlich, sondern vertraute ihr sogar an, vor einigen Wochen habe er erfahren, daß seine Frau Krebs hatte und vielleicht nicht mehr lange leben würde. Nun war sie natürlich froh, daß sie ihm keine bösen Gedanken, sondern Liebe gesandt hatte.

Viele Menschen, mit denen Sie zu tun haben, sind auf seelischer Ebene jünger als Sie und können deshalb nicht immer gütig und liebevoll sein, selbst wenn sie es gern möchten. Sie müssen aufhören, auf die Lieblosigkeit, Unhöflichkeit und Rücksichtslosigkeit anderer Menschen negativ zu reagieren. Wenn Sie sich dadurch verletzen lassen, bringt Sie das nur aus Ihrer ruhigen, klaren Mitte. Senden Sie all diesen Menschen Vergebung und seien Sie gütig und liebevoll zu ihnen, ganz unabhängig davon, wie sie sich verhalten. Und lieben Sie sich selbst, auch wenn Ihre Reaktion nicht so völlig von allen bösen Empfindungen frei ist, wie Sie es sich wünschen mögen.

Liebe regeneriert die Zellen in Ihrem Körper und läßt Sie aus der Dichte der Erdebene aufsteigen. Sehen Sie etwas Häßliches, sollten Sie auch das lieben. Wenn sich ein anderer Mensch bösartig oder unfreundlich verhält, lieben Sie ihn trotzdem. Statt andere zu kritisieren oder sich auf ihre Fehler zu konzentrieren, sollten Sie sich darüber klarwerden, daß Sie ihre eigene Schwingung erhöhen können, indem Sie sie lieben. Wenn Sie sich der Liebe öffnen, wird Ihre Welt schöner werden.

Sie ziehen automatisch die Gegenstände und Personen an, die eine ähnliche Schwingung haben wie Sie.

Alles in Ihrem Universum hat eine Schwingung. Die Frequenz Ihrer Schwingung entscheidet darüber, was für Menschen, Umstände, Ereignisse und Gegenstände Sie anziehen. Also tun Sie sich selbst einen Gefallen damit, wenn Sie andere Menschen lieben – denn dadurch erhöhen Sie Ihre Schwingung und ziehen infolgedessen auch bessere Dinge an.

Vielleicht sind Sie ein wenig selbstgerecht und fühlen sich den Menschen, die Sie lieben, überlegen, weil Sie das Gefühl haben, Ihr spirituelles Wachstum mache Sie zu einem besseren Menschen. Aber das stimmt nicht. Die Höheren Selbste der Menschen stehen alle auf derselben

Stufe, auch wenn diese Menschen nicht alle gleichermaßen fähig sind, ihr Höheres Selbst in ihrem irdischen Leben zum Ausdruck zu bringen. Vielleicht sagen Sie: «Mein Partner meditiert nicht und ernährt sich nicht so gesund wie ich. Er ist nicht so liebevoll und ausgeglichen, hat nicht so eine gefestigte Persönlichkeit und nicht so einen klaren Kopf wie ich. Also stehe ich geistig höher als er.» Das ist aber ein Irrtum. Sie müssen sich darüber klarwerden, daß Sie mit Ihrem jetzigen Partner zusammen sind, weil er eine ähnliche Schwingung hat wie Sie.

Sie ziehen automatisch Freunde und geliebte Menschen an, die auf einer ähnlichen seelischen Entwicklungsstufe stehen und ähnliche Lektionen zu lernen haben wie Sie. Auf manchen Gebieten sind die Menschen, die Sie lieben, vielleicht höher entwickelt als Sie; in anderen Bereichen sind Sie ihnen voraus. Es kann auch passieren, daß Sie Ihre Schwingung erhöhen und Ihr Partner nicht mit Ihnen Schritt hält. Dann stehen Sie auf verschiedenen Entwicklungsstufen und werden sich wahrscheinlich früher oder später trennen. Doch Sie sollten die Menschen, mit denen Sie zusammen sind, stets als ebenbürtig betrachten, selbst wenn sie sich nicht so verhalten, wie ein spirituell hochentwickelter Mensch es Ihrer Meinung nach «sollte». Wenn Sie selbstgefällig sind und sich anderen Menschen überlegen fühlen, ziehen Sie Ihre Energie zusammen, verschließen Ihr Herz, und Ihre Schwingung wird niedriger.

Sobald Sie Ihre Schwingung erhöhen, wird sich Ihre Beziehung zu allen Menschen und Dingen in Ihrer Umgebung verändern. Da Sie Ihre persönlichen Besitztümer durch Ihre bisherige Schwingung angezogen haben, kann es sein, daß Sie Dinge verkaufen oder verlieren oder sich etwas Neues anschaffen, wenn Ihre Schwingung sich verändert. Vielleicht schauen Sie in Ihren Kleiderschrank und stellen fest, daß Ihnen keines Ihrer Kleidungsstücke mehr passend und angemessen erscheint und daß Sie sich neue Kleider kaufen möchten. Oder Sie ziehen in eine neue Wohnung oder eine andere Stadt.

Ihre erhöhte Schwingung verändert auch das Bild, das Sie von sich selbst haben. Es kann nun sein, daß Sie plötzlich Dinge verlieren. Diese Gegenstände waren Symbole für Teile Ihrer alten Persönlichkeit. Wenn Sie zum Beispiel Ihre Brieftasche verlieren, sind Sie vielleicht gerade im Begriff, die Identität abzulegen, für die Ihr Führerschein oder Ihre Kreditkarte steht.

Vielleicht machen Sie auch Phasen durch, in denen ständig Dinge in Ihrer Umgebung kaputtgehen. Elektrische Geräte sind besonders sensibel für Veränderungen Ihrer Schwingung, denn Ihre Frequenz wirkt sich auf Ihr elektromagnetisches Energiefeld aus. Vielleicht gehen mehrere elektrische Geräte gleichzeitig kaputt. Das können Sie ändern, indem Sie zu allen Ihren Besitztümern eine neue Verbindung herstellen. Stellen Sie sich einfach vor, Sie hätten sie gerade erst gekauft und müßten erst noch eine Beziehung zu ihnen aufbauen – spielen Sie mit ihnen, betrachten Sie sie bewundernd oder gehen Sie liebevoll mit ihnen um. Wenn Sie ein Zimmer betreten, können Sie sich vorstellen, wie Sie allen Gegenständen in diesem Zimmer Lichtlinien senden und auf einer neuen, höheren Ebene mit ihnen in Kontakt treten.

Ihre höhere Schwingung erhöht gleichzeitig die Energie in Ihrer Umgebung.

Wenn Sie Ihre Energie erhöhen, geben Sie damit auch den Ton für die Schwingungen in Ihrer Umgebung an. Die anderen Menschen nehmen Ihre höheren Schwingungen unwillkürlich auf. Denken Sie einmal an eine Zeit zurück, in der Sie mit einem sehr liebevollen, friedlichen und zentrierten Menschen zusammen waren. Wahrscheinlich wurden Sie in seiner Nähe selbst liebevoller, friedlicher und zentrierter.

Ihr Höheres Selbst existiert in einem Zustand der Liebe. Immer wenn Sie sich selbst und anderen Menschen gegenüber gütig, liebevoll und mitfühlend sind und ihnen vergeben, sind Sie wie Ihr Höheres Selbst. Lernen Sie, alle Aspekte Ihres Lebens zu lieben – jedes Gefühl, jeden Gedanken und all Ihre Handlungen. Betrachten Sie sich als einen schönen, liebevollen Menschen, der sein Bestes tut, um innerlich zu wachsen und sich weiterzuentwickeln.

Meditation

Diese Meditation soll Ihr Herz-Chakra öffnen und Ihnen zeigen, wie Sie mit Hilfe Ihres erwachten Herzens Ihre Energien öffnen und ins Gleichgewicht bringen können, und zwar auf vielen verschiedenen Ebenen – von der physischen bis hin zur spirituellen.

Meditationsschritte:

Versetzen Sie sich in den Höheres-Selbst-Zustand.

1. Legen Sie Ihre Hand auf Ihr Herz und sagen Sie voller Gefühl zu sich selbst: «Ich liebe Dich. Ich akzeptiere Dich so, wie Du bist. Ich stehe für Dich ein. Du bist wichtig. Dein Leben hat eine große Bedeutung.» Wiederholen Sie diese Worte so lange, bis Sie ihre Wahrheit spüren.

2. Bitten Sie Ihr Herz um Führung, damit Sie seinem liebevollen Weg folgen können. Fordern Sie es auf, deutlicher zu Ihnen zu sprechen. Sagen Sie ihm, daß Sie ihm zuhören werden. Sie können auf Ihr Herz vertrauen, denn es wird Sie stets zu Ihrem höchsten Wohl hinführen. Nun lassen Sie Ihre Hand sanft wieder sinken.

3. Stellen Sie sich Ihr Herz als Stern vor und lassen Sie es in jede Zelle Ihres Körpers Licht und Liebe ausstrahlen. Fühlen Sie, wie dieses Licht Ihren Körper in Harmonie

und Gleichgewicht bringt und regeneriert und wie der Strom der Lebenskraft in Ihrem Körper sich verstärkt.

4. Beobachten Sie die Gefühle, die Sie jetzt durchströmen. Senden Sie jedem Gefühl, das Sie erkennen, Liebe. Nehmen Sie sich einen Augenblick Zeit, um den Gedanken zu lauschen, die Ihnen gerade durch den Kopf gehen. Senden Sie auch jedem Gedanken Liebe.

5. Nachdem Sie in das Zimmer zurückgekehrt sind, in dem Sie mit der Meditation begonnen haben, tun Sie einen tiefen Atemzug und fühlen Sie das Glühen der Liebe in Ihrem ganzen Körper.

9
Bringen Sie Ihre Emotionen zur Ruhe

Auf der Erdebene herrschen auf allen Energieebenen noch große Turbulenzen. Den Wellenmustern in Ihrem Universum haftet immer noch etwas an, was man als die «Gewaltsamkeit der Schöpfung» bezeichnen könnte. In den höheren Bereichen sind die Wellenmuster gleichmäßiger und ruhiger. Eines Ihrer Ziele auf dieser Erde besteht darin, diese ruhigeren, ausgeglicheneren Energien auf die Erdebene zu holen und zur Evolution der Materie beizutragen.

Sie spüren diese Turbulenz vielleicht am deutlichsten in Ihren Gefühlen. Sie müssen lernen, Ihre Emotionen zur Ruhe zu bringen. Das ist ein wichtiger Schritt in Ihrer Entwicklung zu Ihrem Höheren Selbst. Heftige Emotionen werfen Sie aus Ihrer friedlichen Mitte und erschweren es Ihnen, die ruhige Stimme Ihres Höheren Selbst zu hören. Können Sie sich vorstellen, wie Ihr Leben wäre, wenn Sie sich immer in einem ruhigen, zentrierten, ausgeglichenen Zustand befänden? Dann hätten Sie vielleicht immer noch intensive Gefühle, die Sie zu bestimmten Handlungen motivieren, aber diese Gefühle wären harmonisch und ausgeglichen und nicht mehr turbulent.

Ihre Gefühle bringen Sie dazu, sich auf Zeit und Raum zu konzentrieren. Sie sind der Treibstoff, durch den Ihre Gedanken sich manifestieren. Wenn Sie sich etwas wünschen, tritt es leichter in Ihr Leben, als wenn Sie es sich nicht wünschten. Ehe Sie etwas erschaffen können, müssen Sie erst einmal das Gefühl haben, es schaffen zu wollen. Aber Sie können lernen, alle Dinge aus positiven, harmonischen Emotionen statt aus negativen oder disharmonischen Gefühlen heraus zu schaffen.

Ein Teil Ihrer Reise zu Ihrem Höheren Selbst besteht darin, daß Sie lernen, auf Seine Eingebungen zu hören und sich von ihnen leiten zu lassen. Wenn Ihre Emotionen ruhig sind, werden Sie diese Eingebungen hören, danach handeln und feststellen, daß Ihr Leben harmonisch und reibungslos abläuft. Wenn Sie den Ratschlägen Ihres Höheren Selbst nicht folgen, wird Ihnen das Leben unter Umständen immer schwerer erscheinen. Vielleicht schaffen Sie Lebensumstände, die starke, turbulente Emotionen in Ihnen auslösen. Heftige, intensive Gefühle signalisieren Ihnen, daß Sie der Führung Ihres Höheren Selbst nicht folgen. Je weiter Sie sich von Ihrem Höheren Selbst entfernen, um so schwerer wird Ihnen alles fallen und um so turbulenter werden Ihre Gefühle vielleicht werden.

Ein Mann beschäftigte sich ständig mit dem Gedanken, daß er seinen Beruf wechseln müsse. Er handelte aber nicht danach und empfand bald einen immer heftigeren inneren Widerstand dagegen, zur Arbeit zu gehen. Er langweilte sich bei seiner Arbeit und war ruhelos; aber er unternahm immer noch nichts. Allmählich wurden seine negativen Gefühle immer intensiver. Er begann seine Arbeit so sehr zu verabscheuen, daß er Erkältungen und kleinere Krankheiten bekam, die es ihm erlaubten, zu Hause zu bleiben. Seine Leistungen wurden immer schlechter, und eines Tages wurde ihm gekündigt. Er bemühte sich sofort um einen neuen Arbeitsplatz. Zu seinem großen Erstaunen fand er auf Anhieb die ideale Stellung. Jetzt wurde ihm klar, daß es viel einfacher für ihn gewesen wäre, seine alte Arbeit sofort aufzugeben, als seine innere Stimme ihm dazu riet. Dann hätte er nicht so viele turbulente Emotionen erlebt.

Will man freudig wachsen, muß man seinen inneren Botschaften folgen und sein Leben schrittweise verändern. Kleine Veränderungen sind leichter zu bewerkstelligen, weil sie keinen so großen Energieaufwand erfordern. Wenn Sie das beherzigen, gerät Ihr Leben niemals aus dem Gleichgewicht, und Sie erschaffen keine Situationen, die starke, intensive Gefühle auslösen.

Wenn irgend etwas negative Gefühle in Ihnen hervorruft, fragen Sie Ihr Höheres Selbst, was Sie tun müssen, damit Ihr Leben in diesem Bereich leichter und reibungsloser abläuft. Jede negative Emotion signalisiert Ihnen, daß Ihr Höheres Selbst eine Botschaft für Sie hat. Hören Sie auf diese Botschaft. Ihr Höheres Selbst wird Ihnen sagen, wie Sie die Situation, die Sie in Aufruhr gebracht hat, ändern können.

So oft sich in Ihnen ein negatives Gefühl regt, fragen Sie Ihr Höheres Selbst: «Wie lautet Deine Botschaft? Welchen Bereich meines Lebens muß ich besonders im Auge haben, oder was muß ich anders machen?» Lernen Sie, auf das leiseste negative Gefühl zu achten – sei es Gereiztheit, Groll oder Ärger. Gibt es in Ihrem Leben irgendeinen Bereich, der ständig negative Gefühle in Ihnen auslöst? Nehmen Sie sich einen Augenblick Zeit und bitten Sie Ihr Höheres Selbst um eine Botschaft.

Ihre hochentwickelten spirituellen Lehrer haben ihre Emotionen keineswegs abgelegt, denn Gefühle sind ein Teil der menschlichen Erfahrung. Aber ihre Gefühle sind stets friedlich und harmonisch, ganz unabhängig davon, was in ihrer Umgebung vorgeht. Sie hören auf die Führung ihres Höheren Selbst und schaffen überall um sich herum Harmonie und Klarheit. Hat man eine höhere Ebene der spirituellen Meisterschaft erreicht, wird einen zwar immer noch hin und wieder ein Gefühl des Ärgers oder der Gereiztheit durchzucken. Aber man wird lernen, diese Gefühle sofort zu verarbeiten. Man wird sein Höheres Selbst fragen, welche Botschaft es für einen hat, und die negativen Gefühle loslassen.

Ihr Leben hat einen ganz bestimmten emotionalen Grundton, Ihre sogenannte «Geburtsemotion», und mehrere Nebenemotionen.

In Form von Emotionen fließen viele Energieströme durch Sie hindurch. Einer ist Ihre Geburtsemotion. Das ist ein tiefes Gefühl, das Sie Ihr ganzes Leben hindurch haben. Zwar haben sich die Zellen und Atome Ihres Körpers seit Ihrer Geburt verändert; doch diese Grundemotion begleitet Sie immer noch, es sei denn, Sie haben inzwischen eine grundlegende spirituelle Wandlung durchgemacht. Manche Menschen wählen Optimismus, Glück oder Zufriedenheit als emotionalen Grundton ihres Lebens. Andere haben sich für eine Grundhaltung des Pessimismus, der Bitterkeit oder Enttäuschung entschieden. Manche nehmen das Leben leicht, andere sind melancholisch, fühlen sich einsam oder unglücklich. Die einen haben die Liebe als Grundemotion gewählt, die anderen haben sich entschieden, ernst oder lebenslustig zu sein. Manche gefallen sich in einer Haltung selbstgefälliger Überlegenheit, andere haben das Gefühl, unwürdig und minderwertig zu sein.

Denken Sie einmal darüber nach, welches Gefühl bei Ihnen am meisten vorherrscht. Sind Sie meistens glücklich, unbeschwert und optimistisch? Oder sind Sie häufig angespannt, besorgt und unglücklich? Wenn Sie Ihren emotionalen Grundton nicht gleich erkennen, seien Sie sich trotzdem der Tatsache bewußt, daß Sie einen haben, und bitten Sie das Universum, Ihnen mehr darüber zu verraten. Vielleicht empfinden Sie ihn nicht als deutlich erkennbares Gefühl, sondern eher als eine Stimmung oder innere Haltung.

Außer dieser vorherrschenden Gefühlslage, Ihrer «Geburtsemotion», haben Sie noch fünf bis sieben Nebenemotionen, die in diesem Leben im wesentlichen Ihre emotionale Identität ausmachen. Überlegen Sie, was für Empfindungen Sie am häufigsten haben.

Ihr Höheres Selbst hat diese Emotionen ausgewählt, um Ihnen ganz bestimmte Erfahrungen zu ermöglichen, die Sie ohne diese Gefühle nicht hätten. Ihre Emotionen sind die Linsen, durch die Sie die Welt betrachten. Wenn Sie glücklich sind, sehen Sie die Welt anders, als wenn Sie traurig oder zornig sind. Mit jeder Emotion setzen Sie gewissermaßen eine neue Brille auf. Jedes Gefühl zeigt Ihnen eine andere Möglichkeit, die Welt zu sehen. Sie haben diese Emotionen gewählt, weil sie Sie in die Perspektive versetzten, durch die Sie innerlich am meisten wachsen können.

Auch die Intensitätsskala Ihrer Gefühle haben Sie sich selbst ausgesucht. Manche Menschen haben sich für eine sehr breite Skala entschieden, von ungeheurem Schmerz bis hin zu überströmender Freude. Andere haben einen kleineren Bereich gewählt. Sie ziehen subtilere Emotionen wie gemäßigte Freude und gemäßigtes Unglücklichsein vor. Da Sie in einer Welt der Polarität leben, werden Sie zu jeder positiven Emotion auch das entgegengesetzte, negative Gefühl in sich spüren. Emotionale Ruhe erlangt man, indem man den Punkt des Ausgleichs findet, an dem man alle seine Emotionen mit seinem Höheren Selbst in Einklang bringen kann.

Sie erleben täglich viele verschiedene Emotionen, die

zum großen Teil sehr rasch vorübergehen. Wenn Sie daran zurückdenken, was für Gefühle Sie im Lauf des heutigen Tages hatten, werden Sie mindestens zwei oder drei verschiedene identifizieren können. Emotionen sind wie ein Kraftfeld, das in Bewegung ist. Sie können sie erleben und dann durch sich hindurchfließen lassen. Es ist wichtig, sich nicht mit ihnen zu identifizieren oder länger in ihnen zu verharren, als notwendig ist, um ihre Gaben zu ernten. Alle Gefühle, die Sie aus Ihrer Mitte werfen, zeigen Ihnen, daß Sie in irgendeiner Hinsicht nicht im höheren Strom mitfließen und nicht mit Ihrem Höheren Selbst verbunden sind.

Manche unter Ihnen fühlen sich lebendiger, wenn sie heftige, turbulente Emotionen haben. Vielleicht befürchten Sie, sich lebloser zu fühlen, wenn Sie Ihre Gefühle zur Ruhe bringen. Ist z. B. das Zusammenleben mit Ihrem Partner allzu friedlich, meinen Sie vielleicht, Ihre Beziehung habe an Leidenschaft und Lebendigkeit eingebüßt. Vielleicht verwechseln Sie Intensität mit Liebe. Manche Menschen haben das Gefühl, daß sie ihrem Partner nichts bedeuten, wenn ihre Partnerschaft nicht von dramatischen Emotionen erfüllt ist. Sie lieben intensive Gefühle und schaffen sich ihre Dramen selbst, um solche Gefühle zu erleben. Was für Bilder und Gedanken steigen in Ihnen auf, wenn Sie sich vorstellen, innerlich stets ganz ruhig zu sein?

Manche Menschen lernen harmonische Gefühle erst schätzen, nachdem sie vorher viele turbulente Emotionen erlebt haben. Vielleicht sind Sie im Augenblick sehr zornig oder traurig, weinen stundenlang, fühlen sich verletzt, betrogen oder zurückgewiesen. Doch irgendwann gelangen Sie an einen Punkt, wo diese starken negativen Gefühle unerträglich werden und Sie sich nur noch Frieden wünschen. Sobald Sie diesen Wunsch haben, werden Sie auch beginnen, die notwendigen Veränderungen herbeizuführen, so daß Ruhe in ihr Leben einkehrt. Sind Sie bereit, sich von den dramatischen Gefühlen zu lösen? Dann sagen Sie sich: «Ich habe mich dazu entschieden, in Frieden zu leben.»

Lieben Sie die Menschen so, wie sie sind, und nicht so, wie Sie sie gern haben möchten.

Falls Ihre turbulenten Emotionen aus Störungen in Ihren Beziehungen entspringen, untersuchen Sie diese Beziehungen einmal genauer – akzeptieren Sie die anderen Menschen so, wie sie sind? Oder enthalten Sie ihnen so lange Ihre Liebe vor, bis sie so sind, wie Sie sie haben möchten? Sie können nur gewinnen, indem Sie Ihre Mitmenschen in ihrer Identität bestärken, und nicht, indem Sie versuchen, sie so hinzubiegen, wie Sie sie haben möchten. Wenn Sie sich von dem Wunsch lösen, daß die anderen Menschen genau Ihren Vorstellungen entsprechen müssen, werden sie im allgemeinen kooperativer und liebevoller.

In Ihre intimsten Beziehungen setzen Sie Ihre höchsten Erwartungen. Hier liegt die größte Herausforderung für Sie, ruhig und zentriert zu bleiben. Wenn ein geliebter Mensch Sie ärgert oder verletzt, fragen Sie sich: «Warum reagiere ich so? Was für ein Verhaltensmuster löst dieser Mensch in mir aus? Erinnert diese Situation mich an eine frühere schmerzliche Erfahrung? Was kann ich aus diesem inneren Aufruhr lernen?»

Sind Sie über das Verhalten eines anderen Menschen enttäuscht, dann gehen Sie nicht einfach davon aus, daß Sie nichts getan haben, um dieses Verhalten auszulösen, sondern fragen Sie sich: «Was mache ich falsch? Treibe ich diesen Menschen in die Defensive? Verlange ich von ihm, daß er sich in einer bestimmten Weise verhält, um mich zufriedenzustellen? Provoziere ich ihn irgendwie zu seinem falschen Verhalten? Liebe und akzeptiere ich ihn so, wie er ist?» Wenn Sie wissen, wie Ihre Worte und Ihr Verhalten auf andere Menschen wirken, wird es Ihnen leichter fallen, die Realität zu erschaffen, die Sie sich mit ihnen wünschen.

Viele Menschen ziehen sich in ihr schützendes Schnekkenhaus zurück, wenn sie gekränkt worden sind, um ganz sicherzugehen, daß man sie nicht noch einmal verletzt. Wenn von nun an jemand etwas tut, was Sie ärgert oder kränkt, sollten Sie das als Gelegenheit betrachten, diesen Menschen lieben zu lernen, statt sich vor ihm zu schützen. Senden Sie Ihren verletzten Gefühlen Liebe. Werden Sie sich darüber klar, daß die Verhaltensweisen, mit denen andere Menschen Sie kränken, aus ihrer Angst entspringen, selbst verletzt zu werden, und nicht aus ihrer Absicht, Ihnen wehzutun.

Ein Mann war mit seiner Frau sehr unglücklich, weil er sich von ihr vernachlässigt fühlte. Er hatte ganz bestimmte Vorstellungen, was sie tun sollte, um ihre Liebe zu ihm zu beweisen – zum Beispiel jeden Abend zu Hause bleiben und mit ihm fernsehen und sich dem Haushalt und den Kindern widmen, statt arbeiten zu gehen. Sie liebte ihn wirklich und tat ihr Bestes, um es ihm recht zu machen. Aber sie wollte auch beruflich Karriere machen und hin und wieder abends ausgehen. Je ärgerlicher er wurde, um so reservierter und verschlossener zeigte sie sich. Eines Tages erkannte er in einem Augenblick der Inspiration, daß er selbst sehr viel zu den Turbulenzen in seiner Ehe beitrug, und begann darüber nachzudenken, wie er sich ändern könnte.

Er fragte sich, warum das Verhalten seiner Frau ihn so aus der Fassung brachte und warum er sich im Stich gelassen fühlte, wenn sie ausging. Es wurde ihm klar, daß sein Vater sich auch von seiner Mutter verlassen gefühlt hatte, die früh gestorben war. Er hatte die Gefühle seines Vaters in sich aufgenommen und versuchte nun zu verhindern, daß ihm das gleiche passierte. Durch seine Bemühungen, sich vor einem solchen enttäuschenden Erlebnis zu schützen, schuf er eine immer größere Distanz zwischen sich und seiner Frau – also genau das, was er eigentlich verhindern wollte. Sobald er aufhörte, ihr Vorwürfe zu machen, und sie statt dessen mehr liebte und akzeptierte, erkannte er, daß sie eine sehr treue Frau war und ihn nicht verlassen würde. Ihre Beziehung wurde ruhiger und liebevoller, weil er sich von seinem Bedürfnis gelöst hatte, sie ständig in seiner Nähe zu haben, und darauf vertraute, daß sie ihm niemals unrecht tun würde.

Sie können sich entscheiden, in Frieden zu leben – unabhängig davon, wie die Menschen in Ihrer Umgebung sich verhalten.

Wenn Sie unglücklich sind, dürfen Sie nicht denken, daß ein anderer Mensch diese Gefühle in Ihnen hervorgerufen hat. Hören Sie auf, anderen die Schuld an Ihrem Zorn oder Ihrem Kummer zu geben. Statt dessen sollten Sie direkt an Ihrem Gefühl des Zorns arbeiten. Dadurch, daß Ihnen klar wird, warum Sie wütend sind, werden Sie eher eine höhere Entwicklungsstufe erreichen, als wenn Sie darüber nachdenken, wie Sie den anderen dazu bringen können, sich zu ändern.

Können Sie erst dann glücklich sein, wenn die Menschen in Ihrer Umgebung sich in einer bestimmten Weise verhalten, machen Sie Ihr Glück von etwas abhängig, was außerhalb Ihrer selbst liegt. Sie geben anderen Menschen Macht über sich, lassen sie darüber bestimmen, wie Sie sich fühlen. Ruhige Emotionen entstehen aus dem Wissen, daß Sie selbst entscheiden können, was Sie empfinden. Ihre positiven Gefühle sollten nicht von einem anderen Menschen oder einer äußeren Situation abhängig sein. Investieren Sie Ihre Zeit und Energie lieber in Ihr inneres Wachstum und in die harmonische Gestaltung Ihres Lebens.

Als spirituell Wachsender soll man die Fähigkeit entwikkeln, sich selbst zu verstehen und edel und hochstehend zu handeln. Aus allem, was im Leben geschieht, lernt man etwas über sich selbst. Machen Sie sich keine Vorwürfe, wenn Ihr Leben im Augenblick sehr turbulent ist. Empfinden Sie diese Turbulenzen als willkommene Gelegenheit, innerlich zu wachsen und mehr über sich zu erfahren.

Entdecken Sie, wie Sie Ihre Emotionen jetzt schon besser beherrschen können als früher. Es gibt Situationen, die Sie vor Jahren noch völlig aus der Fassung gebracht hätten und die Ihnen jetzt kaum noch etwas anhaben können. Früher ging es Ihnen hinterher noch tagelang nach, wenn Sie jemand gekränkt hatte. Heute zucken Sie einfach die Schultern und sagen: «Das ist sein Problem – nicht meines!» Sie werden eines Tages einen Punkt erreichen, wo Sie sich sagen: «Die Menschen sind nun einmal so. Ich werde ihr negatives Verhalten nicht persönlich nehmen. Im Gegenteil – es zeigt mir, daß sie meine Liebe ganz besonders brauchen.» Vielleicht sind Sie sogar jetzt schon so weit?

Je höher Ihr Bewußtsein entwickelt ist, um so stärker werden Sie andere mit Ihren Emotionen beeinflussen, selbst wenn diese sich gar nicht in Ihrer Nähe befinden. Jeder Mensch sendet emotionale Botschaften aus. Sobald Ihre Schwingung intensiver wird, durchströmt Sie mehr Lebenskraft, und Ihre Ausstrahlung wird auch mehr Menschen beeinflussen. Je mehr Sie innerlich wachsen, um so größer wird Ihre Verantwortung, eine friedliche, harmonische Botschaft auszusenden. In den höheren Dimensionen, in denen alle telepathisch miteinander als ein Bewußtsein verbunden sind, ist es wichtig, daß jeder edle, harmonische Empfindungen zum großen Ganzen beiträgt. Vielleicht ist Ihnen schon aufgefallen, wie ein einziger empörter oder entsetzter Mensch einen ganzen Raum voll Leute in Aufruhr versetzen kann, und wie andererseits eine sehr starke, weise, liebevolle Persönlichkeit in der Lage ist, die Atmosphäre und Stimmung für alle anderen zum Besseren zu wenden.

Ihre negativen Emotionen zeigen Ihnen, in welchen Lebensbereichen Sie noch nicht mit der Vision Ihres Höheren Selbst im Einklang stehen.

Wenn Sie sich in innerem Aufruhr oder in einer emotionalen Krise befinden, sollten Sie alles tun, was Ihnen hilft. Kuscheln Sie sich mit einem Buch in eine gemütliche Ecke, nehmen Sie ein heißes Bad oder kaufen Sie sich etwas besonders Schönes. Schaffen Sie einen Platz in Ihrem Zimmer, in dem Sie dasitzen und nachdenken, lesen oder Musik hören können. Gestalten Sie Ihre Umgebung schöner oder eleganter. In dieser Zeit sollen Sie sich besonders lieben. Verwöhnen Sie sich mit kleinen Dingen. So werden Sie lernen, sich auch in wichtigeren Dingen selbst zu helfen und zu unterstützen. Lieben Sie sich und alle Gefühle, die in Ihnen aufsteigen. Nehmen Sie sich Zeit, darüber nachzudenken, was Sie aus diesem inneren Aufruhr an Positivem lernen können. Denken Sie daran, daß jede Krise eine Gelegenheit darstellt, zur tiefsten Ebene Ihres Seins vorzudringen und Ihr Höheres Selbst von einer neuen Seite kennenzulernen. Oft schaffen Sie solche Krisen gerade aus diesem Grund.

Sie können Ihre Emotionen rascher ändern und loslassen, indem Sie sie gründlich und aufmerksam erleben. Spüren Sie die Emotion in Ihrem Körper. Wo sitzt sie? Wenn sie eine Farbe hätte, was für eine wäre es wohl? Wehren Sie sich nicht gegen das Gefühl, gestatten Sie es sich. Sobald Sie festgestellt haben, in welcher Stelle Ihres Körpers es sich befindet, senden Sie diesem Körperbereich Licht. Sie werden feststellen, daß die meisten Emotionen, selbst die heftigsten, rasch vorübergehen, wenn Sie sie intensiv durchleben, sie lieben und auf ihre Botschaften hören. Denken Sie nicht mehr über das Problem nach, das diese heftige Emotion in Ihnen ausgelöst hat, und konzentrieren Sie sich statt dessen auf die Emotion selbst. Atmen Sie tief und stellen Sie sich vor, wie Ihr Körper sich mit Licht füllt.

Sobald Sie Ihre Emotion wirklich erlebt haben, können Sie sie loslassen. Anschließend richten Sie Ihre Aufmerksamkeit auf den höheren Aspekt dieser Emotion. Jede negative Emotion schließt als Gegenseite eine positive Emotion mit ein. Bitten Sie diese positive Emotion, an die Stelle des negativen Gefühls zu treten, in dem Sie vorher waren.

Musik kann eine sehr besänftigende Wirkung auf Ihre Emotionen haben. Musik und Emotionen besitzen beide eine Schwingung, eine Resonanz und einen Rhythmus. Sie haben sicher auch schon festgestellt, daß schöne Musik oder schöne Klänge Sie beruhigen und beglücken können. Setzen Sie das Musikhören ganz bewußt als Mittel ein, um sich zu beruhigen oder andere positive Gefühle in Ihnen auszulösen.

Sie können Ihre Emotionen auch ändern, indem Sie meditieren und Ruhe in Ihren Geist einkehren lassen. Bestimmte Gedanken lösen ganz bestimmte Emotionen aus. Wenn Ihr Denken in ruhigen Bahnen verläuft, beruhigen sich unwillkürlich auch Ihre Emotionen. Ihre Gefühle reagieren auch auf physische Aktivitäten. Sogar bestimmte Nahrungsmittel können sich auf Ihr Gefühlsleben auswirken. Viele körperliche Betätigungen, zum Beispiel Spazierengehen, Laufen, Schwimmen und Radfahren, wirken sich beruhigend auf den Gefühlskörper aus. Sie besänftigen den

Verstand und bringen Ihre Gedanken auf eine höhere Schwingung, weil sie Ihre Energie ruhiger und harmonischer fließen lassen.

Statt Sorgen, Turbulenzen und Konflikte zu durchleben, können Sie sich für ein Leben in Frieden, Ruhe und Liebe entscheiden. Wenn Sie auf Ihr Höheres Selbst hören und Ihm folgen, wird Ihr Leben müheloser und freudvoller sein als bisher. Wenn Sie Ihre Emotionen zur Ruhe bringen, werden Sie durchlässiger für die Turbulenzen der Erdebene und können sie in die sanfteren, harmonischeren, feineren Schwingungen Ihres Höheren Selbst verwandeln.

Meditation

Diese Meditation soll Ihre Emotionen mit den reinen, hohen, feinen Gefühlstönen in Einklang bringen, die in den höheren Dimensionen herrschen.

Meditationsschritte:

Versetzen Sie sich in den Höheres-Selbst-Zustand.

1. Sie können Ihre Emotionen mit Hilfe Ihrer Atmung beeinflussen. Beginnen Sie tief zu atmen und stoßen Sie beim Ausatmen mehr Luft aus als sonst. Beim Einatmen strecken Sie Ihre Wirbelsäule und halten Sie Ihren Nakken und Ihren Kopf so, daß Ihre Energie an Ihrer Wirbelsäule hinauf- und durch die Schädeldecke hinausströmen kann.

2. Stellen Sie sich vor, daß Sie in einem Lichtkokon eingesponnen sind und in die höheren Dimensionen hinaufschweben. In diesen Dimensionen gibt es Orte, wo schöne Energietöne, Klänge der reinsten Emotionen, ihre Leitschwingungen aussenden. Jeder Ort strahlt eine andere Schwingung reinster Qualität aus. Es gibt zum Beispiel Gefühlstöne der Liebe, des Mitgefühls, des Mutes, der Harmonie, der Freude oder des Friedens. Für jedes schöne Gefühl, das Sie sich vorstellen können, gibt es einen Ort, der dessen Schwingungen aussendet.

Diese reinen Schwingungen sind wie Stimmgabeln, die Leittöne liefern, nach denen sich alle Wesen richten können.

3. Was für ein Gefühl wäre Ihrem Wachstum im Augenblick am förderlichsten – Vertrauen, Liebe, Mut oder irgendeine andere Emotion? Denken Sie an dieses Gefühl. Dann werden Sie sich automatisch zu dem Ort hingezogen fühlen, wo dieser Gefühlston in seinem reinsten Klang und seiner reinsten Intensität existiert. Verharren Sie an dem Ort, für den Sie sich entschieden haben, und lauschen Sie dem schönen Gefühlston.

4. Lassen Sie die Botschaft, die dieser Ort aussendet, eine Resonanz in Ihren Emotionen erzeugen. Nehmen Sie sein Gefühl in sich auf. Spüren Sie, wie Ihre Schwingung sich verändert.

5. Versetzen Sie sich in eine Situation in der Zukunft, in der Sie diese Eigenschaft oder dieses Gefühl zum Ausdruck bringen. Dann werden Sie vielleicht spüren, wie die Schwingung dieser reinen Eigenschaft Sie durchströmt und ein Teil von Ihnen wird.

6. Wenn Sie dazu bereit sind, begeben Sie sich wieder in Ihren Lichtkokon und kehren Sie in Ihr Zimmer zurück. Sie können diesen Gefühlston – oder einen anderen – jederzeit wieder aufsuchen.

10
Seien Sie offen für Ihr höchstes Wohl

Ihr Höheres Selbst führt Sie stets zu Ihrem höchsten Wohl hin, denn Es liebt Sie und wünscht Ihnen alles Positive, was Sie in Ihr Leben einlassen können. Denken Sie daran, was für ein Gefühl es ist, einem kleinen Kind oder einem Haustier Liebe zu schenken. Kinder und Tiere nehmen Ihre Liebe an, ohne das Gefühl zu haben, sie müßten dafür irgendeine Gegenleistung erbringen. Daß Sie die Fähigkeit haben, etwas zu geben, macht Sie glücklich und läßt Sie innerlich wachsen. Ihrem Höheren Selbst geht es genauso – Es möchte Ihnen alles Gute schenken, was Sie sich vorstellen können, ja sogar noch mehr!

Lernen Sie, all das Gute zu empfangen, das Ihr Höheres Selbst Ihnen geben kann.

Viele Menschen müssen erst einmal lernen, etwas anzunehmen. Die meisten haben bis jetzt noch nicht einmal zwei Prozent des Positiven erhalten, das ihr Höheres Selbst ihnen geben kann. Schließen Sie für einen Moment die Augen und stellen Sie sich vor, daß Sie jetzt die restlichen achtundneunzig Prozent empfangen. Was ist das für ein Gefühl? Spüren Sie, wie Sie sich innerlich öffnen, um die Geschenke Ihres Höheren Selbst zu empfangen, oder erlegen Sie sich dabei Beschränkungen auf? Stellen Sie sich vor, noch mehr zu erhalten, als drehten Sie einen Hahn auf, aus dem alles Gute zu Ihnen hinfließen kann.

Sie verdienen ein wunderbares Leben, Liebe, Überfluß, gute Freunde, Gesundheit und liebevolle Beziehungen zu anderen Menschen. Ihr Höheres Selbst kann Ihnen all das im Übermaß schenken. Wenn Sie sich Ihrem höchsten Wohl öffnen, bringen Sie sich in Einklang mit Ihrem Höheren Selbst. Glauben Sie als erstes daran, daß Ihnen naturgemäß ein schönes Leben zusteht – es ist nichts, was Sie sich erst verdienen oder wofür Sie bezahlen müßten. Es ist der höhere Plan des Universums, daß alle Wesen ein Leben der Schönheit, Harmonie und Fülle führen sollen.

Das Prinzip des Zulassens ist hierbei sehr wichtig. Sie lassen ständig ganz von selbst und mühelos Dinge in Ihr Leben ein. Es gibt vieles, was Ihnen Ihrer Meinung nach zusteht, und Sie zögern nicht, es sich zu nehmen. Zum Beispiel können Sie soviel essen, wie Sie möchten, gute Freunde haben, den Respekt und die Unterstützung anderer Menschen genießen und viele kreative Ideen haben. Sie können Ihr Leben noch besser gestalten, indem Sie lernen, wie man alles, was man sich wünscht, in sein Leben hereinläßt.

In manchen Bereichen Ihres Lebens gestehen Sie sich durchaus Fülle zu; es gibt aber auch Dinge, die Sie Ihrer Meinung nach nicht verdient haben oder für die Sie erst einmal hart arbeiten müssen. Aber das ist ein Irrtum. Sie haben das Großartigste, was Sie sich vorstellen können, ebensosehr verdient wie all die kleinen, unbedeutenderen Dinge, die Sie in Ihr Leben hereinlassen, ohne lange darüber nachzudenken. Sie müssen nichts tun, um Ihr höchstes Wohl zu «verdienen». Sie sind ein guter, wertvoller Mensch. Menschen, die in ihrem Leben Überfluß, liebevolle Beziehungen zu anderen Menschen und Glück genießen, sind nicht besser als Sie. Sie lassen einfach mehr Positives in ihr Leben herein.

Sie können die Dinge, die Sie sich wünschen, viel leichter anziehen, wenn Sie alle Formalitäten beiseite lassen. Statt zu bitten, daß ein bestimmter Mensch Sie mehr lieben möge, bitten Sie einfach ganz allgemein um mehr Liebe und lassen Sie sie in der Form zu Ihnen kommen, in der sie kommen kann. Sie kann von Ihren Freunden, Ihren Kindern, ja sogar von Fremden ausgehen. Wenn Sie aus allen Quellen mehr Liebe in Ihr Leben hereinlassen, werden Sie vielleicht feststellen, daß der Mensch, von dem Sie sich mehr Liebe wünschen, sich jetzt auch liebevoller verhält als früher.

Statt zu glauben, daß Sie sich abmühen müssen, um etwas zu bekommen, was Sie sich wünschen, betrachten Sie einfach alles Positive, das Ihnen zuteil wird, als etwas, was Sie «zugelassen» haben – Sie haben ihm die Erlaubnis gegeben, in Ihr Leben zu treten. Sie haben sich selbst genug geliebt, um es zu bekommen. Denken Sie an einige der guten Dinge, die Sie im Augenblick leicht und ohne innere Widerstände in Ihr Leben eintreten lassen. Zollen Sie sich selbst Anerkennung dafür, daß Sie in diesen Lebensbereichen Ihr höchstes Wohl zugelassen haben. Wenn Sie jeden Abend im Geist eine Liste all der positiven Dinge aufstellen würden, die Sie an diesem Tag in Ihr Leben hereingelassen haben, würden Sie rasch lernen, noch mehr zu empfangen.

Während Sie spirituell wachsen, wird Ihnen viel Gutes zuteil werden. Durch Ihre Fähigkeit, es zu akzeptieren, können Sie Ihr inneres Wachstum beschleunigen. Sie brauchen nicht um Ihr höchstes Wohl zu kämpfen oder sich darum zu bemühen. Sie können es mühelos in Ihr Leben einströmen lassen. Alles, was geschieht, kann Ihre Entwicklung fördern und Ihnen Freude bringen.

Sagen Sie sich: «Ich lasse von jetzt an mehr Positives in mein Leben herein.»

Wenn etwas gut funktioniert und Sie sich sagen: «Das ist ja viel zu schön, um wahr zu sein – wer weiß, wie lange es dauern wird», – STOP – sind Sie auf dem falschen Weg! Statt zu zweifeln, sollten Sie sich lieber vorstellen, daß alles noch viel besser werden kann. Denken Sie an etwas, was im Augenblick in Ihrem Leben gut funktioniert. Malen Sie sich aus, wie es noch besser laufen könnte.

Mit Ihren Gedanken erschaffen Sie Ihre Realität, also erlegen Sie Ihren Ideen keine Beschränkungen auf. Lernen Sie, nicht mehr auf Ihre Zweifel zu hören, die Ihnen einreden, daß Sie nicht alles haben können, was Sie sich wünschen. Sie sollten auf der Hut sein und solche Gedanken sofort erkennen, um sie gleich im Keim ersticken zu können – sie dürfen sich nicht unbemerkt in Ihr Denken einschleichen!

Eine Frau hatte Angst vor einem Projekt, an dem sie arbeiten sollte. Sie ertappte sich dabei, daß sie sich ihren Freunden gegenüber in düsteren Prophezeiungen erging, wie schwierig dieses Projekt sein würde. Da beschloß sie, sich vorzustellen, das Projekt sei leicht und werde problemlos ablaufen. Und sie malte sich auch aus, daß sie ihren Freunden anschließend erzählen würde, wie leicht es ihr gefallen sei. Zu ihrem großen Erstaunen *war* das Projekt dann tatsächlich nicht schwierig, und sie konnte ihren Freunden hinterher wirklich berichten, wie hervorragend alles gegangen war.

Steht Ihnen etwas bevor, was Sie für mühselig oder

schwierig halten? Nehmen Sie sich einen Moment Zeit und sehen Sie vor Ihrem geistigen Auge, wie Ihnen diese Arbeit leicht und mühelos von der Hand geht. Alles, was Sie sich vorstellen, wird später tatsächlich eintreten. Also malen Sie sich das beste Resultat aus, das Sie sich vorstellen können.

Ihr Leben kann perfekt funktionieren. Sie brauchen Probleme und Krisen nicht als unabänderlichen Bestandteil Ihres Daseins zu akzeptieren. Lösen Sie sich von allen Sorgen, Mühen und Problemen in Ihrem Leben. Lassen Sie sie einfach los. Geben Sie ihnen die Erlaubnis, sich zu entfernen. Streichen Sie das Wort «versuchen» aus Ihrem Wortschatz, denn es zieht nur Kämpfe und Mühsal nach sich. Statt zu sagen: «Ich *versuche* meine Sache gut zu machen», sagen Sie: «Ich *mache* meine Sache gut.»

Alles geschieht zu Ihrem höchsten Wohl. Das Universum arbeitet in vollkommener Weise.

Jede Situation bietet Ihnen Gelegenheit, innerlich zu wachsen. Durch alle Ereignisse in Ihrem Leben können Sie stärker, weiser und liebevoller werden. Alles, was Ihnen widerfährt, geschieht zu Ihrem höchsten Wohl. Manche Situationen geben Ihnen die Möglichkeit, sich von einer Bindung zu lösen oder eine Emotion loszulassen, die Ihnen nicht mehr förderlich ist. Sich seinem höchsten Wohl zu öffnen bedeutet, tief innerlich zu wissen, daß man sicher ist und geliebt wird und ständig die Unterstützung seines Höheren Selbst genießt.

Sagen Sie sich zunächst einmal, daß das Universum und alles, was Sie tun und was Ihnen widerfährt, vollkommen ist. Je mehr Sie spirituell wachsen, um so besser werden Sie verstehen, warum bestimmte Dinge geschehen. Sie werden in allen Ereignissen die Vollkommenheit des Universums erkennen. Von Ihrer jetzigen höheren Warte aus werden Sie vielleicht in der Lage sein, in die Vergangenheit zurückzublicken und zu erkennen, daß die Ereignisse, die Sie früher negativ interpretierten, Ihnen inneres Wachstum und einen Neubeginn beschert haben.

Vertrauen Sie darauf, daß alles, was Ihre Mitmenschen tun, in irgendeiner Hinsicht Ihrem höchsten Wohl dient, selbst wenn Sie jetzt noch nicht verstehen, warum. Ganz gleichgültig, was auch geschieht – sagen Sie sich, daß das Universum und alles, was sich darin ereignet, perfekt ist. Wenn irgend etwas, worauf Sie gehofft hatten, nicht eintrifft, sollten Sie wissen, daß Ihnen statt dessen noch etwas Besseres begegnen wird. Versuchen Sie nicht, Ihr Höheres Selbst zu zwingen, daß es alles so erschafft, wie es Ihrer Meinung nach sein sollte. Machen Sie sich klar, daß stets eine höhere Weisheit am Werk ist. Vergessen Sie nicht, daß Ihr Höheres Selbst Ihnen immer so viel Gutes schenkt, wie Sie in Ihr Leben einlassen.

Sobald Sie alles getan haben, was Ihre innere Stimme Ihnen eingegeben hat, lösen Sie sich von dem Bedürfnis, ständig alles zu kontrollieren und im Griff zu haben. Ihr Intellekt möchte immer alles vorausplanen, um die Resultate zu erzielen, die er sich wünscht. Er will der «Kapitän» Ihres Lebensschiffs sein. Es ist zwar völlig richtig, sich Ziele zu setzen. Doch Sie sollten auch darauf vertrauen, daß Ihr Höheres Selbst Ihnen genau zum richtigen Zeitpunkt und in vollendeter Form die Essenz von allem zuteil werden läßt, was Sie sich wünschen. Ihr Höheres Selbst ist der wahre Kapitän Ihres Schiffs, und es wählt immer die idealen Lebensumstände für Sie aus.

Wenn Sie ständig versuchen, Ihre Welt so zu gestalten, wie Ihr Intellekt sie haben möchte, kostet das ungeheuer viel Energie. Legen Sie diese Last ab. Versuchen Sie nicht alles bis ins kleinste vorauszuplanen. Sie müssen nicht jede Minute auf der Hut sein, um sicherzugehen, daß nichts schiefgeht. Seien Sie einfach wachsam, befolgen Sie Ihre inneren Botschaften und fließen Sie im höheren Strom mit. Dann wird alles noch viel besser gehen, als Sie es sich zu erträumen wagten.

Sie können noch mehr Positives in Ihr Leben hereinlassen, indem Sie anderen Menschen Gutes tun. Alles, was Sie geben, kommt in vervielfachter Form zu Ihnen zurück. Wohin Sie auch gehen – schenken Sie Ihr Lächeln, Liebe und positive Energie. Geben Sie das, was Sie selbst empfangen möchten. Und geben Sie es aus Großzügigkeit – nicht in der Absicht, eines Tages eine Gegenleistung dafür zu erhalten. Wenn Sie sich mehr Liebe wünschen, schenken Sie Liebe. Wenn Sie mehr Respekt oder Unterstützung brauchen, lassen Sie anderen Respekt und Unterstützung zuteil werden, und Sie werden feststellen, daß all Ihre Zuwendungen zu Ihnen zurückkehren.

Nehmen Sie die Geschenke Ihrer Mitmenschen an.

Sind Sie wirklich bereit, Liebe und positive Dinge von anderen Menschen zu empfangen? Erlauben Sie Ihren Mitmenschen, Sie zu lieben. Nehmen Sie diese Liebe in allen Formen, in denen sie Ihnen zuteil wird, dankbar an. Die Menschen schenken Ihnen ihre Liebe genau in der Form, in der sie sie auch empfangen möchten; das, was sie Ihnen geben, entspricht vielleicht nicht immer Ihren Vorstellungen. Lernen Sie, die Liebe in allen Formen zu erkennen, in denen sie zu Ihnen kommt. Eine Frau beispielsweise erwartete von ihrem Mann, daß er jeden Abend bei ihr zu Hause verbrachte. Wenn er nicht da war, hatte sie das Gefühl, er liebe sie nicht. Er mußte oft Überstunden machen, und es war ihm ein Rätsel, wie seine Frau sich deshalb ungeliebt fühlen konnte. Er betrachtete diese Überstunden als ein Geschenk für sie – denn er baute ihnen damit eine gesicherte Zukunft auf und sorgte dafür, daß sie in materieller Hinsicht alles hatten, was sie brauchten. Mit der Zeit wurde der Frau klar, daß die harte Arbeit ihres Mannes ein Ausdruck seiner Liebe war – daß er sie wohl liebte, seine Liebe aber auf andere Weise ausdrückte, als sie es von ihm erwartete.

Öffnen Sie sich innerlich allen Gaben und glauben Sie fest daran, daß Sie noch viel mehr Gutes verdient haben, als Sie sich vorstellen können. Wenn Sie von einem Freund, der Ihnen eine Freude machen möchte, einen Scheck über eine enorme Geldsumme erhielten, würden Sie dieses Geschenk ohne weiteres annehmen? Oder hätten Sie Angst, dadurch eine Verpflichtung einzugehen? Stellen Sie sich vor, daß dieser Freund über unbegrenzte Mittel verfügt und Ihnen etwas davon abgeben möchte, weil er Sie liebt, und daß damit keinerlei Bedingungen verknüpft sind. Würden Sie den Scheck dann annehmen? Betrachten Sie Ihr Höheres Selbst als Ihren liebenden Freund, der über unendliche Reichtümer verfügt und Ihnen alles geben möchte, was Sie zu empfangen bereit sind. Spirituelles Wachstum, Liebe, Freude und Überfluß warten auf Sie. Sie müssen diese Gaben nur in Ihr Leben hereinlassen.

Sie brauchen kein schlechtes Gewissen zu haben, wenn Sie alles bekommen, was Sie sich wünschen, wenn Sie glücklich sind und Ihr Leben so läuft, wie Sie es sich vorgestellt hatten. Seien Sie bereit zu empfangen. Machen Sie sich klar, daß Sie anderen damit nichts wegnehmen, denn Ihre Mitmenschen haben ebenfalls ein Höheres Selbst, das ihnen alles geben möchte, was sie in ihr Leben einzulassen bereit sind. Glauben Sie daran, daß für alle Menschen unbegrenzter Überfluß vorhanden ist, denn das ist die Wahrheit. Dieser Überfluß wartet nur darauf, von den Menschen in Anspruch genommen zu werden. Er kann nicht in ihr Leben eintreten, wenn sie es ihm nicht erlauben.

Lassen Sie die anderen Menschen so sein, wie sie sein möchten.

Gestatten Sie allen Menschen in Ihrer Umgebung, sie selbst zu sein. Dann wird es Ihnen immer leichter fallen, auch sich selbst so zu lieben und zu akzeptieren, wie Sie sind. Wenn Sie sich akzeptieren und lieben, erhöhen Sie dadurch Ihre Schwingung und ziehen mehr Positives an. Nehmen Sie die Dinge hin, die Sie nicht ändern können, und suchen Sie das Gute in ihnen. Wenn Sie zum Beispiel im Urlaub sind und es die ganze Zeit regnet, obwohl Sie eigentlich mit schönem Wetter gerechnet hatten, überlegen Sie sich, was für positive Möglichkeiten dieser unerwartete Umstand mit sich bringt. Statt über Ihr Pech zu klagen, sollten Sie das Gute zu schätzen wissen, das in dem Regen und der damit verbundenen Änderung Ihrer Urlaubspläne liegt. Ihr Höheres Selbst hat Sie nicht ohne Grund mit dieser Erfahrung konfrontiert. Bekräftigen Sie Ihren Glauben an die Vollkommenheit des Universums, selbst wenn Sie im Augenblick noch nicht verstehen, warum Ihnen das widerfährt.

Ihr Höheres Selbst liebt Sie und möchte Ihnen wahres Glück, ein tiefes Gefühl der Freude und alle Liebe schenken, die Sie sich je erträumt haben. Seien Sie dankbar für alles, was Sie empfangen; machen Sie sich klar, daß Sie dieses Geschenk verdienen und daß Sie ihm die Erlaubnis gegeben haben, in Ihr Leben zu treten. Sobald Sie gelernt haben, kleine Dinge in Ihr Leben hereinzulassen, können Sie auch lernen, größere, bedeutendere Gaben anzuziehen – zum Beispiel spirituelles Wachstum und ein Leben voller Lachen, Überfluß und Liebe. Je mehr Sie sich diesen Gefühlen des Hereinlassens und Verdienens öffnen, um so rascher werden Sie innerlich wachsen und mit Ihrem Höheren Selbst eins werden.

Meditation

Diese Meditation soll Ihre Fähigkeit steigern, Liebe und Energie vom Universum und von Ihrem Höheren Selbst zu empfangen. Sie wird Ihnen dabei helfen, sich vorzustellen, daß Ihr Leben in jeder Hinsicht vollkommen ist.

Meditationsschritte:

1. Setzen Sie sich ruhig hin, tun Sie einen tiefen Atemzug und stellen Sie sich vor, wie Sie Ihr Herz öffnen, um alles Positive in Ihr Leben hereinzulassen. Denken Sie an etwas, was Ihnen im Augenblick ganz mühelos zufließt. Machen Sie sich auf möglichst vielen Ebenen bewußt, was für ein Gefühl Sie haben, wenn Sie etwas empfangen. Wie fühlt sich Ihr Körper dabei an? Verändert sich etwas an Ihrer Atmung oder Ihrer Körperhaltung? Was empfinden Sie? Können Sie sich diese Gefühle noch intensiver bewußt machen?

2. Kosten Sie dieses Gefühl des Empfangens aus. Geben Sie im Geist allen positiven Dingen die Erlaubnis, zu Ihnen zu kommen; laden Sie sie zu sich ein. Stellen Sie sich vor, wie Sie all das Gute empfangen, das Ihr Höheres Selbst Ihnen schenken möchte. Achten Sie darauf, wieviel Sie empfangen können, und dann werden Sie noch aufnahmebereiter. Öffnen Sie sich in allen Bereichen Ihres Lebens neuen Gedanken, harmonischeren

Gefühlen, physischer Energie und größerer Fülle. Dadurch werden Sie eins mit der Fülle Ihres Höheren Selbst.

3. Während Sie all diese positiven Dinge anziehen, stellen Sie sich vor, wie Sie – geistig, emotional und physisch – Raum für sie schaffen. Sie brauchen sich nur auszumalen, wie Sie die Energie in Ihrer Umgebung öffnen, um Platz für all das Gute zu schaffen, das nun in Ihr Leben treten wird.

4. Stellen Sie sich vor, daß Ihr Höheres Selbst Ihnen einen silbernen Kelch überreicht, der mit Lebenskraftenergie und grenzenlosem Überfluß gefüllt ist. Sobald Sie bereit sind, mehr von dieser Fülle in Ihr Leben einzulassen, trinken Sie aus dem Kelch. Nehmen Sie so viel Fülle und Energie in sich auf, wie Sie können. Wenn Sie diese Meditation beenden und in Ihr Zimmer zurückkehren, spüren Sie, wie Sie sich innerlich öffnen, um noch mehr Positives zu empfangen als bisher, und bekräftigen Sie, daß Sie bereit sind, es in Ihr Leben einzulassen.

11
Beschleunigen Sie Ihr inneres Wachstum

Lassen Sie ein paar Minuten lang Ruhe in sich einkehren und fragen Sie sich: «Wie lange wird es wohl dauern, bis ich erleuchtet bin?» Lautet Ihre spontane Antwort: «Ich werde nie zur Erleuchtung gelangen» oder «Da werde ich bestimmt noch oft auf die Welt kommen müssen»? Halten Sie es für anmaßend, zu glauben, daß Sie schon in diesem Leben zur Erleuchtung gelangen und ständig mit Ihrem Höheren Selbst eins sein können? Sie erschaffen Ihre Realität selbst, das heißt, Sie können die Realität auch so gestalten, daß Ihnen bereits in diesem Leben Erleuchtung zuteil wird.

Sie können schon in diesem Leben zur Erleuchtung gelangen.

Sie haben vielleicht gehört, daß man viele Leben hinter sich bringen muß, ehe man erleuchtet und mit seinem Höheren Selbst eins wird. In vergangenen Zeiten traf das auch oft zu. Damals waren die Energien auf der physischen

Ebene noch dichter, der Bewußtseinsstand der Menschheit war relativ niedrig, und es gab nicht viele spirituelle Lehrer. Daher gelangten nur wenige Menschen zur Erleuchtung und bedurften dazu einer jahrelangen Schulung. Man brauchte viel Disziplin und Selbsterkenntnis, um die dichten Erdenergien zu durchdringen, denn der Weg war erst von wenigen Menschen bereitet worden. Doch inzwischen ist der Weg zu den höheren Bereichen durch die Lichtwelle, die unser Universum durchströmt, und die höheren Bewußtseinsebenen, die viele Menschen bereits erreicht haben, viel breiter geworden. Daher haben Tausende von Menschen die Möglichkeit, schon in diesem Leben zur Erleuchtung zu gelangen.

Ihr Höheres Selbst wächst, forscht und lernt ständig. Es entdeckt immer wieder neue Aspekte Seiner selbst. Zu wachsen – neue Ebenen des Verstehens, der Selbsterkenntnis und der Lebendigkeit zu erreichen – ist eines der wichtigsten Ziele aller Lebensformen. Das Wachstum endet nie, denn selbst wenn Sie sehr hochentwickelt sind, gibt es immer noch höhere Ebenen, nach denen Sie streben können. Sobald Sie aufhören zu wachsen, zieht Ihre Lebenskraftenergie sich zusammen. Wenn Sie sich dagegen weiterentwickeln, fühlen Sie sich lebendig und gesund und sind voller Energie und Freude.

Eine der wichtigsten Voraussetzungen für die Erleuchtung ist die Intensität Ihres Wunsches, innerlich zu wachsen. Je mehr Sie sich mit jeder Faser Ihrer Existenz nach Wachstum sehnen, um so rascher werden Sie zur Erleuchtung gelangen. Ein spiritueller Lehrer drückte seinen Schüler so lange unter Wasser, bis dieser nach Luft schnappte. «Du mußt dir die Erleuchtung genauso intensiv wünschen, wie du gerade nach Luft gelechzt hast – dann wirst du sie ebenso schnell erreichen», sagte er, nachdem er ihn wieder losgelassen hatte. Diese eindrucksvolle Geschichte wird oft erzählt, denn sie veranschaulicht, daß die Sehnsucht nach spirituellem Wachstum eine entscheidende Voraussetzung für die Erreichung dieses Ziels ist.

Sie mögen gehört haben, daß es falsch sei, sich etwas zu wünschen. Doch durch Ihre Wünsche erfahren Sie vieles über sich selbst und das Wesen der Realität. Wenn Sie sich etwas wünschen, was Ihnen Leid bereitet, wird dieses Leid Sie lehren, künftig nach Dingen zu streben, die Ihnen Freude bringen.

Selbst die Erfüllung materieller Wünsche kann zu spirituellem Wachstum führen. Hinter dem Wunsch nach einem neuen Zuhause oder Auto steckt das Bedürfnis nach innerem Wachstum – es ist lediglich in eine Ihnen vertraute Form gekleidet. Sobald Sie lernen, die materiellen Dinge, die Sie sich wünschen, zu manifestieren, werden Sie erkennen, daß materielle Besitztümer, Prestige, Ruhm und Reichtum wenig Wert haben, wenn sie nicht Ihrem höheren Ziel dienen. Ihr Wunsch, mit Ihrem Höheren Selbst eins zu werden, wird sich immer mehr verstärken. Bei manchen Menschen entsteht dieses Bedürfnis, wenn sich ihre anderen Wünsche erfüllt und sie daraus gelernt haben, was ihnen wirklich dienlich ist und was nicht.

Wie sehr sehnen Sie sich nach innerem Wachstum? Möchten Sie Ihr Verlangen danach stärken, bitten Sie Ihr Höheres Selbst, Ihnen zu zeigen, wieviel besser Ihr Leben sein wird, wenn Sie spirituell wachsen. Manche Menschen glauben, spirituelles Wachstum bedeute, daß man auf alles verzichten muß, was man gern tut. Stellen Sie sich statt dessen vor, daß Ihr Leben immer freudvoller und friedlicher werden wird, je mehr Sie innerlich wachsen. Ihre Verbindung mit dem gefestigten, ausgeglichenen, ruhigen Teil Ihres Selbst wird noch enger werden. Sie werden die Dinge tun, die Ihnen Freude bereiten, und Ihr höheres Ziel mit einem tiefen Gefühl innerer Befriedigung verwirklichen.

Auf einer bestimmten Evolutionsebene verschwindet alles Begehren, und Sie *sind* einfach nur noch. Sie begehren nichts, Sie wünschen sich nichts, und Sie befinden sich weder im Zustand des Habens noch des Nichthabens. Doch so lange, bis Sie diese Ebene erreicht haben, sollten Sie Ihr Begehren als Werkzeug benutzen. Begierde existiert aus einem ganz bestimmten Grund – damit Sie auch Ihr spirituelles Wachstum begehren und auf diese Weise mit Ihrem Höheren Selbst eins werden können. Sie sollten sich so sehr nach diesem Wachstum sehnen, daß der Gedanke daran Ihr ganzes Sein durchdringt, denn je stärker Ihre Sehnsucht wird, um so mehr richten Sie all Ihre Handlungen nach spirituellen Zielen aus und gelangen um so rascher zur Erleuchtung.

Wollen Sie innerlich wachsen, ist es wichtig, daß Sie Ihre Ansichten über dieses Wachstum genau prüfen. Sie brauchen flexible Glaubensvorstellungen, einen aufgeschlossenen Geist und Vertrauen in die Freundlichkeit des Universums. Glauben Sie, daß inneres Wachstum anstrengend ist, daß es aus Schmerzen oder Krisen erwächst, daß es lange dauert oder daß Sie vielleicht noch mehrere Leben brauchen werden, um mit Ihrem Höheren Selbst eins zu werden? Schieben Sie diese Vorstellungen beiseite und entscheiden Sie sich für positive Gedanken; dann können Sie Ihr Entwicklungspotential erweitern. Sie können sofort und voller Freude wachsen und schon in diesem Leben den Zustand der Erleuchtung erreichen.

Statt durch Anstrengung können Sie auch mit Freude wachsen.

Wenn Sie glauben, daß man nur durch Kampf und

Anstrengung wächst, werden Sie eben Krisen in Ihr Leben rufen, um daran zu wachsen. Geben Sie alle negativen Vorstellungen auf, die Sie vom inneren Wachstum haben – das ist eines der größten Geschenke, die Sie sich machen können. Gestatten Sie sich, wertvolle und lohnende Dinge, wie zum Beispiel Ihr spirituelles Wachstum, leicht und mühelos zu erlangen. Es kostet viel weniger Zeit und Energie, mit Freude zu wachsen, als durch Kampf und Anstrengung.

Manche Menschen erzählen gern, wie schwer ihnen etwas gefallen ist, als sei ihre Anstrengung ein besonderes Verdienst. Wieviel schöner wäre es, wenn sie berichteten, wie leicht sie es gehabt haben! Man braucht nicht Tag und Nacht hart zu arbeiten, erschöpft zu sein oder enorme Hindernisse und Widrigkeiten zu überwinden, um wichtige Leistungen zu erbringen und spirituell zu wachsen.

Manche Menschen befürchten, daß es nicht mit rechten Dingen zugeht, wenn ihnen etwas «zu leicht fällt». Aber wenn Sie Ihre Schwingung erhöhen, *wird* Ihnen automatisch alles leichter fallen. Die Herausforderung liegt nicht in der Schwierigkeit der Dinge, sondern darin, Ihren inneren Horizont so weit zu spannen, wie Sie können, und mit möglichst wenig Energie, allein durch Freude und Kreativität, möglichst viel zu erreichen.

Ist Ihre Situation im Augenblick nicht so erfreulich wie sie sein sollte, werden Sie sich darüber klar, daß Sie aus dieser Situation etwas Wichtiges lernen können. Wenn Sie in einer Krise stecken, sind Sie vielleicht gerade dabei, bis in die innersten Tiefen Ihres Seins vorzudringen, und gewinnen dadurch neue Kraft und Mut. Sie können sich entscheiden, diese Lektionen voller Freude zu lernen. Halten Sie einfach einen Augenblick inne und treffen Sie diese Entscheidung. Vielleicht ändert Ihre Situation sich nicht über Nacht, aber ändern wird sie sich auf jeden Fall. Ihr Höheres Selbst wird Umstände schaffen, mit deren Hilfe Sie das Wachstum, das

Sie früher Anstrengung gekostet hatte, in Zukunft mit Freude bewältigen können.

Sie können sofort innerlich wachsen.

Spirituelles Wachstum muß kein langsamer, schrittweiser Prozeß sein. Es kann auch schlagartig eintreten. Denken Sie an eine Eigenschaft, die Sie in diesem Augenblick gern besäßen – zum Beispiel inneren Frieden, größere Konzentration oder mehr Selbstliebe. Wie lange wird es Ihrer Meinung nach dauern, bis Sie sie erlangt haben? Sie brauchen nicht ein Jahr, fünf Jahre oder ein Leben lang darauf zu warten. Sie können diese Eigenschaft gleich jetzt in diesem Augenblick intensiver erfahren als bisher. Sagen Sie sich einfach: «Ich lasse mehr von dieser Eigenschaft in mein Leben herein. Ich bin jetzt friedlicher, ausgeglichener und konzentrierter und liebe mich selbst mehr» – je nachdem, für welche Eigenschaft Sie sich entschieden haben. Durch diese bekräftigenden Sätze werden Sie die gewünschte Eigenschaft automatisch intensiver erleben.

Es ist wichtig, sich bei solchen Sätzen der Zeitform der Gegenwart zu bedienen. Statt zu sagen: «Ich werde friedlich und ausgeglichen sein» – wodurch Sie den gewünschten Zustand in die Zukunft versetzen –, sagen Sie sich: «Ich *bin* friedlich und ausgeglichen.» Ihr Unterbewußtsein kennt keinen Unterschied zwischen dem, was wahr ist, und dem, was Sie für wahr halten. Mit diesen Sätzen programmieren Sie Ihr Unterbewußtsein um. Es akzeptiert diese Gedanken jetzt als Ihre Realität, und es wird Veränderungen bewirken, die Ihr Leben mit dieser neuen inneren Realität in Einklang bringen.

Sorgen Sie dafür, daß Ihr tägliches Leben in Ordnung kommt. Das ist ein wichtiger Bestandteil Ihres spirituellen Wachstums.

Daß Sie Ihre Miete zahlen, gut für sich sorgen und selbstgenügsam sind, ist ebenso wichtig für Ihr spirituelles Wachstum wie die Meditation. Die meisten Menschen entwickeln sich dadurch weiter, daß sie mitten im Leben stehen, und nicht dadurch, daß sie ihm ausweichen, sich in eine einsame Höhle zurückziehen und den ganzen Tag meditieren. Sie sind auf die Erde gekommen, um aus jeder Person, jeder Situation und jeder Herausforderung, die Ihnen begegnet, etwas zu lernen. Sie sollen lernen, ganz in der Gegenwart zu leben und sich des Geschehens um Sie herum bewußt zu sein. Sie sollen in alles, was Sie tun, immer mehr Klarheit, Harmonie und Licht bringen.

Spirituelles Wachstum bedeutet, zu lernen, wie Sie Ihr Leben in jeder Hinsicht in Ordnung bringen können – von Ihren persönlichen Beziehungen bis hin zu Ihrer beruflichen Karriere. Wenn Sie all Ihre Handlungen mit Ihrem spirituellen Licht, mit Bewußtheit und Liebe erfüllen und in jeder Erfahrung eine Gelegenheit zu innerem Wachstum sehen, dann sind Sie eins mit Ihrem Höheren Selbst.

Anfangs kümmern Sie sich vielleicht nur ab und zu um Ihr spirituelles Wachstum. Doch wenn Sie Ihren Weg weiterverfolgen, wird dieses Wachstum in Ihrem Leben eine immer wichtigere Rolle spielen.

Sie werden beginnen, all Ihre Handlungen dazu zu nutzen, selbst die Verrichtungen des täglichen Lebens. Auch das Geschirrspülen, die Fahrt zur Arbeit oder irgendeine andere routinemäßige Tätigkeit kann Ihnen Gelegenheit zum Wachstum bieten. Können Sie ganz im Jetzt leben und

Ihre Aufmerksamkeit ausschließlich auf das richten, was Sie im Augenblick tun? Können Sie Ihre Gedanken von einer neuen, höheren Warte aus betrachten und sie in noch positivere, erhebendere Ideen verwandeln? Können Sie Ihren Geist ganz auf eine einzige Sache konzentrieren oder allen Menschen in Ihrer Umgebung durch Ihr Herz Liebe senden? Jede Tätigkeit, selbst die banalste, kann man auch in einem höheren Bewußtseinszustand ausführen.

Daß Sie Ihr Herz nicht immer öffnen, nicht in einem Zustand ständiger Glückseligkeit bleiben oder den ganzen Tag meditieren können, bedeutet nicht, daß Sie noch weit von der Erleuchtung entfernt sind. Ihre Persönlichkeit gerät zwar immer mehr unter den Einfluß Ihres Höheren Selbst, doch Ihre Verbindung zu Ihm ist nicht immer gleichbleibend intensiv: In manchen Augenblicken ist sie stärker, in anderen schwächer. Manchmal steigen alte Ängste und Sorgen an die Oberfläche. Achten Sie darauf, wie lange diese schwierigen Phasen dauern. Je mehr Sie innerlich wachsen, um so rascher werden Sie solche Zustände hinter sich lassen. Sie werden häufiger von einem Gefühl der Klarheit, Entschlossenheit und Zielgerichtetheit durchdrungen sein. Ihre Fähigkeit, für sich selbst das Richtige zu tun und anderen Menschen zu dienen, wird wachsen.

Zuerst merken Sie vielleicht kaum etwas von Ihren spirituellen Fortschritten. Doch mit der Zeit wird es Ihnen leichter fallen, in einem höheren Bewußtseinszustand zu verweilen und auch wieder zu ihm zurückzukehren. Ihnen werden immer mehr wertvolle Einsichten zuteil werden. Seltsame Zufälle, telepathische Verbindungen zu anderen Menschen und blitzartig aufflackernde Erkenntnisse werden sich häufen. Seien Sie dankbar für diese Augenblicke, dann werden Sie mehr solcher Ereignisse anziehen.

Auch dadurch, daß Sie sich selbst so akzeptieren und lieben, wie Sie im Augenblick sind, können Sie Ihr inneres

Wachstum beschleunigen. Viele unter Ihnen denken, daß sie sich erst dann mehr lieben werden, wenn sie eine höhere Entwicklungsstufe erreicht haben und der Vollkommenheit näher sind. Sie sind zu streng mit sich selbst und betrachten sich zu kritisch. Spirituelles Wachstum erlangt man, indem man sich so liebt, wie man ist, und nicht, indem man sich selbst verurteilt, weil man irgendein imaginäres Ideal der Vollkommenheit noch nicht erreicht hat. So wie Sie jetzt sind, sind Sie vollkommen. Beginnen Sie häufiger das Gute in sich zu sehen. Sie sollten alles, was Sie gut gemacht haben, gebührend würdigen und für alle Augenblicke dankbar sein, in denen Sie sich mögen. Schätzen Sie sich, statt sich anzuklagen. Man braucht nicht schwer zu arbeiten und sich abzumühen, um spirituell zu wachsen. Sie wachsen innerlich, indem Sie diesen Entwicklungsprozeß einfach erleben und erkennen, daß alles, was Ihnen widerfährt, Teil Ihres spirituellen Wachstums ist.

Der Aufstieg zu einer höheren Bewußtseinsebene wird Ihnen von Mal zu Mal leichter fallen.

Je näher Sie der Erleuchtung kommen, um so deutlicher wird Ihr innerer Fortschritt sich bemerkbar machen. Vielleicht brauchen Sie Jahre, um den Grundstein zu legen, und machen dann plötzlich in mehreren Bereichen auf einmal einen gewaltigen Sprung vorwärts. Bei manchen Menschen dauert es Jahre, bis sie den Entschluß gefaßt haben, innerlich zu wachsen und die ersten Schritte in dieser Richtung zu unternehmen. Doch wenn sie das erst einmal getan haben, werden sie von Mal zu Mal rascher zur nächsthöheren Ebene emporsteigen.

Auf einer bestimmten Entwicklungsebene eignet man

sich die Methoden und Hilfsmittel an, die man braucht, um seine spirituelle Entwicklung selbst in die Hand zu nehmen. Deshalb beschleunigt Ihr inneres Wachstum sich mit der Zeit immer mehr. Zu Beginn ist Ihnen noch nicht so genau bewußt, was Sie tun müssen, um Ihre Entwicklung in die richtige Richtung zu lenken. In diesem Stadium kommt es zur Öffnung Ihrer Energiezentren, indem Sie anderen Menschen dienen und aus Ihren täglichen Erfahrungen lernen. Am Anfang lernen Sie größtenteils noch durch Ihre Persönlichkeit, die allmählich immer mehr unter die Leitung Ihres Höheren Selbst kommt.

Von einer gewissen Entwicklungsstufe an lenken Sie selber die Öffnung Ihrer Energiezentren. Dann wachsen Sie rascher. Ihre Energiezentren verändern Ihre Persönlichkeit viel schneller, als wenn Sie direkt an Ihrer Persönlichkeit arbeiteten. Viele Menschen nähern sich im Augenblick diesem Stadium, indem sie mit Hilfe von Meditation und anderen Techniken an ihren Energiezentren und ihrem emotionalen, mentalen und spirituellen Körper arbeiten.

Eine der größten Herausforderungen auf dem Weg zum spirituellen Wachstum kann Ihre Persönlichkeit darstellen. Sie fühlt sich durch die immer bedeutendere Rolle, die Ihr Höheres Selbst in Ihrem Leben spielt, unter Umständen bedroht. Ihre Persönlichkeit wird vielleicht alles versuchen, um Sie von Ihrem Wachstum abzubringen, vor allem, wenn Sie gerade auf irgendeinem Gebiet einen großen Sprung vorwärts gemacht haben. Vielleicht rät sie Ihnen, sich zu schützen, oder nennt Ihnen viele Gründe, warum Sie nicht weiter vorwärtsstreben sollten. Zu ihren Methoden gehören Wut, Depressionen, plötzliche Stimmungsumschwünge und das Gefühl, nicht man selbst zu sein.

Nachdem Sie auf die friedvolle Stimme Ihres Höheren Selbst gehört haben und glauben, daß es richtig ist, den Weg des Wachstums, den Sie eingeschlagen haben, weiterzuverfolgen, senden Sie Ihren Gefühlen Liebe und sagen Sie Ihrer Persönlichkeit, daß Sie die feste Absicht haben, weiter vorwärtszuschreiten. Bitten Sie sie um ihre Kooperation und sagen Sie ihr, daß ihre Welt noch viel wunderbarer werden wird, wenn Sie sich mit Ihrem Höheren Selbst vereinen.

Durch Ihr immer rascheres Wachstum stellen Sie jeweils eine neue, tiefere Verbindung zu Ihrem Höheren Selbst her. Bei diesem Prozeß werden manchmal alte Verhaltensmuster wieder frei. Wenn Sie einen Sprung vorwärts tun, steigt das Verhaltensmuster, das Sie am meisten an diesem Fortschritt gehindert hat, an die Oberfläche. Geben Sie nicht den äußeren Umständen die Schuld an Ihren Gefühlen. Schauen Sie in sich hinein und fragen Sie sich, was für ein Verhaltensmuster oder was für eine Glaubensvorstellung im Augenblick zutage tritt. Bitten Sie Ihr Höheres Selbst um Führung: Es möge Ihnen zeigen, wie Sie sich von diesem Muster lösen können.

Die Probleme und Fragen, mit denen Sie jetzt konfrontiert werden, zeigen Ihnen die wichtigsten Denk- und Verhaltensmuster, an denen Sie arbeiten müssen, wenn Sie Ihr Wachstum beschleunigen wollen. Lieben und schätzen Sie diese Probleme; danken Sie ihnen für all die Gaben, die in Ihnen enthalten sind. Denken Sie daran, daß jedes Muster oder Ereignis Ihnen die Möglichkeit gibt, so edel und hochstehend zu handeln, wie Sie können, und das Beste in Ihnen zutage fördern möchte.

Schenken Sie sich Ihr inneres Wachstum selbst. Geben Sie niemand anderem Macht über Ihr Leben, indem Sie darauf warten, daß er Ihnen dabei hilft. Manche unter Ihnen sagen: «Wenn mein Partner, meine Freunde, meine Eltern oder meine Kinder doch nur den spirituellen Weg einschlagen würden, wenn sie mit mir meditierten, sich gesünder ernährten und immer gut wären, dann könnte auch ich mein

Leben mehr nach dem spirituellen Weg ausrichten.» Warten Sie nicht darauf, daß andere Menschen spirituell wachsen und Ihnen dadurch Ihr Wachstum erleichtern. Sie sind Führer und Lehrer. Sie sollten den anderen mit Ihrem Verhalten ein Beispiel geben. Sagen Sie: «Ich werde nachts meditieren, ich werde ruhig und voller Liebe und Vertrauen sein» oder «Ich werde mir diese neue Fähigkeit aneignen, ich werde im Wald spazierengehen, mehr für meine körperliche Fitneß tun oder meine Ernährungsgewohnheiten ändern. Ich kann damit auch anfangen, wenn mein Partner nicht mitmacht.»

Spirituell zu wachsen ist das Beste, was Sie für sich tun können.

Wenn Sie spirituell wachsen, werden Sie über viele Hilfsmittel verfügen, durch die Sie in der physischen Welt wirkliche Ergebnisse erzielen können. Sie werden Ihr Leben besser meistern lernen, es wird mehr Freude, Lebendigkeit und Liebe darin einkehren. Die Energie, die Sie in Ihr inneres Wachstum investieren, wird in vervielfachter Form zu Ihnen zurückkehren. Je mehr Sie an Ihrer Weiterentwicklung arbeiten, um so leichter wird es Ihnen gelingen, alles zu manifestieren, was Sie sich wünschen. Jeder Augenblick, in dem Sie andere Menschen lieben, innerlich wachsen und Ihrer Lebendigkeit Ausdruck verleihen, wird Ihnen einen enormen Gewinn bringen.

Halten Sie einen Moment inne und bekräftigen Sie Ihr inneres Engagement. Sagen Sie sich in Gedanken: «Ich engagiere mich jetzt für mein spirituelles Wachstum. Es soll mein wichtigstes Ziel sein.» Betrachten Sie das spirituelle Wachstum als großes Geschenk, das Sie sich selbst machen, eine ganz besondere Freude, die Sie jetzt verdienen. Glauben Sie daran, daß Sie schon in diesem Leben mit Ihrem Höheren Selbst eins werden und zur Erleuchtung gelangen können – und es wird gelingen!

Wie Sie Ihr inneres Wachstum beschleunigen können

Meditation

Mit Hilfe dieser Meditation können Sie die Beschleunigung Ihres inneren Wachstums auf zellularer Ebene einprogrammieren. Die Meditation wird Ihnen dabei helfen, Ihre Glaubensvorstellungen so zu verändern, daß Sie Ihr höchstes Potential schon in diesem Leben ausschöpfen können.

Die Bilder, die Sie Ihrer DNS senden, werden Ihre Schwingung, Ihren Magnetismus, Ihre Aura und Ihr Leben verändern.

Meditationsschritte:

Versetzen Sie sich in den Höheres-Selbst-Zustand.

1. Stellen Sie sich vor, wie Sie immer kleiner und kleiner werden und Ihr Bewußtsein wie ein Lichtpunkt in die Kerne aller Ihrer Zellen eindringt.

2. Jetzt sind Sie ein winzig kleiner Lichtfleck, der ins Zentrum all Ihrer Zellkerne wandert. Sie können in einem Zellkern oder auch in allen gleichzeitig sein. In Ihren Zellkernen befindet sich die DNS, in der Ihr Leben in verschlüsselter Form gespeichert ist.

3. Bitten Sie Ihre DNS nun, alle Programme, Entscheidungen oder Glaubensvorstellungen aufzugeben, die Ihnen

und Ihrem Wachstum nicht förderlich sind. Sie brauchen nicht zu wissen, um was für Vorstellungen es sich dabei handelt. Bitten Sie Ihre DNS einfach, sich von ihnen zu lösen.

4. Senden Sie durch Ihr Herz Ihrer gesamten DNS Liebe. Hüllen Sie sie in Licht ein.

5. Sagen Sie Ihrer DNS im Geist, daß Sie schon in diesem Leben Ihr höchstes Potential ausschöpfen möchten. Bitten Sie sie um Hilfe bei der Aufnahme neuer Programme, Glaubensvorstellungen und Gedanken, die Sie dazu befähigen sollen, in diesem Leben Ihre höchsten Möglichkeiten zu verwirklichen.

6. Wenn Sie diese Meditation beenden und Ihr Bewußtsein wieder in Ihr Zimmer zurückkehrt, beschließen Sie, in Zukunft alle Gelegenheiten zu spirituellem Wachstum dankbar auszunutzen. Bekräftigen Sie, daß Sie bereit sind, schon in diesem Leben Ihr höchstes Potential auszuschöpfen. Verpflichten Sie sich noch stärker als bisher dazu. Tun Sie den ersten Schritt zu Ihrem Wachstum, indem Sie sich so lieben und akzeptieren, wie Sie im Augenblick sind. Erkennen Sie das Licht, die Liebe und die Kraft, die bereits in Ihnen wohnen, und seien Sie dankbar dafür.

12
Sie können sich Ihre Realität selbst aussuchen

Um spirituell wachsen zu können, müssen Sie sich darüber im klaren sein, daß Sie Ihre Realität selbst erschaffen. Sobald Sie beginnen, für alles, was in Ihrem Leben geschieht, die Verantwortung zu übernehmen, haben Sie einen bedeutenden Wendepunkt in Ihrer inneren Entwicklung erreicht. Wenn Sie erkennen, daß Sie sich genau das Leben schaffen können, das Sie sich wünschen (selbst wenn Sie bis jetzt noch nicht wissen, wie), werden Sie und Ihr Höheres Selbst zum Kapitän Ihres Lebensschiffs.

Sie sind die Quelle, der Schöpfer Ihres Lebens. Sie streben aufwärts, wachsen spirituell und treten mit Ihrem Höheren Selbst in Verbindung. Sie erschaffen sich Ihre Realität durch Ihre Gedanken, Empfindungen, Glaubensvorstellungen und Absichten, die Ihre Schwingung bestimmen und damit auch die Menschen, Gegenstände, Ereignisse und Umstände, die Sie in Ihrem Leben anziehen. Ihre Emotionen und Absichten bestimmen darüber, wie rasch Sie die Dinge, an die Sie denken, erlangen werden. Alles in Ihrem Leben entspringt einem Ihrer Gedanken oder Gefühle, denn mit Ihrer inneren Welt der Gedanken und Gefühle erschaffen Sie Ihre äußere Welt der Ereignisse, Gegenstände und Beziehungen. Da Sie Ihre Realität selbst schaffen, können Sie sich für jede beliebige Realität entscheiden.

Da es eine gewisse Zeit dauert, bis die Gedanken sich in der Realität manifestiert haben, erkennen manche Menschen noch nicht, daß sie selbst die Schöpfer ihrer Realität sind. Und doch läßt sich alles, was einem Menschen widerfährt, auf eine Idee, ein Bild, eine Meinung, Empfindung oder Absicht zurückführen, die er irgendwann einmal in seinem Leben hatte. Mit jeder Entscheidung und jeder Wahl gestalten Sie Ihre Realität.

Der wachsende Glaube daran, daß jeder Mensch sich seine Realität selbst erschafft, ist eine der bedeutsamsten Wandlungen, die die Menschheit im Augenblick durchmacht.

Bis vor kurzem herrschte allgemein der Glaube vor, die Menschheit sei gewaltigen, unkontrollierbaren Mächten ausgeliefert. Viele ihrer kulturellen und sozialen Strukturen dienen dazu, sie vor diesen Mächten zu beschützen. Doch mittlerweile ist Millionen von Menschen der Gedanke gekommen, daß sie sich ihre Realität selbst schaffen. Alle, die nach ihrem Höheren Selbst suchen und sich Seiner bewußt werden, erkennen langsam, daß sie die Schöpfer ihrer Realität sind. Und jeder teilt dieses Wissen im Traum und durch sein Höheres Selbst mit den anderen.

Jeder kann mit seinen positiven Gedanken und Glaubensvorstellungen einen wertvollen Beitrag zum Leben anderer leisten. Wenn Sie daran glauben, daß Sie Ihre Realität erschaffen und für Ihr Leben selbst verantwortlich sind, senden Sie damit eine telepathische Botschaft aus, die die anderen Menschen erreicht. Ihre Erkenntnis, daß Sie sich Ihre eigene Realität schaffen, hilft jenen dabei, sich dieser Tatsache ebenfalls bewußt zu werden und ihr Leben dadurch in den Griff zu bekommen. Ihre Glaubensvorstellungen und positiven Bilder fließen in das kollektive Bewußtsein ein und werden auf diesem Weg auch anderen zugänglich.

Die Gedanken, die bei der großen Masse der Menschheit vorherrschen, entscheiden über die Ereignisse auf unserer Welt. Indem mehr und mehr Personen begreifen, daß jeder sich seine Realität selbst schafft, werden in Ihrer Gesellschaft viele tiefgreifende Veränderungen eintreten. Sobald die Menschen verstehen, daß sie ihre Umgebung mit ihrer Denkweise beeinflussen, wird sich Ihre Gesellschaft in vielerlei Hinsicht positiv verändern.

Sie fangen gerade erst an zu erkennen, was für Konsequenzen es hat, wenn die Menschen die Verantwortung für ihr Leben selbst übernehmen. Wenn immer mehr Leute daran glauben, daß sie all ihre Erfahrungen selbst erschaffen und daß diese Erfahrungen eine Gelegenheit zu innerem Wachstum sind, werden sich die Gesetzessysteme, die Regierungen, die Schulen, ja sogar die Produkte verändern.

Sobald die Menschen begreifen, daß sie alles erschaffen können, was sie wollen, und lernen, wie man das macht, werden sie sich mächtiger fühlen und wissen, daß sie ihr Leben selbst in der Hand haben. Durch das Wissen, nach welchen Prinzipien man sich seine eigene Realität schafft, wird auch allmählich mehr Fülle, Liebe und spirituelles Wachstum in ihr Leben einkehren. Um glauben zu können, daß sie in der Lage sind, zur Verbesserung der Welt beizutragen, müssen die Menschen zuerst einmal davon überzeugt sein, daß sie ihre eigene Realität verbessern können.

Sie können sich entscheiden, in einer Realität zu leben, in der die Umwelt nicht verschmutzt ist und Frieden herrscht.

Es gibt so viele Zukunftsmöglichkeiten für die Menschheit. Zum Beispiel gibt es eine mögliche Realität, in der die Menschen verantwortungsvoll mit ihrer Umwelt umgehen, friedlich zusammenleben und die Erde und ihre Mitmenschen ehren. Sobald Sie sich eine schönere Welt, ein liebevolleres Zusammenleben der Menschen und eine saubere Umwelt vorzustellen beginnen, werden Sie sich automatisch in das mögliche Universum hineinbewegen, in dem diese Zustände herrschen. Wenn Sie sich auf die wunderbaren, positiven Aspekte dieser Welt konzentrieren und in allen Menschen das Schöne und die Liebe erkennen, werden Sie mit einer positiveren Realität mitschwingen und in sie hineinfließen.

Es gibt viele zukünftige Realitäten, in die Sie sich hineinbewegen können. Sie leben in einem Zeitalter unzähliger Möglichkeiten. Denken Sie einmal daran, was für Möglichkeiten die Menschen vor 200 Jahren hatten und wie viele Chancen ihnen jetzt offenstehen. Es gibt jetzt neue Realitäten und Gelegenheiten, die vor 50 Jahren noch nirgends auf der Erde existierten. Die Tätigkeiten eines Weltraumingenieurs, Programmierers oder Fernsehschauspielers zum Beispiel existierten damals noch nicht einmal als Möglichkeit. Im Augenblick haben Sie die Auswahl aus Millionen von Realitäten. Sie können ein primitives Leben ohne moderne Technologie führen oder Ihr Leben mit allen Errungenschaften der Technik ausstatten: Telefon, Auto, Flugreisen und Computer.

Wenn Sie sich den Weltfrieden, freundliche zwischenmenschliche Beziehungen, ein angenehmes mildes Klima und eine stabile wirtschaftliche und politische Lage vorstellen, werden Sie automatisch in die Realität hineinfließen, die diesen inneren Bildern entspricht. Indem Sie sich die Welt ausmalen, in der Sie gern leben würden, können Sie ein Teil dieser möglichen Realität werden. Selbst wenn sich Ihre Wunschvorstellungen nicht auf der ganzen Welt verwirklichen, werden Sie doch zumindest feststellen, daß Ihre eigene Welt friedlich ist, Ihre wirtschaftlichen Verhältnisse stabil sind und an dem Ort, wo Sie leben, ein mildes Klima und eine freundliche Atmosphäre herrscht.

Sobald Sie beginnen, sich das mögliche Universum auszumalen, in dem Sie gern leben würden – zum Beispiel eine Welt, in der Frieden und Liebe herrschen und die Luft sauber ist –, werden Ihre Lebensumstände sich verändern, und zwar auf eine Weise, die Ihnen logisch und glaubhaft erscheint. Sie werden nicht eines Tages aufwachen und feststellen, daß plötzlich alles anders geworden ist. Doch wenn Sie Ihre inneren Bilder positiv gestalten und an ihre Verwirklichung glauben, werden Sie sich eines Tages in dem möglichen Universum befinden, das Sie sich ausgemalt hatten.

Es gibt mögliche Realitäten, in denen in Ihrer Gegend (Kalifornien) Erdbeben oder geologische Veränderungen stattfinden, und mögliche Realitäten, in denen das nicht der Fall ist. Personen mit außersinnlicher Wahrnehmung, die in die Zukunft schauen, erkennen die verschiedenen möglichen Realitäten. Haben sie Menschen vor sich, die mit diesen Realitäten mitschwingen, können ihre Voraussagen eintreffen. Bei Menschen, die nicht von diesen Schwingungen erfüllt sind, stimmen die Voraussagen unter Umständen nicht.

Wenn Sie sich ständig Sorgen über Erdbeben und Naturkatastrophen machen, erleben Sie vielleicht gerade die mögliche Realität, in der solche Katastrophen stattfinden. Selbst wenn es keine großen Katastrophen sind, werden Sie sich doch von jenen Orten der Erde angezogen fühlen, an denen tiefgreifende Veränderungen stattfinden. Sie können beginnen, mit der Realität mitzuschwingen, in der Sie leben möchten, indem Sie sich die bestmöglichen Lebensumstände vorstellen. Statt sich auszumalen, daß alles noch schlimmer wird, sehen Sie einfach eine Verbesserung der Situation vor Ihrem geistigen Auge. Wenn Sie sich dabei ertappen, daß Sie sich über die Umwelt, das Klima, geologische Veränderungen oder wichtige Ereignisse auf der Welt Sorgen machen, stellen Sie sich doch vor, daß alles gut ausgeht.

Malen Sie sich aus, wie die Erde immer schöner wird, und glauben Sie daran, daß es möglich ist, in einer gesunden Umgebung ohne Luftverschmutzung zu leben. Dann werden Sie eine Realität erschaffen, in der diese Lebensbedingungen tatsächlich herrschen. So entsteht eine positive Vision, die anderen Menschen auf telepathischem Wege zugänglich ist. Wenn genügend Menschen positive Zukunftsvisionen haben, dann wird die Zukunft, die sie sich vorstellen, Wirklichkeit werden, denn mit ihren Gedanken und Absichten erschaffen sie ihre Realität.

Sie können jede beliebige Realität erschaffen; Ihre Möglichkeiten sind unbegrenzt.

Sie können Ihre persönliche Realität so gestalten, wie Sie möchten. Die Zeit vor dem Einschlafen ist am besten dazu geeignet. Denken Sie an den kommenden Tag. Sehen Sie vor Ihrem geistigen Auge den idealen Tagesablauf und malen Sie sich aus, wie Sie am nächsten Morgen voller Energie aufwachen. Diese Gedanken werden in die Zukunft wandern und Sie am nächsten Tag erwarten. Versuchen Sie sich in jeder Hinsicht noch mehr Fülle vorzustellen, als Sie in der Vergangenheit hatten – mehr Energie, positive Gefühle, Klarheit, Konzentration, Selbstliebe und Mitgefühl für andere. Sobald Sie in der Lage sind, einen idealen Tag zu erschaffen, beginnen Sie größere, bedeutendere Dinge zu visualisieren. Lassen Sie Ihren Phantasien und Tagträumen freien Lauf. Spüren Sie schon im voraus die Freude und die angenehmen Gefühle, die Sie überkommen werden, wenn es Ihnen gelungen ist, die Realität zu erschaffen, die Sie sich wünschen. Selbst wenn Sie das nur zwei- oder dreimal pro Woche fünf Minuten lang praktizieren, können Sie Ihre Realität dadurch enorm verändern.

Sie können eine Wirklichkeit wählen, in der die Menschen, die Sie lieben, all ihre Möglichkeiten ausschöpfen und zu den Wesen werden, die sie sein könnten. Sie können mit dieser Realität mitschwingen, indem Sie diese Menschen so lieben und akzeptieren, wie sie jetzt sind, und sich dabei gleichzeitig vorstellen, wie sie innerlich wachsen und ihr volles Potential manifestieren. Wenn Sie sich ausmalen, wie andere Menschen versagen, Sie im Stich lassen oder enttäuschen, werden Ihre Schwingungen Sie in die mögliche Realität tragen, in der das tatsächlich passiert. Das bedeutet keinesfalls, daß Sie andere Menschen dazu bringen können, so zu handeln, wie Sie es sich wünschen. Ihre eigene Vorstellung vom höheren Ziel dieser Menschen und der Art und Weise, wie sie ihr Potential ausschöpfen könnten, entspricht vielleicht gar nicht deren Realität. Aber Sie können durchaus in einem Universum leben, in dem die Menschen, die Sie lieben, innerlich wachsen und ihren Horizont erweitern, indem Sie sich das ausmalen.

Wenn Sie die Vision Ihrer Wunschrealität erschaffen haben, machen Sie sich keine Vorwürfe, weil vorläufig alles noch so unvollkommen ist. Begrüßen Sie dankbar jedes Anzeichen dafür, daß die neue Realität, für die Sie sich entschieden haben, jetzt in Ihr Leben kommt. Im allgemeinen dauert es einige Zeit, bis Ihre Vision sich aus Energie in Form verwandelt und in Ihrem Leben erscheint. Sie muß aus den höheren Dimensionen des Universalen Geistes in Ihre physische Realität eintreten. Aber mit der Zeit werden Sie die Resultate Ihres neuen, unbegrenzten Denkens immer deutlicher spüren.

Sie können Ihre Realität verändern, indem Sie die Vergangenheit «neu schreiben».

Eine weitere Möglichkeit, Ihre jetzige Realität zu ändern und die gewünschte Realität zu erschaffen, besteht darin, die Vergangenheit gewissermaßen neu zu schreiben. Alles, was im Augenblick Ihr Leben ausmacht, ist das Resultat einer Wahl oder Entscheidung, die Sie einst getroffen haben. Jedesmal, wenn Sie eine wichtige Entscheidung fällen, bestimmen Sie damit die Zukunft. Nehmen wir an, Sie haben Ihren Beruf aufgegeben und machen jetzt wieder eine Ausbildung. Dann wird Ihre Zukunft anders aussehen, als wenn Sie Ihre Stellung behalten hätten.

Wenn Sie im Geist Ihre Vergangenheit «neu schreiben», verändern Sie damit auch Ihre Schwingung und beginnen eine neue Zukunft anzuziehen. Wenn Sie reich sein möchten, stellen Sie sich vor, daß Sie in der Vergangenheit im Überfluß lebten. Wenn Sie intelligenter, kreativer, technisch begabter, disziplinierter sein oder mehr geliebt werden möchten, stellen Sie sich einfach eine Vergangenheit vor, in der diese Wünsche erfüllt waren. Es spielt keine Rolle, ob Ihre Vergangenheit «wirklich» so ausgesehen hat. Ihr Unterbewußtsein spürt den Unterschied nicht. Es wird Umstände anziehen, die dieser imaginären Vergangenheit entsprechen.

Ein Mann kehrte während einer Rückführungsmeditation zu früheren Altersstufen und bis in seine Kindheit zurück. Er wollte herausfinden, warum ein bestimmtes Muster sich in seinem Leben ständig wiederholte. Immer wenn er im Begriff war, eine glückliche Beziehung zu einer Partnerin aufzubauen, tat er plötzlich Dinge, mit denen er diese Partnerschaft sabotierte und schließlich beendete. Da er gerade wieder eine glückliche Beziehung zu einer Frau hatte und nicht wollte, daß das alte Muster wiederkehrte, beschloß er, in der Vergangenheit nach Antworten auf seine Frage zu suchen.

Als er die Vergangenheit rekapitulierte, erkannte er, daß er als Kind einmal einen heftigen Streit seiner Eltern miterlebt und sich damals fest vorgenommen hatte, nie zu heiraten. Diese Entscheidung wirkte sich viele Jahre später immer noch aus! Da änderte er im Geist seine Vergangenheit. Er verzieh seinen Eltern ihren Streit und schrieb die Szene um: Jetzt sah er vor seinem geistigen Auge, wie sie gütig und liebevoll zueinander waren. Er löschte seine frühere Entscheidung in Gedanken aus. Dieses Mal sabotierte er seine Beziehung nicht. Sie wurde bereichernder und enger als alle früheren Partnerschaften.

Durch das, was Sie als wahr akzeptieren, erschaffen Sie Ihre Realität.

Beschließen Sie selber, was für Informationen und Situationen Sie als Ihre Wahrheit akzeptieren möchten. Denn diese Wahrheit wird Ihre Realität erschaffen. Wenn Sie etwas lesen, was Ihnen nicht gefällt oder womit Sie nicht einverstanden sind, nehmen Sie es nicht an. Es ist für Sie nicht wahr. Vielleicht trifft es für andere Menschen zu, aber Sie brauchen es nicht zu einem Teil Ihrer Realität zu machen. Statt die Vorstellungen, die andere Menschen von der Realität haben, zu akzeptieren, sollten Sie sagen: «Ich suche mir meine Realität selbst aus. Möchte ich mich für die Realität entscheiden, von der ich gerade gehört oder gelesen habe? Gibt sie mir Kraft, hilft sie mir dabei, mein Leben zu verbessern? Wird der Glaube an diese Wahrheit mir Freude, Lebendigkeit und mehr Liebe bringen?»

Sie brauchen die Vorstellungen anderer Menschen, denen Angst und Mangel zugrunde liegen, nicht anzunehmen. Sie brauchen sich nicht auf eine schreckliche Zukunft vorzubereiten. Selbst wenn es irgendwo zu einer Wirtschaftskrise oder einem Erdbeben kommt, braucht Sie das nicht zu berühren. Sie können sich Ihr eigenes Wirtschaftssystem der Fülle erschaffen, indem Sie an diese Fülle glauben und sie zu Ihrer Realität erwählen. Ihre Zukunft kann von Liebe, Lachen und innerem Frieden erfüllt sein. Sie können sich eine positive Zukunft schaffen und sich für die Realität entscheiden, die Ihnen wünschenswert erscheint.

Meditation

Mit Hilfe dieser Meditation können Sie die Realität Ihres erwachten Herzens erschaffen, in der das Leben liebevoll zu Ihnen ist und Ihre Träume in Erfüllung gehen.

Meditationsschritte:

Versetzen Sie sich in den Höheres-Selbst-Zustand.

1. Erschaffen Sie als Ihr Höheres Selbst eine Vision von Ihrem Leben, so wie es Ihren Wünschen nach in ein paar Jahren aussehen sollte. Lassen Sie sich von den positiven Gefühlen durchströmen, die diese Realität Ihnen schenken wird. Beginnen Sie bei Ihren persönlichen Beziehungen. Stellen Sie sich vor, daß Ihnen alle Ihre Beziehungen Liebe und Freude bringen. Dann denken Sie an Ihre Arbeit, Ihre finanzielle Situation, Ihre Gesundheit, Ihr spirituelles Leben, Ihre Freizeit, Ihre sozialen Aktivitäten, Ihre Energie, Ihre Lebensweise und den Ort, an dem Sie gern leben möchten. Was würden Sie tagsüber gern tun? Scheuen Sie sich nicht, sich in Ihren Phantasien und Tagträumen ein Leben auszumalen, das liebevoll zu Ihnen ist und Sie in jeder Hinsicht unterstützt. Stellen Sie sich die Welt so vor, wie Sie sie gern hätten – zum Beispiel eine saubere Umwelt, den Weltfrieden und so weiter. Wenn Sie sich solche Dinge ausmalen, schwingen Sie mit der Realität mit, in der sie tatsächlich wahr werden.

2. Nachdem Sie eine Vision Ihres idealen Lebens erschaffen haben, stellen Sie sich vor, wie Sie mit dieser Vision als unmanifestierter Energie arbeiten, so wie Sie es in der Meditation auf Seite 66 gelernt haben, in der Sie mit dem Universalen Geist in Verbindung traten. Schaffen Sie diese mögliche höhere Realität in Form von Energie. Verwandeln Sie Ihr ideales Leben in eine Energie, die so schön, lichterfüllt und harmonisch ist, wie Sie sich sie nur vorstellen können. Vielleicht möchten Sie auch ein Symbol für dieses ideale Leben erschaffen und damit spielen.

3. Lassen Sie die Energie Ihrer höchsten möglichen Zukunft in Ihre DNS einströmen. Sie soll Ihre Frequenz auf zellularer Ebene verändern, damit Sie mit dieser höheren Realität mitschwingen können. Strahlen Sie diese Energie in Ihren ganzen Körper, Ihre Emotionen und Ihren Geist aus.

4. Stellen Sie sich vor, daß mehrere Jahre vergangen sind. Sie sind jetzt Ihr künftiges Selbst, das in dieser möglichen höheren Realität lebt. Wie sieht Ihr Leben – aus der Perspektive Ihres künftigen Selbst betrachtet – aus? Beschreiben Sie Ihre Lebensumstände und Gefühle. Sprechen Sie dabei in der Zeitform der Gegenwart. Sagen Sie: «Ich habe jetzt ...»

5. Senden Sie als Ihr künftiges Selbst Energie zurück in die Vergangenheit. Diese Energie wird es Ihnen erleichtern, die Realität, die Sie sich ausgemalt haben, zu erschaffen. Fragen Sie Ihr künftiges Selbst, ob es eine Botschaft für Sie hat.

6. Wenn Sie fertig sind, kehren Sie langsam in Ihr Zimmer zurück und bringen Sie die Atmosphäre dieser neuen Realität mit.

13
Der Gang durch die Leere

Die Leere ist ein Bewußtseinszustand, der dazu verhilft, sich über die jetzigen Grenzen hinaus auszudehnen, alte Dinge und Beziehungen loszulassen und zur nächsthöheren Entwicklungsebene aufzusteigen. Im Zustand der Leere läßt man altvertraute Strukturen, Gewohnheiten, Gedanken, Verhaltensweisen und Einstellungen hinter sich und zieht sich tief in sein Inneres zurück, um neue zu erschaffen, die der höheren Schwingung entsprechen. In diesem Zustand kann man Einsichten empfangen und innerlich sehr intensiv an sich arbeiten. Er kann Minuten, Stunden, Tage, ja sogar Monate andauern. Sie werden den Zustand der Leere während Ihrer gesamten spirituellen Reise immer wieder erfahren. Ihre Fähigkeit, in der Nähe der Leere zu leben, nach Belieben in sie einzutauchen und sie zu Ihrem Freund zu machen, wird es Ihnen ermöglichen, noch rascher und mit mehr Freude zu wachsen.

Stellen Sie sich einen Vogel vor, der glücklich und unbeschwert in einer Luftströmung fliegt. Er schaut nach oben und sieht höher einen Strom, dem er sich anschließen will. Also beginnt er seine vertrauten Bahnen zu verlassen und höher emporzufliegen. Doch in dem Bereich zwischen diesen beiden Bahnen herrschen sehr unberechenbare Bedingungen. Es kann sein, daß der Vogel in eine Turbulenz gerät und vorübergehend sogar unter seine bisherige Flugbahn absinkt. Er kann aber auch weit über die höhere Bahn hinausgetragen werden, oder er stellt fest, daß in dem Bereich zwischen den beiden Bahnen eine so geringe Luftbewegung herrscht, daß es ihm schwerfällt, normal zu fliegen. Dadurch, daß der Vogel seine vertraute Bahn verläßt, lernt er sehr viel über sich selbst. Er erfährt auch mehr über das Fliegen und die Bedingungen, die seinen Flug beeinflussen. Doch schließlich kann er seinen Flug stabilisieren und mühelos in die höhere Leitströmung hineinfliegen. Die Erfahrung dieses Vogels ähnelt dem, was Ihnen widerfährt, wenn Sie sich im Zustand der Leere befinden.

Die Leere taucht auf, sobald Sie einen Aspekt Ihrer Persönlichkeit aufgeben, der nicht mehr zu dem neuen Selbst paßt, das Sie im Augenblick entwickeln. Dieser Zustand ist eine neue Ebene der Hingabe Ihrer Persönlichkeit an die Führung Ihres Höheren Selbst. Dadurch wird ein neuer Teil Ihres Höheren Selbst in die irdische Realität hineingeboren.

Die Leere ist ein Zustand des Übergangs und Wandels.

Sie werden der Leere während Ihres inneren Wachstumsprozesses immer wieder begegnen. In diesem Zustand haben Sie vielleicht das Gefühl, daß Ihr Leben sich sehr rasch verändert, daß etwas Neues auf Sie zukommt oder die Fundamente Ihrer bisherigen Existenz in sich zusammenstürzen, so daß Sie den festen Boden unter den Füßen verlieren. Vielleicht spüren Sie, daß irgend etwas in Ihnen vorgeht, können aber noch keinerlei Veränderung in Ihrem Leben erkennen. Die Leere ist nicht angenehm für Ihre Persönlichkeit, die sich im Zustand der Sicherheit und Gewißheit am wohlsten fühlt.

Der Zustand der Leere kann zum Beispiel eintreten, wenn Sie soeben ein Projekt beendet haben und vor einem neuen stehen, wenn Ihr letztes Kind gerade von zu Hause fortgegangen ist oder Sie eine Stellung aufgegeben haben und noch nicht wissen, was Sie als nächstes tun sollen. Vielleicht ist gerade einer Ihrer engsten Freunde fortgezogen, oder Sie sind im Begriff umzuziehen. Manchmal ist es, als beträten Sie eine neue Welt, in der andere Regeln gelten, die Sie noch nicht kennen.

Im Zustand der Leere stellt Ihr Herz Ihnen ständig Fragen. Sie werden feststellen, daß Sie sich mit Themen beschäftigen, die Ihr tiefstes Inneres betreffen, zum Beispiel: «Wie kann ich mich selbst mehr lieben und akzeptieren? Bin ich ein liebenswerter Mensch? Wer bin ich eigentlich? Kann ich bekommen, was ich mir wünsche? Was möchte ich mit meinem Leben anfangen?» Sie werden anderen Menschen in dieser Zeit der Ungewißheit vielleicht mit mehr Sanftmut und Liebe begegnen. Sie sind jetzt dabei, Ihre Schwingung zu erhöhen und die Ketten Ihrer alten Gewohnheiten, Denk- und Verhaltensmuster zu sprengen.

In diesem Zustand sind Sie unter Umständen weniger gesellig als sonst. Wenn Sie bisher immer mit einem Partner zusammengewohnt haben, kann es sein, daß Sie jetzt plötzlich allein oder jedenfalls ohne feste Beziehung leben. Sie fühlen sich Ihrem Mann oder Ihrer Frau vielleicht ferner als sonst, selbst wenn Sie ihm oder ihr gegenüber jetzt mehr Liebe und Mitgefühl empfinden. In der Leere haben Sie unter Umständen viel weniger Bedürfnis nach intimem körperlichem Kontakt, durch den Ihre Aura sich mit der eines anderen Menschen vermischt, denn in dieser Zeit reinigen

Sie Ihre Aura von den Energien anderer Menschen. Das ist ein Teil des Prozesses, um Ihre Schwingung zu erhöhen.

Vielleicht fühlen Sie sich innerlich leer oder einsam, selbst wenn Sie von Menschen umgeben sind. Es kann auch sein, daß Sie öfter als sonst allein sein möchten. Dieser Wunsch, allein zu sein, ja sogar das Gefühl der Einsamkeit, spiegelt Ihr wachsendes Bedürfnis wider, mit Ihrem Höheren Selbst in Verbindung zu treten. Ihre tiefere Weisheit weiß, daß der Kontakt mit anderen Menschen kein Ersatz für die tiefere Verbindung mit Ihrem Höheren Selbst ist. Im Alleinsein lernen Sie sich selbst besser kennen. Sie werden sich Ihrer Gedanken und Gefühle bewußt und denken darüber nach, was Sie mit Ihrem Leben anfangen möchten. Sobald Sie sich näher kennen und mit sich selbst angefreundet haben, wird Ihr Gefühl der Einsamkeit sich legen.

Auch in körperlicher Hinsicht fühlen Sie sich jetzt vielleicht anders als sonst – Sie quellen vor Energie über oder brauchen mehr Schlaf als sonst. Während Sie schlafen, kann die Arbeit in Ihrem Inneren stattfinden, und vielleicht brauchen Sie mehr Schlaf, um all die innerlichen Veränderungen zu verarbeiten, die jetzt in Ihnen ablaufen. Manche Menschen machen sich Sorgen, weil sie weniger Energie haben als sonst und sich nicht erklären können, warum. Wenn Sie Ihr Bedürfnis nach Ruhe nicht respektieren, werden sich vielleicht leichtere Erkrankungen einstellen, die Sie zur Ruhe zwingen. Manche unter Ihnen schaffen sich Rückenschmerzen oder verschiedene körperliche Verletzungen an, die Sie zwingen, zu Hause zu bleiben, und Ihnen Zeit geben, zur Ruhe zu kommen und nachzudenken.

Während sich Ihre Schwingung erhöht, machen Sie unter Umständen eine Phase der Verwirrung durch. Im Zustand der Leere hat sich das Neue noch nicht durchgesetzt, und das Alte ist noch nicht völlig verschwunden. Beides existiert nebeneinander. Das kann zu Verwirrung führen, die so lange anhält, bis Sie Klarheit geschaffen haben.

Auch Ihre Stimmung kann jetzt vielen Schwankungen unterworfen sein. Es mag sein, daß Sie gefühlsbetonter sind als sonst oder sehr wenig Emotionen haben. Wird die innere Arbeit intensiver, befindet sich unter Umständen auch Ihr Verstand in einem anderen Zustand als sonst. Die Leere ist eine Zeit, in der Sie neue Denkweisen erlernen. Deshalb fällt es Ihnen jetzt vielleicht schwerer, in Ihren bisherigen gewohnten Bahnen zu denken. In manchen Augenblicken finden Sie es schwer, überhaupt einen klaren Gedanken zu fassen, oder Sie vergessen Dinge, die Sie am Tag zuvor noch wußten. Sie werden sich fragen, warum Sie plötzlich Ihr Gedächtnis verlieren. Es wird Ihnen jetzt mehr Schwierigkeiten bereiten, rasche Entscheidungen zu treffen oder zu wissen, was Sie wollen. Doch es wird auch Zeiten großer Klarheit geben, in denen Sie neue Ideen und Erkenntnisse durchfließen. Manchmal erinnern Sie sich vielleicht sogar an längst vergessene Ereignisse aus Ihrer Vergangenheit.

Im Zustand der Leere haben Sie unter Umständen andere Gedanken als sonst, als mäßen Sie alle Dinge an einem neuen Maßstab. Es ist, als betrachteten Sie Ihr Leben in einem sehr hellen Licht und sähen alles auf eine ganz neue Weise. Vielleicht prüfen Sie jetzt alle Aspekte Ihres Lebens genau und überlegen sich, welche Sie beibehalten und von welchen Sie sich lösen möchten. Vielleicht haben Sie sogar das Gefühl, daß alles auseinanderfällt oder daß Dinge, die Sie eigentlich für selbstverständlich hielten, jetzt plötzlich nicht mehr so gut funktionieren wie früher. Es wird eine Zeit kommen, in der Ihre Vision davon, wie Sie sein möchten, Sie dazu zwingt, etwas aufzugeben, was Sie früher erschaffen haben. Die Leere lehrt Sie vieles über Ihre Bindungen. Sie werden Ihre Beziehungen, Empfindungen, Einstellungen und Wertvorstellungen genau prüfen müssen und alle, die Ihnen nicht mehr förderlich sind, durch neue ersetzen.

Das Nichtwissen kann die Pforte zum wahren Wissen sein.

Die Leere ist eine Zeit des Nichtwissens. Sie mag Ihnen als Zustand des Nichts, der Inaktivität, erscheinen. Erst wenn Sie das Wissen in seiner bisherigen Form aufgeben und das Nichtwissen erfahren, können Sie mit neuem Wissen in Verbindung treten. Diese Phase des Nichts und des Nichtwissens ist eher ein Zustand des Seins als des Tuns, eine Zeit der Stille und des Schweigens. Viele Menschen fürchten sich vor der Leere, weil sie ihnen weder eine sichere Grundlage noch eine klare Identität bietet. Jetzt verändert sich vielleicht alles, womit Sie sich bisher identifiziert hatten, um Ihnen die Möglichkeit zu geben, in eine größere Identität hineinzuwachsen.

Gestatten Sie sich, jeden Tag ein paar Minuten lang in die Leere einzutreten, indem Sie Ihren Geist zur Ruhe bringen. Erforschen Sie das Nichts. Die Stille ist das Tor zu größerem Wissen, und anstelle des «Nichts» werden Sie bald eine unbeschreibliche Fülle an Energie entdecken. Jedesmal, wenn Sie in den Zustand der Leere eingetreten sind, werden Sie ihn hinterher auf einer höheren Ebene wieder verlassen.

Die Leere bietet Ihnen viele neue Möglichkeiten.

Wenn Ihre Verbindung zu Ihrem Höheren Selbst sich intensiviert, ziehen Sie viele neue Möglichkeiten an, die

Ihrer höheren Schwingung entsprechen. Jede Entscheidung, die Sie im Zustand der Leere treffen, hat weitreichende Folgen, da Sie sich dort am Schnittpunkt vieler verschiedener Zukunftsmöglichkeiten befinden. Geben Sie all Ihre vorgefaßten Meinungen auf und erforschen Sie Ihre erweiterten Entscheidungsmöglichkeiten.

Nehmen Sie sich Zeit für Ihre Phantasien und Tagträume. Vielleicht werden Sie jetzt häufig an die Zukunft denken und sich ausmalen, was in Ihrem Leben alles anders sein könnte. Selbst wenn Sie im Augenblick keine Möglichkeit sehen, das Leben zu erschaffen, das Sie sich wünschen, geben Sie nicht auf. Stellen Sie sich weiterhin Ihr ideales Leben vor. Mit Ihren Visionen erschaffen Sie Ihre Zukunft. Sie werden automatisch alle Lebensumstände anziehen, mit deren Hilfe Sie Ihre Visionen verwirklichen können.

Mit höherer Schwingung werden Sie vielleicht feststellen, daß Sie immer häufiger in den Zustand der Leere eintreten. Es ist auch möglich, daß Sie die Leere nur in einem Bereich Ihres Lebens erfahren. Zum Beispiel kann es sein, daß in Ihrem Berufsleben alles völlig stabil ist, in Ihrer Beziehung zu einem anderen Menschen dagegen machen Sie vielleicht eine tiefgreifende Veränderung durch.

Erleben Sie gerade in irgendeinem Bereich Ihres Lebens den Zustand der Leere, sollten Sie besonders liebevoll zu sich sein. Machen Sie sich keine Sorgen, wenn sich die Richtung, die Sie einschlagen sollen, noch nicht abgezeichnet hat. Sie sind dabei, Ihre Schwingung in diesem Bereich rapide zu erhöhen, arbeiten innerlich viel an sich und öffnen Ihr Herz, um sich selbst mehr lieben zu können. Daraus werden sich neue Lebensumstände ergeben, die besser sind als die alten. Sie sollten jedoch auch Ihr bisheriges Leben akzeptieren, denn nur wenn Sie den Zustand lieben, in dem Sie sich im Augenblick befinden, werden Sie Ihre neue Vision rascher verwirklichen können.

In der Leere gibt es immer einen Wendepunkt. Es kommt ein Augenblick, in dem eine Saite tief in Ihrem Inneren anklingt. Das ist ein Ton der Entschlossenheit, des stärkeren Willens – einer Entscheidung, die Sie in eine neue Richtung führen wird. In diesem Augenblick findet eine Veränderung statt. Ihnen wird klarer, was Sie eigentlich wollen. Ihre Liebe zu sich selbst wird größer, und Sie wissen, daß Sie jetzt bereit sind, alles zu erschaffen, was Sie sich wünschen.

Anfangs sind Sie sich dieser neuen Entscheidung vielleicht nur undeutlich bewußt, und Sie wissen nicht, wie Sie sie verwirklichen sollen. Tun Sie das, was Ihnen als erstes einfällt. Die nächsten Schritte werden sich dann von selbst ergeben. Sie verlassen nun die Leere, die Zeit der Erkenntnisse und neuen Möglichkeiten, und beginnen damit, Ihre Einsichten in die Realität umzusetzen. Sie sind wie der Vogel, der die höhere Leitströmung gefunden hat. Sie fliegen in ihr mit und erfahren, wohin sie Sie trägt.

Ein Mann mußte ausziehen, weil das Haus, das er gemietet hatte, verkauft werden sollte. Er hatte diesen Umzug nicht eingeplant und fühlte sich verdrängt. Dann nahm auch noch sein bester Freund woanders eine Stellung an und zog fort. Es war, als falle alles in seinem Leben auseinander. Außerdem beendete er gerade ein großes Projekt, an dem er gearbeitet hatte – ein Buch –, und wußte nicht, was er als nächstes tun sollte.

Statt sich in sein Gefühl der Unzufriedenheit zu vergraben, sah der Mann diese Veränderungen als Gelegenheit, sich ein besseres Leben zu schaffen, und konzentrierte sich auf seine neuen Möglichkeiten. Er begann die Herausforderung und Faszination zu entdecken, die in der Ungewißheit steckt, und nutzte die Zeit, um sich darüber klarzuwerden, was er eigentlich wollte. Er stellte sich vor, in einem Haus zu wohnen, das besser war als sein bisheriges, und bald fand er tatsächlich ein wunderschönes neues Zuhause. Er lernte andere Leute kennen und gewann einige neue Freunde, deren Gesellschaft ihn inspirierte. Er dachte nicht mehr darüber nach, was für ein neues Buch er schreiben sollte, und als er sich eines Tages ausruhte, kam ihm eine Idee, die die Grundlage für ein neues Buch bildete. Als er den Zustand der Leere verließ und wieder mehr Gewißheit in sein Leben einkehrte, begann er ein viel bereicherndes und glücklicheres Leben zu führen als vorher.

Man braucht nicht darauf zu warten, daß etwas aus seinem Leben verschwindet, um die Gelegenheiten nutzen zu können, die die Leere bietet. Immer wenn Sie das Gefühl haben, daß Ihre Umgebung nicht mehr zu der Person paßt, zu der Sie sich inzwischen entwickelt haben, und über eine neue Richtung nachdenken möchten, werden Sie einfach ganz still und wagen Sie sich in die Welt der Zukunftsmöglichkeiten. Durchleben Sie im Geist mehrere verschiedene Zukunftsalternativen. Fordern Sie sich dazu heraus, positiv und weiträumig zu denken. Lernen Sie, die Ungewißheit zu lieben und alles Neue mit Begeisterung in sich aufzunehmen.

In der Leere zu leben kann eine große Herausforderung bedeuten. Es kann Sie stimulieren und Ihren Horizont erweitern.

Fällen Sie keine überstürzten Entscheidungen, nur damit alles in Ihrem Leben wieder seinen sicheren, genau festgelegten Gang nimmt. Das Universum ist vollkommen, und wenn sich etwas verändert, so hat das seinen guten Grund. Nachdem Sie sich innerlich dazu entschlossen haben und bereit sind, können Sie den Zustand der Leere wieder verlassen. Da es in diesem Zustand keine Struktur, keine

Gewißheit und keine konkreten Richtungen gibt, hilft er Ihnen dabei, sich in großen Sprüngen weiterzuentwickeln.

Sobald Sie aus der Leere treten, werden Sie feststellen, daß Sie wieder mit Menschen Kontakt haben möchten – vielleicht auf neue Art und mit erweitertem Horizont. Sie werden jetzt genauer wissen, was Sie wollen, und zielbewußter sein. Wenn Sie die Leere hinter sich lassen und Ihre Erkenntnisse in die Realität umsetzen, werden Sie sehen, wie sich die positiven Resultate Ihrer inneren Arbeit allmählich manifestieren.

Lieben Sie die Leere, denn selbst wenn sich in diesem Zustand nichts zu ereignen scheint, ist es doch eine Zeit, in der viel innere Arbeit geschieht. In Phasen der Leere haben Sie Gelegenheit, eine neue, höhere Zukunft zu erschaffen. Zeiten der Ungewißheit sind stets auch Zeiten neuer Möglichkeiten. Gehen Sie auf diese Möglichkeiten zu – greifen Sie ruhig nach den Sternen! Stellen Sie sich vor, alles zu haben, was Sie sich wünschen. Vielleicht werden Sie sogar lernen, die Leere zu lieben, weil sie es Ihnen ermöglicht, Quantensprünge zu vollbringen und sich noch schneller weiterzuentwickeln.

Wie Sie in den Zustand der Leere eintreten können

Meditation

Diese Meditation soll Ihnen dabei helfen, in den Zustand der Leere einzutreten, um sich über alle bisherigen Grenzen hinweg auszudehnen und zu dem unbegrenzten Wesen zu werden, das Sie eigentlich sind.

Meditationsschritte:

1. Tun Sie einen tiefen Atemzug, entspannen Sie im Geist Ihren Körper und stellen Sie sich vor, durch einen Tunnel zu gehen. Am Ende dieses Tunnels befindet sich der Zustand der Leere. Auf Ihrem Weg durch den Tunnel kommen Sie an allen Farben des Regenbogens vorbei. Spüren Sie sich von jeder dieser Farben umhüllt, wenn Sie an ihr vorbeigehen, und achten Sie darauf, wie sie sich auf Ihre Energie auswirkt. Es sind schöne, vollkommene Farben. Sie kommen an den Farben Rot, Orange, Gelb, Grün, Blau, Indigo (tiefes Dunkelblau) und Violett vorbei, und zwar genau in dieser Reihenfolge.

2. Schließlich sind Sie am Ende des Tunnels angelangt und treten in die Leere ein. Sie haben gerade den Bereich der Farbe Violett verlassen, alle Farben sind verschwunden, und Sie gehen jetzt durch ein farbloses Gebiet. Sie beginnen das Nichts der Leere zu erfahren.

3. Nun, da rund um Sie her «nichts» ist, werden Sie sich Ihrer eigenen Energie bewußt. Wie ist Ihre Energie?

4. Jetzt lassen Sie sich selbst und all Ihre Energiesysteme allmählich vergehen und sich in diesem Nichts auflösen. Um Sie herum ist Schweigen. Achten Sie darauf, wie lange und wie intensiv Sie dieses Nichts spüren können.

5. Während Sie sich im Nichts auflösen, stellen Sie sich vor, daß etwas Wunderbares geschieht – Sie verwandeln sich in eine enorme, unendliche Energie. All Ihre Grenzen stürzen in sich zusammen, und Ihre Energie dehnt sich auf allen Ebenen in die Leere aus. In dieser Leere haben Sie unbegrenzte Möglichkeiten. Spüren Sie die Fülle Ihres Ichs. Der Zustand der Leere ist ein Ort, an dem alles möglich ist. Hier erfahren Sie sich selbst als unendliches Wesen.

6. Und nun nehmen Sie diese grenzenlose Realität der Leere mit zurück in Ihre gegenwärtige Realität. Stellen Sie sich vor, als neuer Mensch in diese Realität zurückzukehren. Sie können sich auch ein Symbol dazu ausdenken. Zum Beispiel einen schönen Schmetterling, der aus seinem Kokon schlüpft und seine Flügel ausbreitet, oder eine Blume, die ihre Blütenblätter entfaltet. Sie haben sich jetzt mit neuen Möglichkeiten, höherer Energie und einem erweiterten Bewußtsein von sich aufgeladen.

14
Wie man die Zeit ausdehnt und zusammenzieht

Die Zeit ist nicht so «real» und genau festgelegt, wie Sie vielleicht glauben. Sie wandelt sich durch die neuen Energien, die jetzt zu Ihrem Planeten kommen. Es gibt Stunden, die langsam vergehen, und Stunden, die wie im Fluge verstreichen. Sie haben vielleicht auch schon festgestellt, daß Ihnen manche Tage sehr lang und andere sehr kurz vorkommen. Das ist keine Einbildung und liegt nicht nur an Ihrer persönlichen Wahrnehmung. Die Zeit bewegt sich jetzt tatsächlich fließender und weniger festgelegt durch Ihre Dimension.

In den höheren Dimensionen existiert alles im ewigen JETZT, dem gegenwärtigen Augenblick der multidimensionalen Zeit. In dem Augenblick, in dem eine Idee entsteht, ist sie bereits von Anfang bis Ende in vollständiger Form vorhanden. Ereignisse dehnen sich von einem zentralen Punkt aus, und man kann jeden Aspekt seiner Idee erleben, indem man sein Bewußtsein auf diesen Aspekt konzentriert. Sobald Sie Ihre Aufmerksamkeit auf einen Aspekt richten, beginnen Sie in der Zeit zu existieren, denn dann haben Sie ein Ereignis, das eine Gesamtheit darstellt, in verschiedene

Teile aufgesplittert. Zeit und Raum trennen die Dinge voneinander. Es können sich viele Menschen räumlich am gleichen Ort aufhalten, wenn sie durch die Zeit voneinander getrennt sind, und es können viele Menschen zur gleichen Zeit existieren, wenn sie durch den Raum voneinander getrennt sind.

Tun Sie nur das, was zur Erreichung Ihres höheren Ziels beiträgt, dann werden Sie mehr Zeit haben.

Ihr Höheres Selbst erlebt die Dinge als Ganzes und nicht in Bruchstücken. Es überblickt jedes Ereignis vom Anfang bis zum Ende. Sie können die Zeit vom Blickwinkel Ihres Höheren Selbst erleben, indem Sie alles als Gesamtheit und nicht in einzelnen Teilen erfahren. Steigen Sie so hoch wie möglich empor, um die größeren Zusammenhänge Ihres Lebens zu überblicken. Das geht bei jedem Projekt, an dem Sie gerade arbeiten. Sie brauchen nur eine Vision zu haben und sich darüber klarzuwerden, was für Schritte Sie unternehmen müssen.

Je vollständiger Ihr Bild und je höher Ihre Perspektive ist, um so genauer werden Sie wissen, welche Handlungen für die Verwirklichung Ihrer höheren Vision wichtig sind und welche nicht. Die Zeit, die Sie dadurch einsparen, können Sie für andere Dinge nutzen. Vielleicht erinnern Sie sich noch an eine Zeit, als Sie über irgendeinen Bereich Ihres Lebens einen größeren Überblick bekamen und von dieser höheren Warte aus erkannten, was für neue Maßnahmen Sie ergreifen könnten, um Zeit und Energie zu sparen. Dieser größere Überblick hat es Ihnen eventuell auch ermöglicht, andere Aktivitäten aufzugeben, die nicht mehr notwendig waren.

Möchten Sie innerhalb kürzerer Zeit mehr erreichen, achten Sie darauf, wie Ihre Handlungen sich in die größeren Zusammenhänge Ihres Lebens einfügen, und zwar auf allen Ebenen. Wenn Sie zum Beispiel ein Unternehmen haben, müssen Sie einen genauen Plan aufstellen, der den Verkauf mit der Produktion koordiniert, statt jede Abteilung für sich allein arbeiten zu lassen. Sonst verkauft die Verkaufsabteilung vielleicht mehr Produkte, als erzeugt werden können, oder die Produktionsabteilung stellt Erzeugnisse her, die sich nicht verkaufen lassen. Beides wäre große Zeitverschwendung und würde nicht zur Erreichung des Firmenziels beitragen. Mit einem Plan und genauen Vorstellungen können alle Abteilungen gemeinsam an der Verwirklichung der Vorstellungen arbeiten.

Sie möchten sich aber nicht nur der größeren Zusammenhänge bewußt werden, sondern auch dafür sorgen, daß alle Bereiche Ihres Lebens zusammenwirken und gemeinsam auf Ihr höheres Ziel zusteuern. Wenn Sie sich auf Ihr spirituelles Wachstum konzentrieren und alles so koordinieren, daß es in die größeren Zusammenhänge paßt, können Sie die Zeit zusammenziehen und innerhalb kurzer Zeit so rasch wachsen, wie Sie es sonst nur im Lauf vieler irdischer Existenzen schaffen würden.

Ehe Sie etwas tun, denken Sie stets über die Gründe nach. Sehen Sie Ihre Handlungen vor dem Hintergrund Ihres gesamten Lebens. Fragen Sie sich: «In welcher Hinsicht trage ich mit dem, was ich jetzt tue, zur Erreichung meines Lebensziels bei? Muß es unbedingt zu diesem Zeitpunkt geschehen? Könnte ich es auch auf eine edlere Weise tun?» Wenn Sie alle Dinge in ihre größeren Zusammenhänge einordnen, werden Sie automatisch nur das tun, was auch wirklich Ihrem höheren Ziel dient.

Setzen Sie sich einen Augenblick in ein stilles Eckchen, entspannen Sie sich und denken Sie über Ihren Lebenszweck nach. Stellen Sie sich vor, daß Sie Ihr Höheres Selbst sind, das Ihnen Ratschläge gibt, und konzentrieren Sie sich auf die Vorstellung, die Sie von Ihrer Aufgabe und Ihrem Ziel haben. Fragen Sie sich, worin am nächsten Tag, in der nächsten Woche, im nächsten Monat Ihr höheres Ziel besteht und wie Ihre jetzigen Handlungen sich darin einfügen. Gehen Sie in Gedanken den nächsten Tag durch. Konzentrieren Sie sich darauf, welche Aktivitäten Ihnen gut und angemessen erscheinen und welche Reihenfolge am sinnvollsten ist, statt überstürzt zu handeln. Wenn Sie all Ihre Handlungen nur ein paar Minuten lang in einen größeren Zusammenhang einordnen, können Sie sich nicht nur Stunden, sondern Monate unnötiger Aktivitäten ersparen.

Je höher Sie kommen, um so leichter wird es Ihnen fallen, zu erkennen, auf was für Handlungen Sie verzichten könnten, wie sich Ihre Arbeit effizienter oder anders erledigen ließe oder von jemand anderem übernommen werden könnte. Betrachten Sie keine Ihrer Handlungen als selbstverständlich. Glauben Sie nicht einfach, etwas tun zu müssen, ehe Sie nicht genau geprüft haben, welchem Zweck es dient und wie es sich mit Ihrem höheren Lebensziel vereinbaren läßt. Das ist mit das Wichtigste, was Sie tun können, um Ihr inneres Wachstum zu beschleunigen.

Folgen Sie Ihrer inneren Stimme, dann wird Ihnen alles leicht gelingen und Freude bereiten.

Folgen Sie Ihrer inneren Stimme, und Sie werden mehr Zeit haben und die Zeit gleichzeitig in ihrem Lauf beschleunigen, denn Sie werden alles, was Sie sich wünschen, so rasch erschaffen, daß Ihnen noch genügend Zeit für andere Dinge übrigbleibt. Ihre innere Führung wird Sie zu allem, was Sie sich wünschen, so schnell wie möglich hinleiten. Wenn Sie nach Möglichkeiten suchen, Ihr höheres Ziel durch Ihre berufliche Tätigkeit zu verwirklichen, können Sie natürlich an jede Tür klopfen und auf alle Stellenangebote antworten. Sie können aber auch eine Vision von Ihrer idealen Stellung erschaffen – sich überlegen, welche Ihrer Fähigkeiten Sie gern nutzen möchten, in was für einer Umgebung, mit was für Menschen und für welches Gehalt Sie arbeiten wollen und was für eine Arbeitszeit Ihnen am angenehmsten wäre – und erst dann etwas unternehmen, wenn Ihre innere Stimme Ihnen dazu rät. Wenn Sie so verfahren, werden Sie die gewünschten Resultate erreichen.

In dieser neuen Energiewelle, die Ihren Planeten jetzt erreicht, haben Sie vielleicht das Gefühl, so vieles erledigen zu müssen, daß der Tag gar nicht genügend Stunden hat. Sie haben den Eindruck, daß immer höhere Anforderungen an Ihre Zeit und Ihr Leben gestellt werden. Da die Zeit nicht mehr so starr und genau festgelegt ist, werden Sie sich jetzt stärker unter Druck fühlen, wenn Sie nur aus Ihrem Intellekt heraus handeln. Je mehr Sie sich bemühen, logisch vorzugehen, je mehr Listen Sie aufstellen und sich dann zwingen, alles, was darauf steht, auch zu erledigen, um so gehetzter werden Sie sich fühlen. Solche Listen können Ihnen zwar helfen, sich zu erinnern, aber Sie müssen trotzdem flexibel bleiben und auf Ihre Gefühle hören.

Es ist wichtig, Ihren Gefühlen und Ihrer Intuition zu folgen, denn sie heben Sie in den höheren Fluß der Zeit. Die neue Zeit ist intuitiv, nicht linear und chronologisch wie früher. Sie können sich bei Ihrer Entscheidung, wann Sie etwas tun sollten, jetzt nicht mehr ausschließlich auf Ihre Logik verlassen. Wenn Sie das tun, fließen Sie nicht im höheren Strom mit, in dem alles leicht und mühelos geschieht. Trotz Ihrer Listen, auf denen steht, was Sie Ihrer Ansicht nach tun müssen, wird Ihr Gefühl Ihnen vielleicht etwas ganz anderes eingeben. In diesem Fall sollten Sie lieber nach Ihrem Gefühl als nach Ihren Listen handeln. Ihr Gefühl wird Ihnen helfen, auf die edelste, effizienteste Weise auf Ihre Ziele zuzusteuern.

Falls Sie mehr Zeit gewinnen möchten, gönnen Sie sich stets einen Augenblick Ruhe, wenn Sie gerade mit einer Arbeit fertig sind. Ehe Sie zur nächsten Aufgabe übergehen, fragen Sie sich: «Was würde ich als nächstes gern tun? Was würde mir Freude machen?» Und dann achten Sie auf die Antworten. Manchmal kommen Ihnen die Aktivitäten, zu denen es Sie zieht, weder logisch noch produktiv vor. Auf lange Sicht betrachtet, können Sie dadurch jedoch Stunden der Arbeit einsparen.

Zum Beispiel kann es sein, daß Ihr Körper Ihnen während der Arbeit plötzlich zuflüstert, er wolle lieber einen Spaziergang machen, sich recken oder ein bißchen turnen. Sie halten das für unproduktiv und finden, daß Sie sich dazu zwingen sollten, länger zu arbeiten und die Bedürfnisse Ihres Körpers zu ignorieren. Dennoch entschließen Sie sich, Ihre physischen Impulse zu respektieren, und machen in der Mittagspause einen Spaziergang. Am Nachmittag erledigen Sie auf einmal doppelt soviel Arbeit wie normalerweise, und Ihnen kommen einige wichtige Erkenntnisse, die Ihnen Stunden der Arbeit ersparen. Vertrauen Sie auf Ihre Instinkte und tieferen Impulse, denn sie helfen Ihnen dabei, alles auf die schnellste und schönste Weise zu erledigen.

Sobald Sie auf Ihre Intuition hören und nur dann handeln, wenn Sie auch wirklich das Gefühl haben, daß der Zeitpunkt dafür günstig ist, wird Ihnen alles viel schneller gelingen, als Sie dachten, und Sie werden viel mehr erledigen können, als Sie zu hoffen wagten. Bleiben Sie mit Ihren Gefühlen und Ihrem höheren Ziel in Verbindung, fließen Sie mit der Zeit mit. Wenn Sie sich dagegen nach der intellektuellen Zeit richten, die Ihnen vorschreibt: «Ich muß alles erledigen, was auf meiner Liste steht, und zwar in der vorgeschriebenen Reihenfolge», tun Sie unter Umständen die Dinge nicht in Übereinstimmung mit dem höheren Strom.

Eine Frau, die sich schon seit Wochen eine neue Stellung wünschte, erhielt die innere Botschaft, sie solle zum Zahnarzt gehen und ihre Zähne nachsehen lassen. Also ließ sie sich einen Termin geben. Sie hatte ein schlechtes Gewissen, weil sie sich bisher noch nicht mehr bemüht hatte, eine neue Stellung zu finden. Aber sie hatte einfach noch nicht den inneren Drang verspürt, irgend etwas zu unternehmen. Während der Zahnarzt ihre Zähne überprüfte, erzählte er ihr von einem Freund, der eine Arbeitskraft mit ihren Qualifikationen suchte. Sie setzte sich mit diesem Mann in Verbindung und bekam die Stellung, die sie sich wünschte.

Man wird automatisch zu seinem höchsten Wohl hingeführt, selbst die alltäglichsten Dinge tragen dazu bei. Ist es Ihnen schon einmal so gegangen, daß Sie plötzlich den unerklärlichen Drang verspürten, Ihre Wohnung zu putzen, und dann ganz unerwartet ein besonders wichtiger Besucher kam? Ihr Höheres Selbst hat den Überblick über das gesamte Universum. Es sieht, was auf Sie zukommt, und sendet Ihnen ständig Botschaften, die Ihnen dabei helfen sollen, im höheren Strom zu fließen. Anfangs sind diese Botschaften vielleicht nur schwach und undeutlich zu hören, doch je mehr Sie darauf achten und sie befolgen, um so mehr Botschaften werden Sie empfangen und um so deutlicher werden sie sich bemerkbar machen.

Ihre innere Stimme wird Sie zu mehr Fülle, Freude und Liebe hinführen. Ihr höherer Weg wird sich rascher entfalten, und Sie werden Ihre Vorhaben zeitlich richtig planen können. Sie werden den anderen Menschen immer um einen Schritt voraus sein – Ihre Arbeit wird genau dann fertig sein, wenn sie gebraucht wird.

Sie können die Zeit verändern, indem Sie ganz im Jetzt sind und auf das ausgerichtet, was Sie gerade tun.

Die Zeit in Ihrer Dimension nimmt allmählich viele Eigenschaften der Zeit in den höheren Dimensionen an, wo alles gleichzeitig abläuft. Wenn Sie alles in einem höheren Bewußtseinszustand tun, können Sie diese neue Art der Zeit besser nutzen. Lernen Sie, ganz gegenwärtig zu sein und sich auf das zu konzentrieren, was Sie gerade tun. Vielleicht haben Sie auch schon die Erfahrung gemacht, daß die Zeit stillzustehen scheint, sobald Sie etwas tun, was Ihnen Freude macht. Sie sind dann so in Ihre Tätigkeit vertieft, daß Sie gar nicht merken, wie die Zeit vergeht. Sie überschreiten die physische, lineare Zeit und erleben die Nicht-Zeit der höheren Dimensionen.

Möchten Sie die intuitive, multidimensionale Zeit erfahren, müssen Sie eins werden mit dem, was Sie gerade tun. Sie müssen so davon gefangengenommen sein, daß Ihr Ich und Ihre Tätigkeit durch keinerlei Grenzen mehr voneinander getrennt sind. Es ist, als hätten Sie Ihr Bewußtsein so erweitert, daß es Ihre Tätigkeit miteinschließt. Sie existiert nicht mehr außerhalb Ihrer selbst, sondern ist zu einem Teil von Ihnen geworden. Künstler kennen diesen Zustand. Das sind die Augenblicke, in denen die Inspiration sie durchströmt und die Zeit von ihnen abfällt. In diesem Zustand können Sie die Arbeit von Stunden innerhalb von Minuten erledigen, denn Sie sind über Ihre normale, lineare Zeit hinausgewachsen.

Wollen Sie in dieser neuen Energiewelle mehr Zeit haben, müssen Sie Ihre Schwingung erhöhen und alle Dinge von einer höheren Ebene aus anpacken. Das geschieht, indem Sie nur dann handeln, wenn Sie sich im richtigen Energiezustand befinden – wenn Sie Ihrer Tätigkeit Ihre volle Konzentration widmen können. Befinden Sie sich nicht in der richtigen Stimmung für etwas, dann tun Sie etwas anderes, was Ihrer derzeitigen Stimmung eher entspricht. Vertrauen Sie auf Ihre innere Führung: Wenn Sie nicht in der Stimmung sind, etwas zu tun, dann gibt es sicher etwas anderes, was im Augenblick dringender erledigt werden muß.

Von einer Handlung, zu der Sie nicht in der richtigen Stimmung sind, sind Sie automatisch stärker getrennt. Vielleicht denken Sie währenddessen an etwas anderes. Wenn Sie mit dem, was Sie tun, nicht eins sind, dann arbeiten Sie in der linearen, chronologischen Zeit, und alles dauert länger. Alles, was Sie nicht von einer höheren Ebene aus tun, macht normalerweise mehr Arbeit, muß noch einmal getan oder rückgängig gemacht werden und zieht unter Umständen noch weitere zeitaufwendige Arbeiten nach sich. Lernen Sie, alles, was Sie tun, so intensiv zu erleben, daß Sie damit eins werden. Dann gehen Sie so mit der Zeit um wie Ihr Höheres Selbst.

Viele Menschen verwenden mehr Zeit und Energie darauf, sich über Dinge Sorgen zu machen, als sie zu tun. Wie oft haben Sie schon etwas verschoben, weil Sie befürchteten, es könnte zuviel Mühe machen, und als Sie dann in der richtigen Stimmung waren und es anpackten, stellten Sie fest, daß es viel leichter war, als Sie gedacht hatten? Falls es irgend etwas gibt, was Sie tun möchten, aber immer wieder aufschieben, lösen Sie sich eine Zeitlang davon. Hören Sie auf, ein schlechtes Gewissen zu haben, weil Sie es nicht tun. Manchmal fällt es einem noch schwerer, etwas anzufangen, wenn man sich unter Druck setzt.

Um sich mehr Zeit zu schaffen, achten Sie auf Ihre Worte und Gedanken zum Thema Zeit. Sagen Sie zu sich oder zu anderen immer wieder: «Ich habe nie genug Zeit. Ich stehe so unter Druck, daß ich gar nicht weiß, wie ich das alles schaffen soll»? Mit Ihren Worten, Gedanken und Glaubensvorstellungen schaffen Sie sich Ihre Realität. Also sollten Sie sich lieber von vornherein sagen, daß Sie genau so viel Zeit haben, wie Sie brauchen. Bekräftigen Sie immer wieder: «Ich habe so viel Zeit, wie ich brauche. Ich erledige alles in entspanntem und konzentriertem Zustand.» Selbst wenn Sie es zuerst vielleicht nicht glauben, werden Ihre Worte und Gedanken diese Realität bald tatsächlich erschaffen.

Sie können alles, was Sie sich wünschen, sehr rasch erlangen, indem Sie sich einfach vorstellen, es bereits zu haben.

Sie können lernen, die Zeit zusammenzuziehen und alles, was Sie sich wünschen, rascher in Ihr Leben zu holen als bisher. Manche unter Ihnen wünschen sich mehr Geld, möchten ihren Seelengefährten anziehen oder schneller abnehmen als bisher. Indem Sie so tun, als hätte Ihr Wunsch sich bereits erfüllt, wirken Sie wie ein Magnet: Sie ziehen die Erfüllung dieses Wunsches tatsächlich an. Zum Beispiel können Sie Ihr spirituelles Wachstum beschleunigen, indem Sie so tun, als besäßen Sie bereits die Eigenschaften, nach denen Sie streben. Sie können sich vorstellen, die Eigenschaft, an der es Ihnen noch mangelt – zum Beispiel inneren Frieden oder die Fähigkeit zur Freude –, bereits zu besitzen. Wenn Sie sich in irgendeinem Bereich Ihres Lebens mehr Überfluß wünschen, tun Sie einfach so, als hätten Sie ihn schon. Was für ein Gefühl wäre das? Was würden Sie dann anders machen als bisher? Nehmen Sie sich die Zeit, alles, was Sie sich wünschen, vor Ihrem geistigen Auge zu sehen, und stellen Sie sich dann vor, es bereits zu besitzen. Sagen

Sie sich: «Ich habe ...» und setzen Sie an die Stelle der drei Pünktchen das, was Sie gern erschaffen möchten. Wenn Sie sich vorstellen, etwas zu besitzen, ziehen Sie es magnetisch an, und es tritt viel rascher in Ihr Leben.

Möchten Sie etwas schneller erlangen, sollten Sie sich auf die Essenz dessen konzentrieren, was es Ihnen bringen soll, und nicht so sehr auf die äußere Form Ihres Wunsches. Wenn Sie sich zum Beispiel ein neues Auto oder ein neues Zuhause wünschen, konzentrieren Sie sich auf das, was Sie sich von diesem neuen Auto oder dem neuen Haus erhoffen. Vielleicht möchten Sie ein neues Auto haben, weil Sie sich mehr Sicherheit wünschen, oder Sie hätten gern ein neues Haus, weil Sie mehr Platz brauchen, und so weiter. Sie können gleich jetzt in diesem Augenblick beginnen, die Essenz dessen zu erschaffen, was Sie sich wünschen. Zum Beispiel können Sie an Ihrem jetzigen Auto Reparaturen durchführen, damit es sicherer und zuverlässiger wird, und vielleicht können Sie in Ihrer jetzigen Wohnung eine Ecke ausräumen, um ein bißchen mehr Platz zu schaffen. Dadurch, daß Sie Ihr altes Auto verbessern, ziehen Sie das gewünschte neue, verläßliche Fahrzeug magnetisch an.

Fragen Sie stets nach der Essenz Ihrer Wünsche – danach, was Sie sich vom Abnehmen, von einem neuen Seelengefährten oder einem neuen Auto versprechen. Sobald Sie sich auf das Wesentliche hinter Ihren Wünschen konzentrieren, werden Sie feststellen, daß es viele Möglichkeiten gibt, es zu erlangen. Und dadurch, daß Sie es in Ihr Leben hereinholen, gewinnen Sie auch eine größere Anziehungskraft für die spezielle äußere Form, in der das Gewünschte sich Ihrer Meinung nach manifestieren soll.

Für Ihr Höheres Selbst ist Zeit lediglich die Anzahl der Schritte, die erforderlich sind, um etwas zu bewirken. Sammeln Sie sich auf das, was Sie sich wünschen. Stellen Sie sich vor, wie Sie in die Welt Ihres Höheren Selbst eintreten und das, was Sie erschaffen möchten, in seiner Gesamtheit überblicken, als könnten Sie es von Anfang bis Ende sehen. Als nächstes stellen Sie sich vor, daß Sie genau spüren, was für Schritte erforderlich sind, um Ihr Ziel zu erreichen. Sie brauchen nicht genau zu wissen, wie diese Schritte im einzelnen aussehen. Sie müssen nur ein Gefühl dafür haben oder sich vorstellen können, wie viele Schritte wohl nötig sein werden.

Dann beschleunigen Sie den Gang der Dinge, indem Sie sich vorstellen, wie Sie diese Schritte schneller und freudiger unternehmen als bisher. Vielleicht sehen Sie sich auch ein paar Stufen überspringen und direkt auf die Erfüllung Ihres Wunsches zusteuern. Lieben Sie sich selbst, ganz gleichgültig, ob Sie das, was Sie sich wünschen, haben oder nicht. Sie sollten niemals das Gefühl haben, etwas «unbedingt zu brauchen». Diese innere Einstellung wird es Ihnen erleichtern, alles zu tun, was notwendig ist, um die Erfüllung Ihres Wunsches rascher anzuziehen.

Sie können lernen, den Lauf der Zeit in Ihrem Leben zu verändern und die Geschwindigkeit, in der die Dinge sich ereignen sollen, zu bestimmen. Sie können Ihr inneres Wachstum beschleunigen und Dinge, die Sie sich wünschen, rascher anziehen. Und Sie können auch lernen, einen höheren Bewußtseinszustand zu erreichen, wo Sie mit der Zeit eins werden und im Bereich der Nicht-Zeit, in dem Ihr Höheres Selbst lebt, arbeiten.

Wie Sie die Zeit ausdehnen und zusammenziehen können

Meditation

Mit Hilfe dieser Meditation können Sie lernen, wie man die Zeit ausdehnt und zusammenzieht.

Vielleicht möchten Sie sich die folgenden Fragen von einem Freund stellen lassen. Sie können sie sich auch in Gedanken stellen oder auf Kassette aufnehmen und dann abspielen. (In diesem Fall lassen Sie zwischen den einzelnen Fragen bitte Pausen für Ihre Antworten.) Wenn Sie allein sind, können Sie sich die Fragen im Geist beantworten, Ihre Antworten laut auf Kassette aufsprechen oder niederschreiben.

Meditationsschritte:

Versetzen Sie sich in den Höheres-Selbst-Zustand.

Wie man die Zeit ausdehnt: Beantworten Sie sich als Ihr Höheres Selbst die folgenden Fragen. Sie können so tun, als sei Ihr Höheres Selbst ein weiser Berater, der Ihnen Ratschläge erteilt.

1. Worin besteht Ihr höheres Ziel für den nächsten Monat? Die nächsten drei Monate? Das nächste Jahr? Versuchen Sie soviel wie möglich über diese höheren Ziele herauszufinden, und suchen Sie möglichst viele verschiedene Formulierungen dafür.

2. Was ist das Wichtigste, was Sie in den folgenden Lebensbereichen tun könnten, um Ihr höheres Ziel zu erreichen:
   a. Lebensunterhalt (Beruf, Karriere, sonstige für Ihren Beruf wichtige Aktivitäten)
   b. materielle Fülle (Geld; Dinge, die Sie sich wünschen)
   c. Umgebung (der Ort, an dem Sie leben; der Platz, der Ihnen zur Verfügung steht)
   d. Aktivitäten, die zu Ihrem Wachstum beitragen
   e. Wohlbefinden (Gesundheit/Fitneß, Erholung, Hobbys, Reisen)
   f. persönliche Beziehungen. Konzentrieren Sie sich auf zwei Ihrer wichtigsten persönlichen Beziehungen. Überlegen Sie sich, was für einen Beitrag Sie zum Leben dieser Menschen leisten könnten. Wie können diese Beziehungen zur Erreichung Ihres höheren Ziels beitragen?

3. Gibt es etwas, wovon Sie sich lösen müssen, um dieses höhere Ziel zu verwirklichen? Welches Engagement wird erforderlich sein, um es zu realisieren? Wie könnten Sie dieses höhere Ziel mit mehr Freude erreichen?

4. Welchen Schritt könnten Sie nächste Woche unternehmen, um Ihrem höheren Ziel näherzukommen?

Wie man die Zeit zusammenzieht: Denken Sie an das höhere Ziel, das Sie sich für das nächste Jahr gesetzt haben. Stellen Sie sich vor, daß es bestimmte Schritte gibt, die zu diesem Ziel hinführen.

1. Bekommen Sie ein Gefühl für diese Schritte: wie viele es sind, wie kompliziert sie sind, in welcher Reihenfolge sie unternommen werden müssen und so weiter.

2. Stellen Sie sich vor, wie Sie diese Schritte voller Freude unternehmen, wie Sie sich mit jedem Schritt ausdehnen und leichter werden. Vielleicht sehen Sie sogar vor Ihrem geistigen Auge, wie Sie ein paar Stufen überspringen und direkt auf Ihr Ziel zusteuern.

3. Genießen Sie die Empfindungen, die Sie haben werden, wenn Sie an Ihrem höheren Ziel angelangt sind – ganz so, als hätten Sie es bereits erreicht. Spüren Sie das intensivere Strahlen in Ihrem Körper. Sagen Sie sich: «Ich habe jetzt... geschaffen.» (An die Stelle der drei Pünktchen setzen Sie Ihr höheres Ziel.)

4. Wenn Sie fertig sind, kehren Sie wieder in Ihr Zimmer zurück und bewahren Sie die Führung im Gedächtnis, die Sie soeben von Ihrem Höheren Selbst erhalten haben.

TEIL III

Sich ausdehnen

15
Wie man zu einer Quelle des Lichts wird

Sie sind die Heiler, Lehrer und Führer. Sie sind hier, um das Gebiet, das Sie sich ausgesucht haben, durch neue Informationen, Ideen, Techniken des Heilens und durch Liebe zu bereichern. Und Sie werden auf vielen Gebieten arbeiten, denn das neue Bewußtsein muß in allen Bereichen der Gesellschaft aufgebaut werden. Indem Sie spirituell wachsen und sich Ihres inneren Lichts bewußt werden, werden Sie sich zu einer Quelle des Lichts und des Erwachens für andere Menschen entwickeln.

Ehe Sie sich entschieden, geboren zu werden, existierten Sie als Ihr Höheres Selbst in höheren Dimensionen des Lichts. Um auf diesem Planeten leben zu können, mußte Ihr Höheres Selbst zunächst einmal einen spirituellen Körper schaffen – das Muster Ihrer Chakren, Meridiane und Energiesysteme. Dann zog Ihr Höheres Selbst den mentalen, emotionalen und physischen Energiekörper heran. Stellen Sie sich vor, Sie zögen viele Hemden, Hosen und Socken übereinander an und dann noch mehrere dicke Pullover und Mäntel darüber. Wie würden Sie sich damit fühlen? Genau so ein Gefühl ist es für Ihr Höheres Selbst, in einen physischen Körper einzutreten. Sie haben sich sicher schon gefragt, warum Sie sich manchmal so schwer fühlen! Sobald Ihr unsterblicher Geist Ihren Körper verläßt, werfen Sie diese Hülle wieder ab und kehren zur formlosen Essenz Ihres Höheren Selbst zurück.

Da Sie aus Dimensionen größerer Geistigkeit und intensiveren Lichts stammen, fällt es vielen unter Ihnen schwer, in der irdischen Dimension der Materie zu leben. Manche haben noch gar keine richtige Beziehung zu ihrem Körper aufgebaut und leben lieber in ihrer mentalen als in der physischen Welt. Sie wünschen sich vielleicht, alle Dinge so rasch und mühelos erschaffen zu können, wie Sie sie im Geist vor sich sehen, denn Sie haben noch undeutliche Erinnerungen an die höheren Dimensionen, in denen sich alles, woran Sie dachten, sofort manifestierte.

Als Ihr Höheres Selbst hatten Sie einen großen Kreis gleichgesinnter Freunde, die alle an der Verwirklichung höherer Ziele mitwirkten. Viele von Ihnen sind gemeinsam als Seelengruppe auf die Erdebene gekommen. Vielleicht durchzuckt Sie gegenseitig ein Gefühl des Wiedererkennens, wenn Sie sich in Ihrem irdischen Leben begegnen – es ist, als träfen Sie einen alten Freund wieder, den Sie schon lange nicht mehr gesehen haben. Manche unter Ihnen haben schon viele Leben auf der Erdebene hinter sich, andere sind gerade erst gekommen. Sie sind hierher gezogen worden, weil das jetzige Zeitalter so ungeheure Möglichkeiten bietet, zu heilen, zu lehren und Licht zu bringen. Dadurch erhält Ihr Höheres Selbst Gelegenheit, noch strahlender zu werden.

Ihr Höheres Selbst wußte, wieviel Mut es erfordern würde, sich in die Dimensionen der Materie – die Erdebene – mit ihren viel größeren Turbulenzen zu wagen und die feinen, klaren, harmonischen Energien der höheren Dimensionen hinter sich zu lassen. Aber Es wußte auch, daß Es sich sehr weiterentwickeln würde, wenn Es lernte, Seine feinstofflicheren Energien in das irdische Leben und auf die Erdebene zu bringen. Es sehnte sich nach diesem Wachstum und fühlte, daß Sein Strahlen sehr viel intensiver werden würde, wenn es Sie in die turbulenteren Energien der Erdebene hinabschickte und lernen ließ, Ihr Licht von diesen Energien nicht erschüttern zu lassen.

Viele Menschen erinnern sich noch undeutlich an die ständige Liebe und Unterstützung, die sie in den höheren Dimensionen erfahren haben. Deshalb war Ihre Kindheit vielleicht manchmal schwer für Sie. Sie fühlten sich von den Menschen in Ihrer Umgebung mißverstanden oder nicht genügend geliebt. Sie hatten vielleicht das Gefühl, daß die Welt sinnvoller eingerichtet sein sollte und all die Schmerzen und Verwirrungen, die die Menschen erlebten, eigentlich überflüssig seien. Vielleicht haben Sie sich große Mühe gegeben, es allen Menschen in Ihrer Umgebung recht zu machen, weil Sie wollten, daß die anderen glücklich und zufrieden sind. Sie konnten die Emotionen der anderen an sich spüren und wußten oft nicht, wer Sie waren, da Sie sich in deren Gefühlen verloren. Möglicherweise haben Sie sogar die Schmerzen und Bürden anderer auf sich genommen, als seien es Ihre eigenen, oder versuchten die Probleme Ihrer Mitmenschen zu lösen.

Es kann sein, daß Sie sich für eine schwierige Kindheit entschieden haben, weil Sie wußten, daß Sie dadurch den starken Charakter erlangen würden, den Sie für Ihre Lebensaufgabe brauchen. Wenn andere Menschen Sie nicht schätzen, so wie Sie sind, bietet Ihnen das die Gelegenheit, innerlich zu wachsen, indem Sie an sich selbst glauben und auf Bestätigung von außen verzichten. Durch diesen Mangel an Bestätigung werden Sie selbständiger und unabhängiger und können Ihre eigene Richtung finden, ohne sich auf andere zu verlassen. Solche Schwierigkeiten machen Ihnen auch bewußter, was andere vielleicht durchmachen müssen, und tragen zur Entwicklung Ihres Mitgefühls bei.

Natürlich waren Sie als Kind nicht völlig allein und verkannt. Ihre Eltern erkannten und akzeptierten Ihre Identität in dem Maße, wie Sie es bei sich selbst taten. Viele entwikkelte Wesen sind freiwillig als Lehrer auf die Erde gekommen oder halten sich in der Nähe von Kindern auf, um Samen auszustreuen, aus denen Sie, die Heiler und Lehrer, entstehen können. Vielleicht erinnern Sie sich auch noch an einen Lehrer oder erwachsenen Freund, der Ihrem Leben seinen Stempel aufgeprägt hat.

Viele höhere Wesen sind Mütter, Väter oder Lehrer geworden oder üben andere Berufe aus, die mit Kindern zu tun haben, weil auch viele Kinder, die heute auf die Welt kommen, schon hochentwickelte Seelen sind, die bereits viele irdische Existenzen hinter sich haben. Die Wesen, die es sich zur Aufgabe gemacht haben, sich um Kinder zu kümmern, wissen, daß schon ein paar ermutigende Worte, ein Augenblick der Anerkennung und ein Funke des Interesses diesen neuen Kindern des Lichts ihr Ziel bewußtmachen und ihr ganzes Leben sinnvoller gestalten kann.

Sie haben vorher gewußt, daß Sie innerlich stark und in der Lage sein würden, jede noch so schwierige Situation umzuwandeln. Jeder muß zunächst einmal sich selbst heilen, da die meisten in Schwingungen und Energien hineingeboren werden, die viel turbulenter sind als jene, die Sie vorher gekannt haben. Machen Sie sich keine Vorwürfe, wenn Sie Zweifel, Schuld, Kummer oder Furcht empfinden. Werden Sie sich darüber klar, daß solche Gefühle sich automatisch einstellen, wenn man im jetzigen Stadium der Menschheitsentwicklung in einem physischen Körper wohnt.

Vielleicht haben Sie sich entschieden, einige Lebensbereiche, in denen die Menschheit als Gesamtes noch nicht besonders entwickelt ist – zum Beispiel Angst oder Zweifel –, persönlich zu erfahren, weil Sie wußten, daß Sie Wege finden würden, sie zu verwandeln, und andere dann auch in der Lage wären, sich danach zu richten. Immer wenn Sie einen Teil von sich auf eine höhere Schwingung bringen, erleichtern Sie es anderen Menschen, ähnliches bei sich selbst zu vollbringen. Ihre Entscheidungen werden auf telepathischem und energetischem Wege Ihren Mitmenschen zugänglich. Jedesmal, wenn Sie sich selbst lieben oder mitfühlend oder weise handeln, leisten Sie damit einen wertvollen Beitrag für die ganze Menschheit.

Sie waren sich bewußt, daß Sie in einer Zeit tiefgreifender Wandlungen auf die Erde kommen würden. Während Ihres jetzigen Lebens werden mehr bedeutende Veränderungen stattfinden als in jeder anderen Epoche der Geschichte. Zum Beispiel wächst die Bevölkerung der Erde jetzt schneller als je zuvor, und die sozialen und kulturellen Strukturen der Menschen werden sich rasch verändern müssen, um mit diesem Bevölkerungsanstieg Schritt zu halten.

Sie sind die Pioniere des Neuen. Sie sind hier, um anderen Menschen bei diesem Übergang zu helfen. Damit beginnen Sie am besten, indem Sie Ihr eigenes Bewußtsein erweitern, sich selbst heilen und der Welt Ihre Lebensaufgabe anbieten.

Zeiten der Turbulenz, in denen sich alles verändert, bieten viel Gelegenheit zu innerem Wachstum. Man kann sich das am Beispiel eines großen Vogels veranschaulichen, der versucht aufzufliegen. Wenn keine Luftbewegung herrscht, fällt es ihm schwerer, zu starten. Ebenso wie der Vogel brauchen Sie genau den richtigen Grad an Bewegung und Veränderung – Turbulenz –, um wachsen zu können. Viele Menschen beginnen in Zeiten der Krise und Veränderung aktiver nach spirituellem Wachstum zu streben. Man braucht zwar nicht unbedingt Krisen, um sich innerlich weiterzuentwickeln; doch viele Menschen raffen sich nur dann zu Veränderungen auf, wenn ihr Leben in Unruhe gerät oder wenn das Alte nicht mehr so gut funktioniert wie früher.

Vielleicht haben Sie schon seit Ihrer Kindheit das Gefühl, eine besondere Lebensaufgabe oder eine Mission zu haben.

Möglicherweise hatten Sie schon immer das Gefühl, ein bestimmtes Ziel erreichen, eine Mission erfüllen zu müssen, wußten aber nicht genau, was für eine. Und wenn Ihr persönliches Selbstwertgefühl in der Außenwelt nur wenig Bestätigung gefunden hat, wurden Ihre Zweifel an Ihrem eigenen Wert vielleicht immer größer. Doch trotz aller Mühsal und mangelnden Unterstützung von anderen Menschen zwang Sie ein mächtiger innerer Drang, weiterzusuchen, Neues zu entdecken und Ihrem Ziel treu zu bleiben. So strebten Sie immer weiter vorwärts.

Häufig steht die Dichte der Materie zwischen Ihnen und der Erinnerung daran, wer Sie sind und worin Ihr Lebenszweck besteht. Daher sind viele Menschen in Selbstkritik und Zweifel verfallen. Selbstzweifel und zu große Bescheidenheit sind der Hauptgrund, warum viele Menschen nicht mehr so wirkungsvoll an der Realisierung ihrer Lebensaufgabe arbeiten können, wie sie eigentlich sollten. Es ist wichtig, daß Sie an Ihre Träume glauben. Sie offenbaren Ihnen den Sinn Ihres Lebens. Wenn Sie Ihren Lebenszweck noch nicht entdeckt haben, vertrauen Sie einfach darauf, daß alles, was Sie tun, Sie diesem höheren Pfad näherbringt. Je mehr Sie innerlich wachsen, um so stärker werden Sie sich Ihrer Aufgabe bewußt werden.

Jeder Mensch ist mit einem speziellen Ziel auf die Erde gekommen, das er verwirklichen soll, einer Rolle, die nur er ausfüllen kann. Sie haben sich entschlossen, an der vordersten Front der kommenden Veränderungen zu stehen und zur Entstehung der neuen Formen beizutragen, die als Pfeiler einer überbewußten Realität dienen werden. Viele von Ihnen arbeiten lieber selbständig, um ihre Ideen völlig frei gestalten und verwirklichen zu können. Wenn Sie irgendwo angestellt sind, bevorzugen Sie Positionen, in denen Sie selbst bestimmen können, wie die Arbeit erledigt wird.

Sie sind Ihrer Zeit voraus.

Sie bewahren eine Vision der Möglichkeiten, die der Menschheit offenstehen. Vielleicht haben Sie sich schon häufig gewundert, warum Sie anders denken als andere Menschen oder warum Sie weniger das Gefühl haben, «dazuzugehören» wie andere. Manche Ihrer Gedanken und Ideen, die jetzt ungewöhnlich und unüblich sind, werden in den kommenden Jahren den Aufstieg der Menschheit zu einem höheren Bewußtsein bewirken. Vielleicht fühlen Sie sich zu Gebieten wie Ökologie, Friedensbewegung, Wissenschaft und Technik, Psychologie und Metaphysik hingezogen – oder zu anderen Bereichen, in denen eine neue Vision für die Menschheit liegt.

Stellen Sie sich vor, einen Berg hinaufzugehen. Vor Ihnen und hinter Ihnen sind viele Menschen. Und jetzt sehen Sie vor Ihrem geistigen Auge, wie die Menschen vor Ihnen sich umdrehen und Ihnen Linien des Lichts, der Liebe und Energie senden. Auf diese Weise erleuchten sie Ihren Weg und erleichtern Ihnen die Reise. Sie sehen immer deutlicher, wohin Sie gehen. Ihre Schritte werden sicherer. Sie können noch schneller steigen als vorher. Und nun stellen Sie sich vor, wie Sie sich umwenden und den Menschen hinter sich Ihr Licht und Ihre Weisheit senden. Sie ermutigen sie und vermitteln ihnen die Kenntnis des Weges, den Sie gerade gegangen sind.

Sie brauchen sich nicht allein auf Ihre spirituelle Reise zu begeben. Unzählige Seelen in Ihrer Realität und in den höheren Dimensionen sind diesen Weg vor Ihnen gegangen und haben ihn für Sie erleuchtet. Und durch Ihr inneres Wachstum werden Sie Ihrerseits dazu beitragen, daß der Pfad für andere Menschen leichter gangbar wird. Die Schritte zum Wachstum müssen Sie zwar selbst tun, aber es wird Ihnen unterwegs viel Licht und Unterstützung zuteil werden.

Einen Schritt hinter Ihnen befinden sich Hunderttausende von Menschen, die soeben innerlich erwachen. Denken Sie daran, wie Sie waren, ehe Sie erwachten und sich des Weges zu Ihrem inneren Wachstum bewußt wurden. Die Erwachenden wissen vielleicht noch nicht, wohin sie sich wenden oder nach was für Informationen sie sich umschauen sollen. Sie haben gerade erst angefangen, zu fragen, zu lauschen und zu hören. Indem Sie die Schleier lüften und sich Ihres Weges und Ihrer Wahrheit bewußt werden, reichen Sie dadurch gleichzeitig diesen Menschen eine helfende Hand, die dann wiederum anderen weiterhelfen werden.

Die Menschheit ist im Begriff, in ihrer Entwicklung einen großen Sprung vorwärts zu tun.

Ihre Energiekörper befinden sich in der Entwicklung. Durch spirituelles Wachstum gewinnt Ihre Aura einen spirituellen Glanz und neue Energien. Der neue Mensch wird einen Lichtkörper besitzen, der eine höhere Frequenz und Licht ausstrahlen kann. Sie, Ihre Kinder und Ihre Enkel werden einen Bewußtseinswandel bewirken, der weit über Ihre jetzige Vorstellungskraft hinausgeht.

Worum Sie jetzt noch so intensiv kämpfen müssen – liebevoller zu sein, an sich selbst zu glauben, zu verzeihen, Mitgefühl zu empfinden und Schmerz und negative Gedanken loszulassen –, wird in Zukunft, wenn die menschlichen Energiesysteme sich weiterentwickelt haben, viel leichter zu verwirklichen sein. Die Menschheit wird dann einen ausgeprägteren Lichtkörper besitzen und eine strahlende Lichtquelle sein.

Viele von Ihnen wünschen sich, dies möge ihre letzte irdische Existenz sein. Sie reden von ihrem «letzten Leben», als sei es das höchste spirituelle Ziel, das man erreichen kann. Doch wenn Sie in der Meisterung des irdischen Lebens immer höhere Ebenen erreichen, gelangen Sie irgendwann an einen Punkt, wo Sie selbst entscheiden können, ob Sie nach Ihrem Tod wiederkehren möchten oder nicht. Die Erdebene ist ein schöner Ort. Man kann den Himmel auf Erden haben, wenn man fähig wird, in einem höheren Bewußtseinszustand zu leben. Viele hochentwickelte Seelen beschließen freiwillig, auf die Erde zurückzukehren, obwohl sie auch in anderen Dimensionen leben könnten. Sie tun es, weil sie die Menschen und die Erde lieben. Sobald man eine höhere Ebene der Meisterschaft erreicht hat, wächst auch die Fähigkeit, andere Menschen in ihrer Entwicklung zu unterstützen. Durch die Möglichkeit, anderen zu dienen, wächst man selbst noch mehr.

Sie sind nicht auf der Erde, weil Sie zu «niedrig» sind, um in den höheren Dimensionen zu leben. Ihr Höheres Selbst hat einen Teil von Sich – Sie – in diese Dimension gesandt, um mehr darüber zu erfahren, wie Sein Bewußtsein sich in einer Welt der Form und Materie ausdrückt. Vertrauen Sie darauf, daß Sie jetzt hier sind, weil die Erde im Augenblick der beste Ort für Sie ist und Ihnen am meisten Gelegenheit bietet, sich zu entwickeln. Indem Sie wachsen und sich innerlich ausdehnen, wächst auch Ihr Höheres Selbst. Lieben Sie Ihre Menschlichkeit ebensosehr wie Ihre Göttlichkeit. Denn Sie sind auf die Erde gekommen, um aus allem zu lernen, was Sie in Ihrem täglichen Leben erfahren – aus allen Herausforderungen, Gefühlen und Beziehungen.

Ihre Gefühle und Gedanken – alles, was Ihre Menschlichkeit ausmacht – liefern Ihnen eine wunderbare Gelegenheit, zu einer Quelle des Lichts zu werden. Je stärker Sie von Licht erfüllt sind, um so mehr helfen Sie der Menschheit dabei, die «kritische Masse» zu erlangen. Sobald genügend Menschen eine größere Menge Licht in sich bewahren und ausstrahlen können, werden Sie alle zusammen einen Quantensprung vollbringen und eine neue Evolutionsphase erreichen. Je mehr Menschen innerlich wachsen, sich ausdehnen und Licht ausstrahlen, um so leichter wird es allen fallen, mit ihrem Höheren Selbst eins zu werden, zur Erleuchtung zu gelangen und ihr volles Potential in diesem Leben auszuschöpfen.

Meditation

Diese Meditation soll Ihnen helfen, die Schleier des Nichtwissens zu lüften. Mit ihrer Hilfe werden Sie sich daran erinnern, wer Sie sind, und zu einer weniger begrenzten Sicht von sich gelangen.

Das ist ein sehr einfacher und doch gleichzeitig sehr tiefgreifender Prozeß. Vielleicht möchten Sie sich die folgenden Fragen von einem Freund stellen lassen. Sie können sie sich aber auch im Geist stellen oder auf Kassette aufnehmen und abspielen (dann lassen Sie bitte zwischendurch Pausen für Ihre Antworten). Wenn Sie allein sind, können Sie sich die Fragen in Gedanken beantworten, Ihre Antworten laut auf Kassette aufsprechen oder sie niederschreiben.

Meditationsschritte:

Versetzen Sie sich in den Höheres-Selbst-Zustand.

1. Sitzen Sie ruhig da, entspannen Sie Ihren Körper, schließen Sie die Augen und tun Sie einen tiefen Atemzug. Ihre Gedanken sind klar und konzentriert, Ihre Emotionen ruhig und friedlich. Fragen Sie sich:
   a. Wer bin ich? (Wenn ein Freund Ihnen die Frage stellt, muß sie lauten: «Wer bist du?»)
   b. Woher komme ich? (Oder, falls ein Freund Sie fragt: «Woher kommst du?»)
   c. Warum bin ich hier? («Warum bist du hier?»)

Jedesmal, wenn Sie diese Fragen stellen, sollten Sie die Betonung auf ein anderes Wort legen. Beim erstenmal können Sie zum Beispiel fragen: «*Wer* bin ich?», beim zweitenmal «Wer *bin* ich?» und beim drittenmal «Wer bin *ich?*» Wiederholen Sie diese Fragen mehrere Male und seien Sie bei ihrer Beantwortung so phantasievoll, spielerisch und kreativ wie möglich.

2. Spielen Sie mit diesen Fragen, so lange Sie möchten. Wenn Sie fertig sind, kehren Sie in das Zimmer zurück, in dem Sie mit dieser Meditation begonnen haben, und denken Sie einen Augenblick an die Erkenntnisse zurück, die Ihnen währenddessen zuteil geworden sind. Wenn Sie möchten, können Sie sie auf Kassette sprechen.

16
Erleuchtung durch Dienst an der Menschheit

Viele Wege führen zur Erleuchtung. Manche Methoden arbeiten mit Atemtechniken und Körperhaltungen, bei anderen geht es um die Beherrschung des Willens. Es gibt Richtungen, bei denen der Geist durch Meditation geschult wird. Es gibt einen Weg der Hingabe und einen Weg des bewußten Handelns. Die jetzige Zeit bietet als Hauptmöglichkeit zu spirituellem Wachstum den Weg des Dienstes an der Menschheit.

Viele von Ihnen sind in dieser wichtigen Übergangszeit auf die Erde gekommen, um zu dienen. Ihr spirituelles Wachstum wird größtenteils durch Lehren und Dienst an anderen geschehen. Dazu braucht man keinen bedeutenden Posten in der Öffentlichkeit. Man braucht auch nicht bekannt zu sein oder einer Arbeit nachzugehen, die andere für bedeutsam halten, um einen großen Beitrag zu leisten. Mit allem, was Sie tun, können Sie mehr Licht in die Welt bringen: durch Ihre Arbeit, Ihr Familienleben und andere Aktivitäten. Durch Ihr zunehmendes Licht werden Sie andere Menschen auf telepathischer und energetischer Ebene unterstützen. Sie werden zum Übermittler spiritueller

Energie und machen allen Menschen in Ihrer Umgebung eine höhere Schwingung zugänglich.

Alles Lehren bedeutet gleichzeitig Lernen. Dadurch, daß Sie anderen Menschen Kraft geben, wächst Ihre eigene Kraft.

Man kann anderen Menschen nichts beibringen und ihnen keine Kraft geben, ohne gleichzeitig selbst etwas zu lernen und eigene Kraft zu gewinnen. Als Lehrender schaffen Sie einen Raum, in dem ein Lernprozeß stattfinden kann. Jedesmal, wenn Sie für jemanden eine Gelegenheit schaffen, innerlich zu wachsen, belehren Sie ihn dadurch und geben ihm Kraft. Indem Sie lernen, Raum für das spirituelle Wachstum anderer Menschen zu schaffen, wachsen Sie selbst, und für die Stärkung, die Sie ihnen geben, werden Sie eine spirituelle Belohnung erhalten, die weit über Ihre Vorstellungskraft hinausgeht.

Durch Ihren Dienst an anderen werden sich Ihr Licht und Ihre Ausstrahlung verstärken, so daß überall, wo Sie hingehen, Gutes und günstige Gelegenheiten geschaffen werden. Sie werden größeren Wohlstand, ein tiefes Gefühl innerer Befriedigung und die Achtung und die Liebe aller Menschen in Ihrer Umgebung vorfinden. Sie werden feststellen, daß ein großer Teil der ausgesandten Energie zu Ihnen zurückkehrt. Denn jedesmal, wenn Sie eine Veränderung in jemandem bewirken, gelangen Sie selbst auch auf eine höhere Bewußtseinsstufe. Sicherlich haben Sie nicht den Wunsch, der Menschheit aus eigennützigen Gründen zu dienen, aber manche dieser Vorteile ergeben sich unwillkürlich, wenn Sie Ihren höheren Weg verfolgen.

Wir werden Sie alle, die den Weg zur Erleuchtung durch

Dienst an der Menschheit gehen, von nun an «Diener der Welt» nennen. Ein Diener der Welt zu sein bedeutet, sich selbst und andere Menschen zu ehren und stets darüber nachzudenken, inwieweit das, was man tut, anderen dient. Er muß immer aus seiner Integrität heraus handeln und seinen innersten Wertvorstellungen treu bleiben. Seine Aufgabe besteht darin, in anderen Menschen das Beste zutage zu fördern, ihnen bei der Entdeckung ihres Potentials und ihres höheren Lebensplans zu helfen.

Als Diener der Welt haben Sie sich zunächst Ihrem eigenen Wachstum zu verpflichten und Ihrem höheren Weg zu folgen. Sie sollten sich bemühen, Harmonie und Gleichgewicht in Ihr Leben zu bringen, um einen großen Teil Ihrer Zeit Ihrem höheren Ziel widmen zu können. Die Gelegenheit zum Dienst an der Welt kommt dann von allein, wenn Sie darum bitten und bereit dazu sind. Er ergibt sich daraus, daß Sie Ihre Lebensaufgabe erfüllen und Ihrem höheren Ziel nachstreben.

Nachdem Sie zum erstenmal um eine Gelegenheit gebeten haben, etwas für die Welt tun zu dürfen, werden Sie vielleicht feststellen, daß Sie nun sehr viel Energie in die Aufgabe investieren, Ihr eigenes Leben auf eine höhere Stufe zu bringen. Wenn sich Ihr Leben noch im Aufruhr befindet und Ihre Probleme einen großen Teil Ihrer Zeit und Energie in Anspruch nehmen, können Sie anderen Menschen nicht sehr wirksam dienen. Sie müssen zunächst einmal Ihre eigenen Probleme lösen und dafür sorgen, daß Ihr Leben in Ordnung ist. Darin liegt ein wichtiger Aspekt Ihres spirituellen Wachstums.

Je leichter es Ihnen fällt, die täglichen Probleme mit Klarheit und Liebe zu lösen, um so müheloser können Sie Ihr höheres Ziel verwirklichen. Sobald mehr Ordnung und Harmonie in Ihr Leben einkehren, werden sich für Sie viele Gelegenheiten ergeben, sinnvolle Beiträge zum Leben anderer Menschen zu leisten. Sie werden zu einer Ebene aufsteigen, auf der ein großer Teil Ihres inneren Wachstums dem Dienst an der Welt entspringt.

Wenn Sie aufwärts streben und Ihr Licht zunimmt, werden Sie alle Formen anziehen, die es Ihnen ermöglichen, der Welt Ihre Arbeit zu vermitteln. Machen Sie sich keine Sorgen, wenn Sie noch nicht wissen, in welcher Form Sie der Welt dienen können. Haben Sie einfach erst einmal die Absicht zu dienen. Bringen Sie Ihr Leben in Ordnung. Sobald Sie dann um eine Gelegenheit zum Dienst an der Menschheit bitten, wird diese Bitte von Ihrem Höheren Selbst und den höheren Mächten des Universums erhört werden. Jede Gelegenheit wird sich Ihnen genau in dem Augenblick eröffnen, in dem Sie dafür bereit sind.

Anderen Menschen Kraft zu geben bedeutet, sie bei positiven Veränderungen in ihrem Leben zu unterstützen.

Die Veränderung des Bewußtseins ist ein wichtiger Aspekt Ihres Dienstes an der Welt. Man hilft den Menschen, ihr Bewußtsein zu verändern, indem man ihnen Kraft gibt. Sie ändern ihr Leben, wenn ihnen neue Einsichten und Wahrnehmungen zuteil werden und wenn jemand den tiefsten Teil ihres Wesens erreicht und sie mit seiner Liebe berührt.

Wahrer Dienst kommt in Augenblicken der Offenheit und der Liebe, in denen die Grenzen zwischen Ihnen und Ihren Mitmenschen wegfallen. Er ergibt sich von selbst, wenn Sie die Gleichheit zwischen sich und anderen Menschen spüren, die Göttlichkeit des anderen anerkennen und ihn durch Ihr Handeln stärken. Solche Augenblicke entstehen, wenn

Sie mit einer höheren Macht in Verbindung treten und dadurch für beide – Sie und Ihren Mitmenschen – ein größeres Wohl bewirken. Sie nehmen Verbindung mit dem Höheren Selbst des anderen auf, und Sie beide werden innerlich wachsen. In solchen Augenblicken sind Sie nicht nur Lehrer, sondern gleichzeitig auch Schüler.

Anderen Menschen Kraft zu geben ist etwas anderes, als ihnen einfach nur zu helfen. Wenn jemand hungrig ist, können Sie ihm zu essen geben und ihn vorübergehend bei sich aufnehmen. Bringen Sie ihm dagegen bei, wie man sich selbst Nahrung beschafft, so daß er ständig etwas zu essen hat, dann geben Sie ihm Kraft. Als Heiler können Sie immer wieder die Probleme anderer lösen – oder Sie können ihnen beibringen, wie man seine Probleme selbst löst. Andere zu stärken bedeutet, ihnen Fähigkeiten zu vermitteln, mit deren Hilfe sie ihr Leben selbst in die Hand nehmen können, statt sie immer wieder aus neuen Notlagen zu befreien. Kraft geben bedeutet, die Menschen zu lieben, statt sie zu retten. Fragen Sie sich: «Inwiefern helfe ich diesen Menschen durch mein Handeln, selbständiger und unabhängiger zu werden?»

Wenn Sie einen anderen Menschen unterstützen – zum Beispiel, indem Sie ihm dabei helfen, Lösungen für seine Probleme zu finden –, bleibt er entweder so, wie er ist, oder er verändert sein Leben im positiven Sinn. Wenn er das tut, ist es Ihnen gelungen, sein Bewußtsein zu verändern, und Sie haben wirklich einen wichtigen Beitrag zu seinem Leben geleistet. Jetzt hat er mehr Möglichkeiten und eine höhere Vorstellung von sich und kann sein Leben dadurch verbessern.

Um zur Bewußtseinsveränderung anderer beitragen zu können, muß man zunächst einmal wissen, wo man überhaupt etwas bewirken kann. Es gilt zu erkennen, wann jemand offen für inneres Wachstum ist, und ihm nur dann zu helfen, wenn er auch wirklich dazu bereit ist. Auf diese Weise werden Sie aus diesem Kontakt viel Energie gewinnen, und die Zeit mit dieser Person wird zu Ihrem eigenen Wachstum beitragen.

Es hat keinen Sinn, auf einen Kreuzzug zu gehen und andere davon zu überzeugen, daß sie sich ändern müssen, ehe sie dazu bereit sind. Ein solcher Feldzug zur Reformation der Menschen oder der Gesellschaft verursacht nur Trennung, und man verschwendet dadurch einen großen Teil seiner wertvollen Energie.

Vielleicht fragen Sie sich, wie Sie mithelfen können, die drängenden gesellschaftlichen und umweltpolitischen Probleme unserer Zeit zu lösen. Helfen Sie Ihren Mitmenschen, auf eine höhere Bewußtseinsstufe zu gelangen – das ist das Wichtigste, was Sie tun können. Menschen, die sich auf einer höheren Ebene befinden, werden automatisch mehr Verantwortung für sich selbst, ihre Gesellschaft und ihre Umwelt übernehmen. Leben erst einmal genügend Menschen in einem höheren Bewußtseinszustand, werden sich auch für alle Probleme der Menschheit Lösungen finden.

Man kann das Bewußtsein eines Menschen auf ganz einfache Weise verändern. Im Beisammensein mit Kindern oder Freunden achten Sie beispielsweise darauf, was Sie tun könnten, um eine Veränderung in ihnen zu bewirken. In den Begegnungen mit anderen Menschen überlegen Sie sich, welchen Beitrag Sie zu ihrem Leben leisten können, und nicht, was Sie von ihnen bekommen können. Bei Treffen mit Freunden stellen Sie sich die Frage, was Sie gemeinsam tun könnten, um alle innerlich zu wachsen. Fragen Sie sich auch: «Wie kann ich diesen Menschen mit meinen Worten oder Handlungen dienen?» Immer wenn Sie aus dem Herzen heraus handeln, liebevoll mit anderen Menschen sprechen und ihnen dabei helfen, ihre Göttlichkeit zu erkennen, verändern Sie ihr Bewußtsein.

Selbst bei einem geschäftlichen Treffen mit einem Kunden sollten Sie sich fragen: «Worin besteht das höhere Ziel dieses Besuchs? Wie kann ich einen Beitrag zum Leben dieser Person leisten? Wie kann ich ihr mit meiner Arbeit, meinem Produkt, meinem Rat oder meinem Dienst Kraft geben?» Indem Sie das regelmäßig tun, werden Sie all Ihre freundschaftlichen Beziehungen auf eine höhere Stufe heben und sich rascher weiterentwickeln. Durch Ihre Ausrichtung auf den Dienst an anderen werden Sie unter Umständen wunderbare Überraschungen erleben und geschäftlich viel Erfolg haben.

Eine Frau erfand zum Beispiel Spiele, um ihren Freunden Kraft zu geben, wenn sie mit ihnen zusammen war. Alle sollten so tun, als sei es ein Jahr später, und sich über all das Positive unterhalten, das sie in diesem Jahr erreicht hatten. Sie nutzte jede Gelegenheit, um den Menschen ihre höhere Vision zu entlocken. Sie half ihnen dabei, diese Vision in Worte zu kleiden, und ermutigte sie, sie zu erschaffen. Alle bemühten sich um sie und waren gern mit ihr zusammen.

Man kann das Bewußtsein kleiner Kinder verändern, indem man mit ihrem Höheren Selbst in Verbindung tritt, wenn es auch nur für einen Augenblick ist. Sie sehen vor Ihrem geistigen Auge, wie Ihr Höheres Selbst mit dem des Kindes Kontakt aufnimmt und Ihm im Geiste sagt: «Ich sehe die Schönheit und das Licht in dir. Ich erkenne in dir das großartige Wesen, das du bist.» Im allgemeinen reagiert ein Kind in irgendeiner Weise auf diese schweigende Botschaft, und Sie haben dadurch zu seinem spirituellen Erwachen beigetragen.

Sie können mithelfen, die Schwingung aller Menschen zu erhöhen, indem Sie sich vorstellen, daß alles, was Sie tun, um einer Person Kraft zu geben, auch alle anderen erreicht, die diese Unterstützung nötig haben. Wenn Sie zum Beispiel einem Menschen beistehen, stellen Sie sich dabei vor, daß

Sie allen helfen, die das gleiche Problem haben wie er. Wenn Sie Ihr eigenes Kind lieben und unterstützen, sehen Sie vor Ihrem geistigen Auge, wie Ihre Liebe alle Kinder erreicht, die sie im Augenblick brauchen könnten.

Es ist wichtig, zu unterscheiden, wann man einem Menschen helfen soll und wann nicht.

Es verlangt eine gewisse Menge Energie, um das Bewußtsein eines anderen Menschen auf eine höhere Ebene zu heben. Man muß lernen, wieviel Energie man in diesen Prozeß investieren soll. Vielleicht ist es Ihnen schon einmal gelungen, einem Menschen mit einem kleinen Ratschlag weiterzuhelfen. Er führte die nötigen Änderungen durch und konnte sein Problem lösen. Dieser Kontakt hat Ihnen vermutlich Energie und ein Gefühl der Freude geschenkt.

Andererseits haben Sie vielleicht auch schon einmal viel Energie in die Unterstützung eines Freundes investiert, ohne daß seine Schwierigkeiten, die immer wiederkehrten, gelöst wurden. Sie fühlten sich wahrscheinlich ausgelaugt, weil Sie mit der Energie, die Sie investierten, keine dauerhaften Veränderungen bewirkt haben. Wenn Sie den falschen Zeitpunkt für Ihre Hilfe wählen, oder wenn die betreffende Person nicht offen für Wachstum ist, setzen Sie viel Energie ein und erzielen doch nur geringe Resultate. Sie müssen lernen, wieviel Energie Sie investieren können, ohne sich zu überfordern.

Gibt es Menschen, denen Sie eine Menge Energie senden und die trotzdem nicht wachsen oder die Sie irgendwie als Belastung empfinden? Stellen Sie sich vor, wie Sie diese Last ablegen. Vertrauen Sie diese Personen ihrem eigenen Höheren Selbst an. Es soll ihnen bei ihrem inneren Wachstum helfen. Senden Sie ihnen Licht und geben Sie dann die Verantwortung für ihr Leben auf. Manche unter Ihnen wissen, daß Sie andere mittragen. Sie spüren es an Ihren Schulter- und Rückenbeschwerden. Oft hat man Rückenschmerzen, weil man zuviel Verantwortung trägt – zu viele Lasten, die nicht die eigenen sind.

Je höher Ihr Bewußtsein steht, um so mehr rächt es sich, wenn Sie Ihre Energien dort verschwenden, wo diese nichts bewirken können. Sie werden sich müde oder ausgelaugt fühlen, ja vielleicht sogar krank werden. Gelingt es Ihnen dagegen, bei jemandem eine Veränderung herbeizuführen, so fühlen Sie sich energiegeladen, und Ihr Strahlen wird intensiver. Je mehr Sie innerlich wachsen, um so mehr sollten Sie darauf achten, in welche Personen und Dinge Sie Ihre Zeit und Energie investieren und was für Ergebnisse Sie erzielen.

Empfinden Sie einen Menschen als Belastung, so ist das ein Zeichen, daß es nicht dem höheren Wohl dieses Menschen dient, wenn Sie ihn «auf Ihrem Rücken tragen». Vielleicht hindern Sie ihn durch Ihre Unterstützung daran, etwas zu lernen, oder verlangsamen sein Wachstum. Er wird vielleicht abhängig von Ihnen und will die Verantwortung für sein Leben nicht mehr selbst tragen. Einen Menschen, der durch Ihre Unterstützung rasch wächst, werden Sie niemals als Last empfinden.

Eine Frau hatte eine enge Freundin, deren Leben sich in ständigem Durcheinander befand. Sie hatte hintereinander mehrere unglückliche Beziehungen und fand keine Stellung, die ihr gefiel. Die Frau brachte Stunden damit zu, ihre Freundin zu beraten, und half ihr sogar bei der Suche nach einer guten Stellung. Und doch schien sich nichts zu verändern. Ihre Freundin hatte nach wie vor unglückliche Beziehungen, und keine Stellung war ihr gut genug. Die Frau fühlte sich immer ausgelaugter. Allmählich wurde ihr klar, daß sie die Last ihrer Freundin auf ihren Schultern trug, als wäre sie ihre eigene. Ihre Freundin nutzte ihre Führung und Unterstützung nicht, um innerlich zu wachsen. Da legte die Frau im Geiste die Last ab und sandte ihrer Freundin Licht. Sie teilte ihr auf telepathischem Wege freundlich mit, daß sie nicht mehr daran interessiert war, ihre Probleme für sie zu lösen, daß sie sie aber dennoch so liebte, wie sie war. Bald darauf lernte sie eine neue Freundin kennen, mit der es eine Freude war zusammenzusein. Ihre alte Freundin fand jemand anderen, bei dem sie sich ausweinen konnte, und in ihrem Leben verbesserte sich nichts.

In unseren Bereichen ist es eine große Ehre, anderen Menschen dienen zu dürfen. Es erfordert große Strebsamkeit und Selbstbeobachtung, und man muß spirituell auf einer hohen Stufe stehen, um das zu können. Der Grad der Meisterschaft eines Wesens zeigt sich an der Tragweite der Veränderung, die es mit seiner Energie bewirken kann. Wenn Sie Meisterschaft erlangen, lernen Sie, am richtigen Ort und zum richtigen Zeitpunkt ein geringes Maß an Energie zu investieren und damit eine enorme Veränderung zu bewirken, die vielen Menschen hilft.

Das habe ich Sanaya als mein Hauptkriterium für unsere Zusammenarbeit ans Herz gelegt: Alles, was wir tun, muß einen dauerhaften, bedeutsamen Beitrag zum Leben anderer Menschen darstellen. Ich kann Ihnen am besten dienen, indem ich Sie Ihre eigene Kraft direkt erfahren lasse. Das kann getan werden, indem ich Ihnen zeige, wie man höhere Bewußtseinszustände erlangt, und Ihnen andere Fähigkeiten vermittle, mit deren Hilfe Sie die Antworten auf Ihre Fragen selbst finden können. Ich kann es aber auch tun, indem ich Sie einfach liebe und Ihnen einen Spiegel vorhalte, in dem Sie Ihre Schönheit, Ihre Weisheit und Ihr Mitgefühl erkennen können.

Ehe ich mit jemandem eine Arbeit beginne, frage ich

mich: «Wie groß ist meine Chance, zum Leben dieses oder dieser Menschen einen dauerhaften, wertvollen Beitrag zu leisten?» Ich überblicke alle Bereiche, in die ich meine Energie investieren könnte, und entscheide mich dann für das Gebiet, auf dem ich bei den Menschen die größte Veränderung bewirken kann.

Sie können direkt mit dem Höheren Selbst anderer Menschen sprechen.

Werden Sie innerlich ruhig und fragen Sie das Höhere Selbst eines anderen Menschen im Geiste, ob Sie diesen Menschen unterstützen sollen oder ob er erst noch aus seinen Problemen lernen muß. Dann werden Sie deutlich spüren, ob es richtig ist, dieser Person zu helfen, oder nicht. Wenn Sie keine Antwort erhalten, warten Sie mit Ihrer Hilfe noch ein bißchen und fragen Sie später noch einmal. Unternehmen Sie nichts, ehe Sie nicht das deutliche Gefühl haben, daß es richtig ist, dem Betreffenden so zu helfen, wie Sie es sich vorstellen.

Sie können auch Ihr eigenes Höheres Selbst um ein Symbol, ein Bild oder eine Botschaft bitten, die Ihnen verrät, ob jemand bereit ist, innerlich zu wachsen, und wieviel Unterstützung er dazu braucht. Wenn dieser Mensch für Ihre Unterstützung bereit ist, fragen Sie, womit Sie die größte Veränderung in seinem Leben bewirken können. Manche sind noch nicht bereit, innerlich zu wachsen oder sich zu verändern. Dann lieben Sie sie einfach, erkennen Sie ihre Göttlichkeit an und lassen Sie sie so sein, wie sie sind.

Eine Frau investierte ungeheuer viel Energie, um einem deprimierten Freund zu helfen, und war ganz erschöpft, als sie merkte, daß der Freund auf ihre Ermutigungsversuche gar nicht reagierte. Sie bat um ein Symbol für seine innere Verfassung und sah ihn vor ihrem geistigen Auge als sehr harten, trockenen Boden, auf dem ein paar Wassertropfen standen. Das Wasser konnte nicht einsickern, weil die Erde zu trocken und zusammengepreßt war. Da erkannte sie, daß sie – das Wasser – nicht zu ihm durchdringen konnte und mit ihren Versuchen, ihm zu helfen, nur ihre Energie verschwendete. Sie sandte ihm Licht und eine geistige Botschaft, daß sie ihn liebte, und hörte auf, ihre Energie in seine Richtung auszusenden.

Wenn Sie sich auf einen Menschen einstimmen, ehe Sie ihn zu unterstützen versuchen, und das Gefühl bekommen: «Nein, ich sollte ihm jetzt nicht helfen», dann senden Sie ihm einfach Licht, das er so nutzen kann, wie er es möchte, und lösen Sie sich von dem Gefühl des Unbehagens, das Sie vielleicht bei dem Gedanken daran beschleicht, daß er seine Lektionen selbst lernen muß. Manchmal werden Sie gar keine Botschaft empfangen, sondern nur ein gewisses Widerstreben bei der Vorstellung empfinden, dieser Person zu helfen. Sie müssen sich darüber klarwerden, daß die Menschen nicht immer bereit sind, ihre Krise oder ihr Problem loszulassen. Es gibt Zeiten, in denen man beim besten Willen keine Veränderung bei ihnen bewirken kann, selbst wenn man noch soviel Energie in ihre Richtung ausstrahlt. Ihr Höheres Selbst hat sie in diese Situationen gebracht, um ihnen zu innerem Wachstum zu verhelfen, und vielleicht lernen sie im Augenblick immer noch daraus. Wenn Menschen für eine Veränderung bereit sind, spüren Sie selten einen inneren Widerstand bei dem Gedanken, ihnen beizustehen.

Um anderen zu dienen, brauchen Sie Mitgefühl und Distanz. Mitgefühl bedeutet, ihnen klarzumachen, was sie gerade lernen, und sie das Positive sehen zu lehren, das in ihren Erfahrungen liegt. Man muß sie ruhig dabei beobachten können, wie sie ihre Lektionen lernen, die sie sich selbst ausgesucht haben. Man muß wissen, daß diese Menschen zwar jetzt vielleicht auf der Persönlichkeitsebene leiden, daß ihr Leiden ihnen aber bei der Geburt eines neuen, stärkeren Selbst helfen wird. Unterstützen Sie sie, indem Sie sie auf das Positive aufmerksam machen, das ihre Probleme mit sich bringen – zum Beispiel können sie daraus Selbstliebe, Mitgefühl, Geduld, innere Stärke und andere positive Eigenschaften lernen.

Unterstützen Sie Ihre Mitmenschen auf der Ebene ihres geistigen Fassungsvermögens. Ehe ein Mensch erkennt, daß er sich seine Realität selbst schafft, ist er häufig nur ein Opfer des Schicksals oder der Umstände. Wenn Sie ihm jetzt sagten, daß er sich seine Lebensumstände selbst geschaffen hat, würde ihn das wahrscheinlich nur zurückwerfen – er bekäme Schuldgefühle. Wenn ein Mensch, den Sie kennen, krank ist, aber noch nicht die Bewußtseinsebene erreicht hat, um zu begreifen, daß er diese Krankheit selbst geschaffen hat, um innerlich zu wachsen, würde er sich nur elender fühlen, wenn Sie ihm jetzt sagten, daß er für seine Krankheit selbst verantwortlich ist. Unterstützen Sie die Menschen auf der Bewußtseinsebene, auf der sie sich gerade befinden. Zeigen Sie ihnen erst, wie sie sich ihre Probleme selbst geschaffen haben, wenn sie innerlich bereit sind, es zu sehen.

Ein Einzelner kann eine enorme Veränderung bewirken.

Als Diener der Welt gliedern Sie sich in jene Gemeinschaft höherer Wesen ein, die zusammenarbeiten, um anderen Licht zu bringen und sie auf eine höhere Entwicklungsstufe zu heben. Dadurch wird sich Ihr eigenes Wachstum beschleunigen, und Sie werden Menschen und Situationen, bei denen Sie Veränderungen bewirken können, magnetisch anziehen. Sie können der Welt in allen Bereichen dienen, zu denen Sie sich hingezogen fühlen – Friedensarbeit, Ökologie, Erziehung, Kunst, Medizin, Wissenschaft, Metaphysik und so weiter. In jedem Beruf kann man der Menschheit von Nutzen sein. Beginnen Sie gleich jetzt damit, anderen Menschen zu dienen und Kraft zu geben. Sie sind genau am richtigen Platz dafür.

Um einen anderen aufwecken zu können, müssen Sie selbst innerlich brennen, von Ihrem eigenen inneren Licht durchdrungen sein. Eines der größten Geschenke, die Sie der Welt machen können, besteht darin, enthusiastisch und energiegeladen zu sein, Ihre Arbeit und Ihr Leben zu lieben. Ziehen Sie mit Ihrer Begeisterung andere Menschen an. Strahlen Sie die Eigenschaften aus, die Sie sich bei anderen Menschen wünschen.

Je mehr Sie innerlich wachsen, um so leichter wird Ihnen alles fallen. Sie dürfen sich aber nicht mit Ihren Erfolgen brüsten. Statt sich auf Ihre eigenen Leistungen zu konzentrieren, sollten Sie lieber die Leistungen Ihrer Freunde anerkennen. Sprechen Sie anderen Menschen Ihre Anerkennung aus, wann immer sie eine höhere Ebene erreicht oder etwas Wichtiges geschafft haben.

Es genügen nur ein paar Menschen, die auf einer höheren Schwingungsebene leben, um das Tor für viele andere zu öffnen. Der Dienst an der Welt ist einer der schnellsten Wege zur Erleuchtung. Er wird Ihnen Freude, Fülle und innere Befriedigung bringen. Nutzen Sie jede Gelegenheit, die sich Ihnen bietet, anderen Menschen zu dienen und ihnen Kraft zu geben. Dann wird der Dienst an der Menschheit Ihr Weg zur Erleuchtung sein.

Wie man durch Dienst an der Welt zur Erleuchtung gelangt

Meditation

Mit dieser Meditation bitten Sie darum, der Welt besser dienen zu können.

Meditationsschritte:

Wenn Sie möchten, legen Sie einen Kristall bereit, den Sie während dieser Meditation in der Hand halten können.

1. Rufen Sie Licht herbei und stellen Sie sich vor, in einem Lichtkokon zu einem Tempel zu schweben, in dem viele höhere Wesen versammelt sind. Sobald Sie sich diesem Tempel nähern, spüren Sie die herrliche Energie des Friedens, der Liebe und der Freude, die darin herrscht. Sie werden von Ihrem Höheren Selbst begrüßt. Es führt Sie in die Mitte eines Kreises, der von vielen höheren Wesen gebildet wird. Sie werden jetzt an einer Zeremonie teilnehmen, in der Ihr Wunsch gefeiert wird, der Welt besser zu dienen.

2. Ihr Höheres Selbst und die höheren Wesen halten Ihnen ein symbolisches Tor auf. Das ist das Tor zu Ihrem höheren Weg und zum Dienst an der Welt. Jenseits dieses Tores liegt viel Licht und rasches spirituelles Wachstum. Wenn Sie durch dieses Tor gehen, wird sich vieles in Ihrem Leben verändern. Sie werden mehr Gelegen-

heiten anziehen, einen sinnvollen Beitrag zur Welt zu leisten. Sie verpflichten sich damit wirklich, der Welt mehr zu dienen als bisher. Denken Sie also reiflich darüber nach. Wenn Sie bereit sind, gehen Sie durch das Tor.

3. Nachdem Sie das Tor durchschritten haben, werden nacheinander viele höhere Wesen auf Sie zukommen und Ihnen Geschenke überreichen, die Ihnen bei Ihrem Dienst an der Welt helfen sollen. Stellen Sie sich einige dieser Wesen und ihre Geschenke vor. Erkennen Sie die Liebe und Unterstützung, die Ihnen bei der Verwirklichung Ihres höheren Ziels zuteil wird.

4. Nehmen Sie den Kristall in die Hand und halten Sie ihn an Ihr Herz. Bitten Sie darum, der Welt besser dienen zu können als bisher, und bekräftigen Sie, daß Sie dazu bereit sind. Bitten Sie auch um mehr Offenbarungen über Ihr höheres Ziel und den Dienst an der Welt. Ihr Höheres Selbst und die höheren Wesen werden Ihrem Kristall Energie verleihen und auch Ihnen Energie für Ihren Dienst an der Welt senden. In Zukunft wird Ihr Kristall Ihrem Dienst an der Welt Energie vermitteln, wenn Sie ihn in der Hand halten.

5. Ihr Höheres Selbst kommt auf Sie zu, und Sie beginnen mit Ihm zu verschmelzen, bis Sie ganz mit Ihm eins geworden sind. Die höheren Wesen fordern Sie dazu auf, gemeinsam mit ihnen einen Aufruf zum Erwachen an alle Menschen auszusenden, die jetzt bereit sind, sich ihres Höheren Selbst bewußt zu werden. Laden Sie sich mit Licht auf, und lassen Sie dieses Licht dann aus sich herausströmen, so daß es mit dem Licht der höheren

Wesen verschmilzt. Dieses Licht wird an alle Menschen gesandt, die in diesem Augenblick erwachen und sich ihres eigenen inneren Lichts bewußt werden. Sie werden zu einer Quelle des Lichts und des Erwachens für andere. Fühlen Sie, wie Energie Sie durchströmt.

6. Wenn Sie dem Höheren Selbst eines anderen Menschen eine Botschaft übermitteln möchten, können Sie das jetzt tun. Gestalten Sie diese Botschaft so liebevoll und edel, wie Sie können. Bitten Sie Ihr Höheres Selbst, Ihre Energie noch mehr zu verschönern, und senden Sie dann Energie aus Ihrem Herzen zum Herzen der Person, die Sie mit Ihrer Botschaft erreichen möchten.

7. Bleiben Sie so lange in dem Tempel, wie Sie sich dort wohl fühlen. Sobald Sie zum Gehen bereit sind, danken Sie den höheren Wesen im Geist und verabschieden Sie sich von ihnen. Kehren Sie ins Zimmer zurück und spüren Sie, wieviel intensiver Ihr Licht und Ihr innerer Frieden geworden sind.

Indem Sie anderen Menschen Licht senden, verstärken Sie Ihre eigene Ausstrahlung und beschleunigen Ihr spirituelles Wachstum. Sobald Sie sich zu einer größeren Quelle des Lichts für die Menschheit entwickeln, werden Ihnen höhere Wesen ständig Licht, Energie und Liebe senden, um Ihnen bei Ihrer Arbeit zu helfen.

17
Lüften Sie die Schleier der Illusion

Die Schleier der Illusion zu lüften bedeutet, sich daran zu erinnern, wer Sie sind und worin das höhere Ziel Ihres Lebens besteht. Es gilt über die Illusionen hinauszuwachsen, die daraus entstehen, daß Sie in der Dichte der Materie leben und sich an die Wahrheit der höheren Bereiche erinnern. Sie müssen erkennen, daß Ihr Bewußtsein Ihre eigentliche, ursächliche Realität ist. Lernen Sie, die Welt durch die Augen Ihres Höheren Selbst zu sehen. Werden Sie sich darüber klar, was Wahrheit und was Illusion ist.

Ihre Realität und Ihre Wahrheit hängen von Ihrer Schwingungsfrequenz ab. Je höher Ihre Schwingung ist, um so mehr können Sie sich selbst lieben und andere Menschen mit Mitgefühl betrachten. Auf einer bestimmten Schwingungsebene ist Rache vielleicht ein Weg, mit dem Gefühl fertig zu werden, daß einem unrecht getan worden ist. Rache ist also die Wahrheit des Menschen, der auf dieser Ebene steht. Doch sobald er eine höhere Schwingung erreicht, begreift er vielleicht Ursache und Wirkung und weiß, welche Macht darin liegt, dem Menschen, der ihm unrecht getan hat, Liebe zu senden. Wenn Ihre Frequenz höher wird, erweitert sich auch Ihre Wahrheit, und die Schleier der Illusion verschwinden.

Illusionen versprechen Ihnen etwas, geben Ihnen aber in Wirklichkeit etwas ganz anderes. Diese Erfahrung haben Sie vielleicht auch schon einmal gemacht, wenn Sie etwas bekamen, was Sie sich wünschten, und es Ihnen dann gar nicht das gab, was Sie erwartet hatten. Eine Frau glaubte, all ihre Probleme mit ihrem Mann würden sich lösen, wenn sie ein Baby bekäme. Als sie das Kind hatte, stellte sie fest, daß es ihr viel Freude schenkte, die Probleme mit ihrem Mann aber nicht aus dem Weg räumte. Viele Menschen glauben, materieller Wohlstand werde all ihre Schwierigkeiten lösen. Doch sobald sie dann Geld anhäufen, stellen sie häufig fest, daß ihre Probleme sich dadurch nur noch verschlimmern – es sei denn, sie arbeiten direkt an deren Lösung. Schließlich erkennen sie, daß Geld ihnen keinen inneren Frieden bringt, ihre Beziehungsschwierigkeiten nicht lösen und ihnen auch kein Gefühl der Sicherheit geben kann. An diesen Problemen müssen sie direkt arbeiten.

Wie könnte Ihr Leben sich verändern, wenn alle Illusionen fort wären und Sie eine höhere Wahrheit kennen würden? Dann würden Sie die Dinge erschaffen, die Ihnen Erfüllung schenken und Ihre Identität am besten darstellen. Sie könnten Situationen genau einschätzen und wüßten, was Sie tun müssen, um die Ergebnisse zu erzielen, die Sie sich wünschen. Sie wüßten, auf welcher Ebene Sie mit anderen Menschen sprechen und zusammenarbeiten müssen, denn Sie würden genau erkennen, auf welcher Stufe der Entwicklung und des Verständnisses diese stehen. Sie würden die Dinge so sehen, wie sie sind, über den bloßen Schein hinwegschauen und die Realität erkennen. Sie würden nicht unbedingt alles glauben, was man Ihnen erzählt. Sie wüßten genau, was für Sie wahr ist. Und Sie würden zu

Ihren Glaubensvorstellungen stehen, selbst wenn andere Menschen in Ihrer Umgebung etwas anderes glaubten.

Sie hätten eine klare Vision Ihres Ziels vor Augen und wüßten, was Sie tun müssen, um es zu erreichen. Sie würden durch die Persönlichkeit der Menschen hindurchschauen und ihr Höheres Selbst wahrnehmen. Sie würden sich niemals durch Selbstzweifel oder den Gedanken, nicht gut genug zu sein, von Ihrem Weg abbringen lassen. Der Glaube an sich selbst und an Ihren Weg würde Ihnen Kraft und Mut geben, Ihre Lebensaufgabe auszuführen.

Als Sie noch klein waren, wollten manche von Ihnen ihre Realität nicht so sehen, wie sie war, und verschlossen allmählich ihre Augen. Manche reduzierten tatsächlich ihre «Sehkraft» und mußten eine Brille tragen. Bekräftigen Sie, daß Sie jetzt bereit sind, die Welt klar und deutlich zu sehen. Manche Menschen stellen fest, daß ihr Augenlicht sich verbessert, wenn sie beschließen, die Schleier der Illusion zu lüften und die Welt so zu sehen, wie sie wirklich ist.

Geben Sie Ihre Werturteile auf und durchschauen Sie die Illusionen.

Werturteile hindern Sie daran, die Dinge so zu sehen, wie sie sind. Lernen Sie beobachten, ohne zu vergleichen, Ihre Gedanken in andere Menschen hineinzuprojizieren, Ereignisse zu bewerten oder mit Ihren eigenen Erfindungen auszuschmücken.

Nehmen wir an, Sie beobachten einen Sonnenuntergang. Darüber könnten Sie sagen: «Sanft legte sich die warme, liebevolle Sonne hinter den müden alten Hügeln zur Ruhe, seufzte und breitete ihre letzten Strahlen über das Land.» Sie können aber auch sagen: «Die Sonne ging hinter den Hügeln unter, und am Himmel waren goldene und rote Streifen.» Dann haben Sie den Vorgang so beschrieben, wie er war, ohne ihn zu interpretieren oder Ihre Gefühle in ihn hineinzuprojizieren. Wie sehr färben Sie Ihre Wahrnehmungen mit Ihren Werturteilen, Projektionen oder Deutungen? Üben Sie, sich selber alle Dinge so zu beschreiben, wie sie sind, ohne sie mit erfundenen Geschichten auszuschmükken. Dann werden Sie die Illusionen durchschauen, die Sie mit Ihren Wahrnehmungen erschaffen.

Um zu begreifen, wie sehr Sie Ihre Gefühle in andere Menschen und Dinge hineinprojizieren, nehmen Sie einmal irgendeinen Gegenstand und legen Sie ihn vor sich hin. Beschreiben Sie sich im Geiste, wie er aussieht. Dabei werden Sie vielleicht erkennen, wieviel von Ihrem eigenen Weltbild Sie in andere Personen und Gegenstände hineinlegen. Ein Mädchen, das einen Stuhl beschreiben sollte, erklärte, er sehe müde aus und sei es leid, daß die Menschen den ganzen Tag auf ihm säßen, ohne ihm für seine Dienste dankbar zu sein. Sie projizierte ihr Gefühl, daß die Menschen sie «ausnutzten» und undankbar seien, in den Stuhl hinein.

Wenn Sie andere Menschen beurteilen, projizieren Sie häufig Ihre Ansichten über die Realität in sie hinein. Damit beschreiben Sie sie aber unter Umständen ganz falsch! Wenn Sie zum Beispiel in einem Geschäft sehen, wie eine Mutter ihre Kinder anschreit, denken Sie wahrscheinlich, daß das eine schlechte Mutter ist. Aber in Wirklichkeit ist sie vielleicht nur müde oder nervös – oder sie tut genau das, was für die Kinder im Augenblick richtig ist. Senden Sie ihr Liebe, dann tragen Sie mehr dazu bei, sie auf eine höhere Ebene zu heben, als durch ein negatives Werturteil. Sobald Sie über Ihre Werturteile hinauswachsen und lernen, die Menschen mit den Augen des Mitgefühls zu sehen, werden Sie sich immer mehr mit ihnen eins fühlen.

Beobachten Sie die Menschen, ohne über sie zu urteilen. So werden Sie sie intuitiv besser erkennen. Entdecken Sie an jedem etwas Schönes und üben Sie, Ihren Mitmenschen durch Ihre Augen und Ihr Herz Licht oder Liebe zu senden. Sie können anderen nicht dienen, wenn Sie durch Ihr Urteil eine Trennung schaffen. Ihr Höheres Selbst und wir, Ihre spirituellen Führer, beurteilen Sie nicht. Wir senden Ihnen einen ständigen Strom der Liebe und konzentrieren uns darauf, wie gut und wie schön Sie sind. Dadurch, daß wir unser Augenmerk auf das Gute in Ihnen richten, geben wir Ihnen die Kraft, Ihre Möglichkeiten auszuschöpfen.

Vielleicht machen Sie sich über manche Menschen Illusionen, weil Sie an ihnen hängen. Viele von Ihnen sind von Natur aus Heiler und spirituelle Lehrer, daher haben Sie die Fähigkeit, zu erkennen, wie Menschen ihr Potential besser ausschöpfen könnten. Manche warten sehnsüchtig auf den Tag, an dem die Personen, die sie lieben, alle Möglichkeiten verwirklichen, die in ihnen stecken. Sie möchten sie vielleicht gar nicht so sehen, wie sie jetzt sind. Es ist zwar gut, ein hohes Bild von seinen Mitmenschen zu haben, aber es ist auch wichtig, sie klar und deutlich zu sehen und sie so zu lieben, wie sie im Augenblick sind.

Machen Sie sich nur Vorstellungen darüber, wie ein Mensch in Ihrer Umgebung eines Tages werden könnte, ohne ihn so zu akzeptieren, wie er jetzt ist? Oder sehen und lieben Sie die Menschen, die Ihnen nahestehen, illusionslos? Sie können ihnen bei ihrem Wachstum helfen, indem Sie sich mehr auf ihre Stärken als auf ihre Schwächen konzentrieren. Erkennen Sie ihre Göttlichkeit an.

Illusionen können sich einstellen, wenn Sie etwas nur oberflächlich betrachten und Ihr Blick den äußeren Schein nicht durchdringt, um zu prüfen, was im Inneren steckt. Das ist so, als kauften Sie ein Haus, das Sie sich nur von außen angesehen haben. Manchmal tun Sie genau das mit anderen Menschen, wenn Sie sie nur aufgrund ihres Äußeren beurteilen, ohne sie richtig kennenzulernen. Großen Meistern fällt es nicht schwer, sich unerkannt unter Ihnen aufzuhalten. Sie nehmen einfach die Erscheinung eines Menschen an, der nicht so aussieht, wie Sie sich ein höheres Wesen vorstellen!

Lernen Sie, die Menschen besser zu erkennen, indem Sie über die Rollen hinausblicken, die sie spielen. Damit durchdringen Sie den äußeren Schein und erkennen die Wirklichkeit ihres Höheren Selbst. Setzen Sie die Tätigkeiten anderer zu deren höherem Ziel in Beziehung. Eine Stenotypistin zum Beispiel nutzt eventuell ihre berufliche Fähigkeit, um zu lernen, wie man seinen Geist mit seinen Händen in Verbindung bringt. Das kann für sie ein notwendiger Schritt sein, der ihr ihren höheren Weg eröffnet – vielleicht ist es ihr bestimmt, eines Tages durch ihre Hände zu heilen. Ein Zimmermann lernt aus seinem Beruf möglicherweise, seine und anderer Menschen Visionen aus der abstrakten mentalen Ebene in die physische Realität umzusetzen. Denken Sie einmal über einen Ihrer Freunde und dessen Beruf nach. Versuchen Sie in diesem Beruf einen tieferen Sinn zu entdecken. Sie können die Identität eines Menschen nie aus seinen irdischen Aktivitäten ablesen.

Es ist eine Illusion, zu glauben, ein spirituell hochentwikkelter Mensch müsse unbedingt berühmt oder deutlich als spiritueller Führer erkennbar sein. Viele höhere Wesen leben für sich allein und arbeiten auf telepathischem Wege auf den inneren Realitätsebenen. Dort senden sie Frieden aus und helfen erwachenden Seelen, die um geistige Führung bitten. Viele sind in unauffälligen, dienenden Positionen tätig, zum Beispiel als Gärtner, Lehrer, Töpfer oder Hausmeister. Nur ein paar höhere Wesen geben sich deutlich als solche zu erkennen. Ruhm und Wohlstand sind kein Zeichen für die Erleuchtung eines Menschen. Sowohl hochentwickelte als auch wenig entwickelte Menschen können beides besitzen.

Illusionen entstehen dadurch, daß Sie die Gedanken und Glaubensvorstellungen anderer Menschen akzeptieren, ohne sich zu fragen, welchen Wert sie für Sie haben.

Kollektive Glaubensvorstellungen können Illusionen schaffen. Ganze Völker können etwas für wahr halten, bis ihnen jemand beweist, daß sie sich getäuscht haben. Früher glaubte man, daß die Sonne sich um die Erde dreht. Ein paar Menschen haben den Gang der Geschichte verändert, indem sie solche kollektiven Glaubensvorstellungen in Frage stellten und den Mut hatten, neuen Theorien nachzugehen.

Sie sind die Heiler, Lehrer und Führer. Sie sind auf die Erde gekommen, um neue Möglichkeiten zu schaffen und höheren Wahrheiten über die Fülle, den planetaren Frieden, Ökologie und andere Themen Geltung zu verschaffen. Dazu müssen Sie die Welt klar und deutlich sehen. Akzeptieren Sie die Dinge nicht einfach, nur weil es die anderen auch tun. Stellen Sie alles, was Sie hören und lesen in Frage. Lernen Sie, über die allgemein anerkannten Wahrheiten hinauszublicken und Ihre eigene Wahrheit zu entdecken. Mit Ihren Ideen über Ernährung, Heilen durch Energie, Ökologie, Frieden, Menschenrechte, die Rechte der Tiere und anderes bringen Sie eine höhere Wahrheit auf die Erdebene. Folgen Sie Ihrem Herzen und glauben Sie an Ihre Wahrheit und nicht daran, was andere Menschen oder die Gesellschaft Ihnen einreden. Wenn Sie entdecken, was für Sie wahr ist, werden Sie mit Ihrem Beispiel auch anderen Menschen helfen, einen höheren Weg zu finden.

Wie lüftet man die Schleier der Illusion? Bitten Sie Ihr Höheres Selbst, diese Schleier zu heben, und seien Sie bereit, zu sehen, was Ihnen offenbart wird. Stellen Sie Dinge in Frage, die Sie früher als selbstverständlich hingenommen haben. Erforschen Sie neue Gebiete. Stellen Sie sich vor, daß Sie ein kleines Kind sind oder gerade erst auf diesen Planeten gekommen sind und alles zum erstenmal erkunden.

Integrität bedeutet, nach der Wahrheit zu leben, die Sie kennen.

Integrität ist ein wichtiger Aspekt des spirituellen Wachstums. Integrität bedeutet, so zu handeln, zu sprechen und sich zu verhalten, daß Sie damit sich selbst und anderen Menschen gerecht werden. Es bedeutet, all Ihre Handlungen vorher zu durchdenken und nur diejenigen auszuführen, von denen Sie wissen, daß sie Ihrer inneren Wahrheit entsprechen. Wenn Sie in Integrität – das heißt im Einklang mit Ihren Glaubens- und Wertvorstellungen – leben, wird Ihr inneres Wachstum sich beschleunigen und freudvoller sein. Durch Integrität wird Klarheit und Ordnung in alle Bereiche Ihres Lebens einkehren. Prüfen Sie die Gelegenheiten, die sich Ihnen bieten, und ergreifen Sie sie nicht, weil sie verlockend sind, sondern nur, wenn Sie dadurch wirklich etwas für andere beisteuern können.

Um die Schleier der Illusion lüften zu können, müssen Sie Ihre Wahrheit erkennen und aus Ihrer Integrität heraus handeln. Vielleicht spüren Sie die Herausforderung, anderen Menschen gegenüber mehr aus Ihrem Herzen als aus Ihrem Willen heraus zu begegnen. Wenn Sie Ihrem Herzen folgen, werden Sie eine höhere Wahrheit finden. Sie können zum

Beispiel eine höhere Wahrheit entdecken, indem Sie sich auf den Dienst an anderen Menschen konzentrieren. Versetzen Sie sich stets in Ihre Mitmenschen hinein und tun Sie nur das, was ihm *und* Ihnen gerecht wird. Erkennen Sie Ihre tieferen Werte und verwirklichen Sie sie in Ihrem Leben. Finden Sie einen Weg, auf dem Sie beide etwas gewinnen, statt zu glauben, daß es nur einen Gewinner und einen Verlierer geben kann.

Es erfordert Mut, aus seiner Integrität heraus zu handeln und die Illusionen zu durchschauen. Ehe Sie die Schleier der Illusion lüften, sind Sie vielleicht gar nicht sicher, ob Ihnen das, was Sie dann sehen, auch gefallen wird. Doch sobald Sie sie gelüftet haben, werden Sie die Wahrheit klarer sehen lernen und Ihr Höheres Selbst und das anderer Menschen erkennen. Sie werden in der Lage sein, sich auf Ihr höheres Ziel zu konzentrieren, und Ihre eigene Autorität zu sein. Es wird sich für Sie lohnen, die Schleier der Illusion zu beseitigen; denn wahre spirituelle Kraft erwächst nur aus der Fähigkeit, klar zu sehen.

Wie man die Schleier der Illusion lüftet

Meditation

Diese Meditation soll Ihnen dabei helfen, die Schleier der Illusion zu heben und die Realität zu erkennen. Sie werden Ihre Wahrheit erfahren und sehen, was auf Ihrem Lebensweg liegt und was nicht.

Meditationsschritte:

1. Tun Sie einen tiefen Atemzug, entspannen Sie sich und rufen Sie Licht herbei. Reisen Sie in Ihrem Lichtkokon zu dem Tempel, in dem viele höhere Wesen versammelt sind. Ihr Höheres Selbst empfängt Sie und führt Sie in einen schönen Hof. Jetzt kommen noch viele andere höhere Wesen auf Sie zu. Ihr Höheres Selbst steht neben Ihnen.

2. Ihr Höheres Selbst fragt Sie jetzt, ob Sie auch wirklich bereit sind, die Schleier der Illusion zu lüften. Versenken Sie sich in sich selbst und entscheiden Sie, ob Sie bereit sind, die Realität klar und deutlich zu sehen und andere Menschen ohne Illusionen zu betrachten. Sind Sie bereit, Ihre eigene Autorität zu sein und auf Ihre eigene Weisheit zu vertrauen? Ohne diese Schleier wird Ihre Welt anders aussehen.

3. Sobald Sie sich über Ihre Bereitschaft, ohne Illusionen zu leben, klargeworden sind, werden alle höheren Wesen

in dem Tempel Ihnen helfen, indem sie Ihnen Licht senden, während Ihr Höheres Selbst beginnt, die Schleier zu heben. Sagen Sie: «Ich bin bereit zu WISSEN. Ich bin bereit zu SEHEN. Ich bin bereit, Wahrheit zu SEIN.» Während Sie diese Worte aussprechen, stellen Sie sich vor, daß alle höheren Wesen um Sie herum Ihnen Licht und Energie senden, um Ihnen beim Heben der Schleier zu helfen. Tun Sie einen tiefen Atemzug und spüren Sie, wie die Schleier gelüftet werden.

4. Sobald die Schleier fort sind, beginnen Sie mit Ihrem Höheren Selbst zu verschmelzen. Spüren Sie, wie Ihr Höheres Selbst sich nun, da Sie bereit sind, die Wahrheit zu wissen, zu sehen und zu sein, noch stärker mit Ihnen vereint. Sie und Ihr Höheres Selbst sind jetzt eins.

5. Lassen Sie sich von dem Gefühl der Freude und des Jubels durchströmen, das das Lüften der Schleier mit sich bringt. Sie sind jetzt in der Lage, die Realität in allen Bereichen Ihres Lebens durch die Augen Ihres Höheren Selbst zu sehen. Sitzen Sie eine Zeitlang in diesem Licht da und stellen Sie sich vor, daß die Sonne auf Sie herabscheint und alle Nebel auflöst, die Sie bisher daran gehindert hatten, klar zu sehen. Fühlen Sie, wie offen und klar Sie jetzt werden, wie Sie sich innerlich erweitern.

6. Was sich ereignet hat, ist sehr real. Sie werden jetzt *tatsächlich* beginnen, die Dinge anders zu sehen. Ihre Sichtweise wird sich so rasch verändern, wie es für Sie angenehm ist und mit Ihrem inneren Wachstum im Einklang steht. Sonnen Sie sich in dem Licht und der Liebe

um Sie herum. Wenn Sie dazu bereit sind, kehren Sie in das Zimmer zurück, in dem Sie mit der Meditation begonnen haben.

18
Wie man als sein Höheres Selbst kommuniziert

Je mehr Sie wachsen und sich weiterentwickeln, eine um so größere Wirkung werden Ihre Worte und Gedanken auf andere haben. Ihre positiven Gedanken und Visionen über Ihre Mitmenschen werden diese emporheben. Durch Kritik dagegen werden Sie sie hemmen und ihre Energien schwächen. Um weiterkommen zu können, müssen Sie die Macht Ihrer Worte erkennen lernen. In den höheren Bereichen hat jeder Klang, jeder Gedanke und jedes gesprochene Wort enorme Auswirkungen. Lernen Sie also, auf liebevolle Weise zu kommunizieren.

Es gibt viele Kommunikationsmöglichkeiten: die telepathische Kommunikation, bei der Botschaften im Geist ausgesandt und empfangen werden, die Körpersprache, bei der man sich durch seine Bewegungen und Gesten und seine Körperhaltung ausdrückt, und die verbale Kommunikation. Sie können lernen, als Ihr Höheres Selbst mit anderen Menschen zu kommunizieren. Wenn Sie das tun, werden Sie Ihren Mitmenschen Liebe und Energie schenken und das gleiche zurückerhalten. Wenn Sie als Ihr Höheres Selbst sprechen, werden die Menschen in Ihrer Umgebung für alles, was Sie zu sagen haben, offen und empfänglich sein. Sie werden in der Lage sein, klar und präzise die Wahrheit zu sagen und Frieden und Harmonie zu schaffen.

Die Kommunikation als Höheres Selbst beginnt im Herzen.

Es ist wichtig, daß alles, was Sie sagen, aus dem Herzen kommt. Indem Sie Liebe in Ihre Worte legen und es Ihnen wirklich auf das höchste Wohl der anderen Menschen ankommt, bauen Sie eine echte Beziehung zu ihnen auf. Wenn Sie Ihre Worte sorgfältig wählen und dabei den Dienst an den anderen im Auge haben, geben Sie ihnen damit Kraft für ihr inneres Wachstum. Haben Sie die feste Absicht, mit dem, was Sie sagen, dem höchsten Wohl anderer zu dienen, werden Ihre Worte immer stärker die Fähigkeit erhalten, das Bewußtsein Ihrer Mitmenschen zu erreichen und zu verändern. Ehe Sie jemanden treffen oder zum erstenmal mit ihm reden, sprechen Sie im Geiste aus Ihrem Herzen zu seinem. Bitten Sie darum, daß aus Ihrem Zusammensein das höchste Wohl erwachsen möge.

Der Klang ist eine sehr wirkungsvolle Kraft, die in der Lage ist, ein höheres Bewußtsein zu schaffen. Das gilt sowohl für den Klang Ihrer Stimme als auch für Musikinstrumente. In diesem Zeitalter sind viele von Ihnen auf die Erde gekommen, um zur Bewußtseinshebung mit Hilfe von Klängen beizutragen. Sie werden sich vielleicht in Situationen wiederfinden, wo Sie durch den Klang Ihrer Stimme auf andere Menschen einwirken oder Musik komponieren, ein Instrument spielen, Botschaften von höheren Wesen weitergeben oder anderes.

Jede Kommunikation fängt mit einer telepathischen Verbindung an, ob Ihnen das bewußt ist oder nicht. Ehe Sie zu sprechen beginnen, sind Sie sich auf irgendeiner Ebene der anderen Person bewußt. Sie können dieses Bewußtsein intensivieren und während des Sprechens beobachten, ob der andere Ihnen zuhört, sich für Ihre Worte interessiert und derselben Meinung ist wie Sie. Achten Sie darauf, auf welcher Verständnisebene Ihr Zuhörer steht. Verwenden Sie nur Begriffe, die er auch versteht. Es ist wichtig, daß Sie sich auf die geistige Ebene Ihres Gegenübers einstellen. Mit einem fünfjährigen Kind reden Sie auch ganz anders als mit einem zehnjährigen. Ehe Sie zu sprechen beginnen, halten Sie einen Augenblick inne und stimmen Sie sich auf Ihre Zuhörer ein. Dann werden Sie mit Ihren Worten eine viel größere Wirkung erzielen.

Da also jede Kommunikation auf einer nichtverbalen, telepathischen Ebene beginnt, können Sie anderen Menschen auch auf telepathischem Wege Botschaften übermitteln und Ihre Beziehung zu ihnen verändern, ohne ein Wort zu sagen. Wenn Sie mit einem geliebten Menschen über ein heikles Thema sprechen möchten, arbeiten Sie zunächst einmal an diesem Thema, indem Sie ihm auf telepathischem Weg Liebe senden, ehe Sie das Gespräch beginnen. Warten Sie, bis Sie spüren, daß Sie eine Verbindung zum Herzen Ihres Gesprächspartners hergestellt haben und er bereit ist, zu hören, was Sie ihm zu sagen haben.

Wenn Sie lernen, als Ihr Höheres Selbst zu kommunizieren, werden Sie vielleicht feststellen, daß Sie immer seltener sprechen. Im Schweigen liegt eine große Macht. Sie werden zunehmend Freude und tiefe Harmonie in Ihrer Beziehung zu geliebten Menschen finden, wenn Sie ohne Worte mit ihnen in Verbindung treten.

Wenn Sie das nächste Mal mit einem Ihnen nahestehenden Menschen zusammen sind, erforschen Sie die Möglichkeiten einer solchen Verbindung. Bitten Sie ihn, zehn

Minuten schweigend mit Ihnen zu verbringen. Sie werden vielleicht feststellen, daß Ihre gegenseitige Beziehung viel bereichernder ist, als wenn Sie sprechen würden. Sie treten jetzt als Ihr Höheres Selbst miteinander in Verbindung. Solche Erfahrungen machen Sie häufig, wenn Sie von jemandem getrennt sind: Kommen Sie nach einer Zeit des physischen Getrenntseins zum erstenmal wieder zusammen, empfinden Sie häufig viel mehr Liebe füreinander und fühlen sich stärker verbunden. In der Stille haben Sie durch Ihre telepathische Beziehung ein stärkeres Band geschaffen.

Mit Ihren Worten erschaffen Sie Realität. Lernen Sie also, sich stets positiv auszudrücken.

Drücken Sie sich immer so harmonisch und liebevoll wie möglich aus. Sie können sich zum Beispiel vorstellen, daß Sie Wellen der Harmonie und des Friedens ausstrahlen, während Sie mit anderen reden. Achten Sie darauf, wie die Menschen auf Ihre Worte reagieren. Wenn Sie Widerstand fühlen oder spüren, daß Ihre Umgebung Sie nicht unterstützt, schweigen Sie. Unternehmen Sie keinen Versuch, andere zu überzeugen. Sie investieren in Ihre Worte sehr viel Energie, deshalb sollten Sie nur dann sprechen, wenn die anderen Ihnen auch wirklich zuhören und Sie mit Ihren Worten einen angemessenen Beitrag leisten können. Dann werden Sie mehr Energie zurückbekommen, als Sie ausstrahlen.

Mit positiven, aufbauenden Worten können Sie für sich selbst und andere Menschen eine höhere Realität schaffen. Mit jedem Wort, das Sie kraftvoll aussprechen, erschaffen Sie die Realität, die dieses Wort beinhaltet. Viele Menschen überschütten, wenn sie abends nach Hause kommen, ihren

Partner sofort mit allen frustrierenden Erlebnissen, die sie tagsüber hatten. Reden Sie statt dessen lieber über Dinge, die Ihnen etwas bedeuten – zum Beispiel eine neue Einsicht, die Ihnen an diesem Tag gekommen ist, oder eine Entdeckung, die Sie gemacht haben. Teilen Sie Ihre positiven Erlebnisse mit Ihrem Partner. Wenn Sie über positive, sinnvolle Dinge sprechen, heben Sie damit Ihre eigene und die Energie anderer Menschen auf eine höhere Ebene und bauen gleichzeitig eine tiefere Verbindung zu ihnen auf.

Manche unter Ihnen haben Angst davor, über das, woran sie glauben, zu sprechen, vor allem, wenn diese Dinge von der großen Masse nicht akzeptiert werden. Vielleicht haben Sie unterbewußte Erinnerungen an frühere Leben, wo Sie dafür verfolgt wurden, daß Sie Ihre Wahrheit aussprachen. Andere fürchten, daß man sie nicht mehr lieben wird, wenn sie die Wahrheit sagen, und unterdrücken deshalb ihre Botschaften. Vielleicht haben Sie Angst, Ihre Meinung zu sagen, und tun eine Zeitlang Dinge, die Sie eigentlich gar nicht tun möchten. Dann wird Ihre aufgestaute Energie sich eines Tages in einem Wutausbruch oder in Tränen Luft machen.

Sie brauchen Ihre Gedanken und Gefühle nicht zu unterdrücken. Sie können all Ihre Gedanken auf liebevolle Weise ausdrücken und sie so formulieren, daß sie anderen Menschen dienen. Es ist viel besser, den Mitmenschen eine Chance zu geben, Sie so zu lieben, wie Sie sind, als so zu handeln, wie es Ihrer Meinung nach von Ihnen erwartet wird, um geliebt zu werden. Sie können sich nur eine Zeitlang hinter der Maske einer Person verbergen, die Sie gar nicht sind. Es ist ein viel größeres Geschenk an den anderen, wenn Sie ihm die Möglichkeit geben, Sie von Anfang an so zu lieben, wie Sie sind. Sagen Sie sich: «Ich bin ein liebenswerter Mensch. Man wird mich lieben, selbst wenn ich meine Wünsche und Bedürfnisse ehrlich zum Ausdruck bringe.»

Wenn Sie anfangen, Ihren Gefühlen Ausdruck zu verleihen, klingt das vielleicht nicht immer so liebevoll, wie Sie es sich wünschen. Lieben Sie sich dafür, daß Sie überhaupt den Mut haben, ehrlich Ihre Meinung zu sagen, und bekräftigen Sie, daß Sie beim nächsten Mal liebevoller sein und mehr mit der Stimme Ihres Höheren Selbst sprechen werden. Menschen, die es gewohnt sind, immer ihren Willen durchzusetzen, werden anfangs vielleicht nicht gerade begeistert sein, wenn Sie nun offen Ihre Meinung sagen. Stören Sie sich nicht an ihrer Verwunderung oder Entrüstung, sondern sagen Sie weiterhin ehrlich, was Sie denken. Sprechen Sie stets mit der Absicht, Ihren Mitmenschen zu dienen. Machen Sie ihnen keine Vorwürfe, sondern reden Sie liebevoll mit ihnen und übernehmen Sie die Verantwortung für Ihre eigenen Gefühle.

Wenn Sie spirituell wachsen, werden Sie andere Menschen mit Ihren Worten immer stärker beeinflussen können.

Sie besitzen die Fähigkeit, die Energie anderer Menschen durch ermutigende Worte auf eine höhere Ebene emporzuheben. Sie können sie aber auch dämpfen, indem Sie sie kritisieren. Wenn Sie an jemandem etwas zu kritisieren haben, sollten Sie sich darüber klarwerden, daß Sie ihm gerade in diesem Bereich Kraft geben könnten. Sobald Sie sich dabei ertappen, daß Sie eine andere Person kritisieren, halten Sie inne und stellen Sie sich vor, daß sie auf dem Gebiet, auf dem Sie nicht mit ihr einverstanden sind, innerlich wächst und sich weiterentwickelt.

Wenn Sie spirituell wachsen, werden andere Menschen Sie mit der Zeit um Führung und Unterstützung bei ihrem eigenen inneren Wachstum bitten. Ihre Fähigkeit, den anderen Feedback zu geben, ist sehr wichtig. Durch gutes Feedback können Sie die Möglichkeiten eines Menschen, zu wachsen, verstärken. Gutes Feedback gibt den Menschen immer Kraft. Es weist sie in die Richtung, in die sie den nächsten Schritt tun mussen, und erleichtert ihnen diesen Schritt.

Wenn man Sie um Rückmeldung bittet, sagen Sie dann auch die Wahrheit, trotz des Gefühls, daß diese Wahrheit verletzend sein könnte? Um richtiges Feedback geben zu können, müssen Sie zunächst einmal inneren Frieden und Ihre Mitte finden. Dann denken Sie darüber nach, was Sie dem anderen sagen möchten. Fragen Sie Ihr Höheres Selbst, ob es ihm auch wirklich dienlich sein wird, wenn Sie ihn korrigieren oder ihm einen Rat geben. Ist er bereit, auf Ihren Rat zu hören, oder wird dadurch nur der Energiefluß zwischen Ihnen unterbrochen? Manchmal ist es am besten, seine Beobachtungen für sich zu behalten. Nicht jeder Gedanke muß unbedingt in Worte gefaßt werden. Manche Menschen sind noch nicht bereit, zu hören, was Sie ihnen zu sagen haben.

Es ist besser, nur das zu sagen, womit Sie anderen Menschen auf irgendeine Weise dienen können. Man kann alles so formulieren, daß es liebevoll klingt und den anderen stärkt. Wenn Sie wirklich liebevolle Energie ausstrahlen, wird Ihr Gegenüber das auf jeden Fall spüren. Wenn alles, was Sie sagen, aus dem Herzen kommt und Sie anderen Menschen damit dienen und sie lieben möchten, dann unterstützen Sie sie in ihrem Wachstum. Es gibt immer eine höhere Wahrheit – man kann alles so ausdrücken, daß der andere sich akzeptiert fühlt. Wenn Sie das Verhalten eines Menschen berichtigen und ihm erklären möchten, was er besser machen könnte, lernen Sie, das so zu tun, daß es ihm dienlich ist und er sich dadurch nicht abgelehnt fühlt.

Das bedeutet natürlich nicht, daß die Persönlichkeiten

der anderen Menschen Ihre Meinung immer gern hören werden. Manchmal ist die Wahrheit, die Sie mitzuteilen haben, auf der Persönlichkeitsebene nicht angenehm. Aber wenn Ihre Worte von Herzen kommen und der Absicht entspringen zu dienen, sind sie trotzdem ein Geschenk, das zum inneren Wachstum Ihrer Mitmenschen beiträgt.

Ehe Sie etwas sagen, fragen Sie sich, was für einen Beitrag Ihre Worte zum Leben des anderen Menschen leisten werden.

Stellen Sie sich immer die Frage: «Inwiefern trägt das, was ich sagen möchte, zum Wachstum dieses Menschen bei?» Wenn Sie nur Ihrem Zorn Luft machen möchten, sollten Sie Ihre Worte unterdrücken. Schreiben Sie einen Brief und schicken Sie ihn nicht ab, oder sprechen Sie laut mit sich selbst, bis Sie Ihren Zorn abreagiert haben und in der Lage sind, auf liebevolle, verantwortungsbewußte Weise mit dem anderen Menschen zu sprechen.

Höhere Kommunikation macht keine Vorwürfe und schuldigt niemanden an, sondern gibt ihm die Möglichkeit, innerlich zu wachsen. Wenn man die Verantwortung für seine Gefühle übernimmt und die Schuld daran keinem anderen gibt, ist man in der Lage, die Wahrheit liebevoll zu sagen und seinen Mitmenschen dadurch zu dienen. Bringen Sie Ihre Gefühle oder Gedanken mit Güte und Taktgefühl zum Ausdruck. Damit werden Sie auf lange Sicht mehr gewinnen, als wenn Sie Ihrem Ärger freien Lauf lassen.

Beginnen Sie ein Gespräch stets damit, daß Sie dem anderen Menschen Lob und Anerkennung aussprechen, dann wird er Ihnen aufmerksamer zuhören. Ihnen ist sicherlich auch schon aufgefallen, daß Sie sich freuen, wenn jemand Ihnen gratuliert oder Sie lobt, und daß Sie ihm dann Ihre volle Aufmerksamkeit zuwenden. Bringen Sie anderen Menschen Ihre Anerkennung zum Ausdruck, dann werden Sie aufmerksame Zuhörer haben.

Was ist, wenn Ihnen Nahestehende nicht auf einer so tiefen, bedeutungsvollen Ebene sprechen wollen, wie Sie es sich wünschen? Dann beginnen Sie die Kommunikation auf telepathischem Wege. Senden Sie ihnen im Geist die Botschaft, daß Sie sie so lieben und akzeptieren, wie sie sind. Nehmen Sie sich vor, erst dann mit jemandem zu sprechen, wenn Sie etwas Liebevolles zu sagen haben, das ihm hilft. Sie werden feststellen, daß diese Person Ihnen jetzt viel häufiger zuhört, und es werden sich Gelegenheiten ergeben, eine sinnvollere Kommunikation aufzubauen.

Eine Frau war enttäuscht, weil ihr Mann ihr seine Zuneigung nicht zeigte. Statt ihm direkt zu sagen, daß sie sich mehr Liebesbeweise wünschte, schmollte sie oder verhielt sich abweisend. Er verstand ihre Botschaft nicht, und sie wurde immer frustrierter. Sie fand es nicht richtig, ihn einfach um das zu bitten, was sie sich wünschte. Eines Tages beschloß sie dennoch, ihm direkt zu sagen, was sie empfand, und zwar ohne ihm Vorwürfe zu machen.

Zunächst sagte sie ihm, was ihr an ihm und ihrer Beziehung gefiel. Er hörte zu. Sie erklärte ihm, wieviel es ihr bedeutete, wenn er sie gelegentlich umarmte, und daß sie solche körperlichen Liebesbeweise vermißte. Er hatte das nicht gewußt. Er erklärte ihr, in seiner Familie zeige man seine Zuneigung nur dann offen, wenn ein Mensch in Schwierigkeiten sei. Wenn man jemanden streichelte oder in den Arm nahm, zeigte man ihm seiner Meinung nach damit, daß er schwach war. Jetzt verstand sie viel besser, warum es ihrem Mann so schwerfiel, seine Liebe zu zeigen, und ihm war klargeworden, daß sie solche Zeichen der

Zuneigung brauchte. Gemeinsam konnten sie eine Lösung finden, die für beide akzeptabel war.

Wenn Sie sich auf die Verhaltensweisen konzentrieren, die Sie an anderen nicht mögen, bestärken Sie sie unter Umständen nur in diesem Verhalten. Möchten Sie jemanden zu edleren, höheren Reaktionen anspornen, sollten Sie das Verhalten loben, das Sie an ihm mögen. Versuchen Sie das einmal mit einem Menschen, den Sie gern haben. Jedesmal, wenn er etwas tut, was Ihnen gefällt, loben Sie ihn. Verhaltensweisen, die Sie nicht gut finden, ignorieren Sie einfach.

Ein Mann praktizierte das mit seiner Frau und war erstaunt über die Ergebnisse. Vorher hatte er sie ständig gedrängt, abzunehmen, und sie oft wegen ihrer Eßgewohnheiten verspottet. Jetzt lobte er sie jedesmal, wenn sie gut aussah oder etwas Gesundes aß. Er behandelte sie wieder so wie vor der Heirat, als er sie umworben hatte, und gab ihr das Gefühl, geliebt zu werden und etwas Besonderes zu sein. Als er ihr wegen ihres Gewichts keine Vorwürfe mehr machte, änderte sie ihre Eßgewohnheiten allmählich und nahm sogar ab. Wenn man andere Menschen kritisiert, verscherzt man sich damit meistens ihre Sympathie und macht es ihnen schwerer, ihr Verhalten zu ändern. Die meisten Menschen reagieren mehr auf Lob als auf Kritik.

Wie würden Sie reagieren, wenn Ihr Lebensgefährte oder Ehepartner Ihnen sagte, was ihm an Ihnen alles gefällt? Sie würden sich wahrscheinlich bemühen, diese Dinge öfter zu tun. Und Sie wären automatisch auch offener für alles andere, was Ihr Partner Ihnen zu sagen hat. Wenn man sich auf das Gute in anderen Menschen konzentriert, gibt man ihnen damit die Kraft, dieses positive Verhalten häufiger an den Tag zu legen.

Wünschen Sie sich eine klare, reibungslose Kommunikation, dann vergewissern Sie sich, ob der Zeitpunkt richtig gewählt ist und der andere Ihnen auch zuhört, ehe Sie mit dem Gespräch beginnen. Wirkliche Kommunikation benötigt einen guten Kontakt zum Gegenüber. Sprechen Sie erst, wenn Sie eine Verbindung spüren, sonst ist die Energie, die Sie aussenden, vergeudet, und Sie fühlen sich hinterher vielleicht erschöpft und ausgelaugt. Legen Sie sich die Gesprächsthemen vorher zurecht. Es ist besser, sich auf ein paar Punkte zu konzentrieren und diese eindeutig klarzumachen, als über zu viele Themen zu reden.

Jede Kommunikation beginnt mit einem Bild oder einem Gefühl für das, was Sie mitteilen möchten. Fragen Sie spaßeshalber einmal mehrere Freunde, was für ein Bild sie vor sich sehen, wenn sie an eine schöne Wiese denken. Jeder wird Ihnen ein anderes Bild beschreiben – eine Vorstellung, die nur er hat und die sich von Ihrem Bild einer schönen Wiese unter Umständen sehr unterscheidet. Deshalb fassen die Menschen Ihre Worte so häufig anders auf, als sie gemeint sind, obwohl Sie davon überzeugt sind, sich ganz klar ausgedrückt zu haben. Bemühen Sie sich also, Ihre Gedanken so klar und eindeutig wie möglich zu formulieren, und achten Sie dabei auf die Reaktionen Ihres Gesprächspartners, um sicherzugehen, daß er versteht, was Sie meinen.

Sie können alles haben, was Sie sich wünschen. Sie müssen sich nur präzise ausdrücken.

Die Menschen filtern alles, was sie hören, durch ihr Glaubenssystem. Sie färben die Botschaften, die sie von Ihnen erhalten, mit ihren Gedanken und Empfindungen. Vielleicht sagen Sie zu Ihrem Mann: «Bitte spül du heute abend das Geschirr.» Er wittert dahinter vielleicht die Andeutung: «Du tust nie etwas. Ich finde, du könntest mir ruhig ab und zu ein bißchen im Haushalt helfen» oder sogar: «Ich bin nicht sehr glücklich über unsere Beziehung.» Ihre Botschaft kann in seinen Augen eine völlig andere Bedeutung annehmen, obwohl Sie ihn in Wirklichkeit nur gebeten hatten, das Geschirr abzuwaschen, weil Sie müde sind. Was Sie sagen und was die anderen Menschen hören, sind häufig zwei ganz verschiedene Dinge.

Bringen Sie Ihre Wünsche klar und deutlich zum Ausdruck. Den meisten Menschen sind genaue Richtlinien lieber als vage, unklare Erwartungen. Nehmen wir an, Ihre Kinder oder eine Haushaltshilfe helfen Ihnen beim Putzen Ihrer Wohnung. Falls zu dieser Arbeit viele kleine Details gehören, die Ihnen wichtig sind, dann sagen Sie genau, was Sie möchten. Viele Menschen erwarten, daß andere genau dieselbe Vorstellung von einer «sauberen Wohnung» haben wie sie. Für den einen bedeutet eine «saubere Küche», daß das Geschirr weggeräumt ist und die Arbeitsflächen abgewischt sind. Für einen anderen bedeutet es vielleicht, daß man alle Schranktüren und Geräte spiegelblank scheuern und den Boden bohnern muß. Wenn Sie Ihre Wünsche nicht genau formulieren, werden Sie unter Umständen von der «schlechten» Arbeit anderer enttäuscht sein, weil sie nicht Ihren Vorstellungen entspricht, obwohl sie aus der Sicht Ihrer Haushaltshilfe vielleicht ganz hervorragend ist.

Sie können als Ihr Höheres Selbst kommunizieren. Ehe Sie etwas sagen, halten Sie einen Augenblick inne und fragen Sie sich: «Wie würde ich als mein Höheres Selbst sprechen? Was würde ich sagen, und wie würde ich es formulieren?» Dadurch bringen Sie die Energie Ihres Höheren Selbst in das Kommunikationszentrum in Ihrer Kehle. Denken Sie darüber nach, was Ihr Höheres Selbst sagen würde. Wenn Sie Es in all Ihre Gespräche einbeziehen, wird bald mehr Harmonie, Frieden und Liebe in Ihr Leben einkehren.

Dadurch können Sie einen wertvollen Beitrag zum Leben anderer Menschen leisten und ihnen mit Ihren Worten und Gedanken Kraft geben.

Wie Sie als Ihr Höheres Selbst kommunizieren können

Meditation

Diese Meditation soll das Kommunikationszentrum in Ihrem Hals öffnen und mit Ihrem Höheren Selbst in Verbindung bringen.

Meditationsschritte:

Versetzen Sie sich in den Höheres-Selbst-Zustand.

1. Konzentrieren Sie Ihre Aufmerksamkeit auf Ihren Hals, und lassen Sie die hohe, feine Schwingung Ihres Höheren Selbst in jede Zelle und jedes Atom dieser Körperregion einströmen. Als Ihr Höheres Selbst öffnen Sie Ihren Halsbereich und lassen mehr Licht hineinfließen. Dann senden Sie Liebe aus Ihrem Herzen in Ihre Kehle, damit alles, was Sie sagen, von Herzen kommt.

2. Fangen Sie nun an, als Ihr Höheres Selbst zu sprechen. Wenn Sie möchten, können Sie mit einem «Om» oder einem langgezogenen «Ahhh» beginnen. Achten Sie darauf, ob die Stimme Ihres Höheren Selbst langsamer, tiefer, voller oder wohltönender ist als Ihre normale Stimme.

3. Senden Sie sich als Ihr Höheres Selbst eine Botschaft, die Ihnen klarmacht, wie Sie auf edlere, höhere Weise

mit anderen Menschen kommunizieren und Ihr Kehlzentrum öffnen können. Sprechen Sie die Antworten laut vor sich hin und achten Sie dabei auf den Klang der Stimme Ihres Höheren Selbst.

4. Wenn Sie möchten, können Sie diese Meditation beenden, indem Sie mehrmals hintereinander die heilige Silbe «Om» aussprechen. Spielen Sie mit dieser Silbe und gestalten Sie sie so schön und melodisch, wie Sie können. Fühlen Sie, wie die Energie des «Om» auf Ihren ganzen Körper einwirkt. Der Klang kann Ihnen dabei helfen, Ihr spirituelles Chakra zu öffnen und eine Verbindung zwischen Ihrer Kehle und Ihrem Höheren Selbst herzustellen. Suchen Sie gleich heute oder morgen nach einer Gelegenheit, als Ihr Höheres Selbst zu sprechen, wenn Sie sich mit jemandem unterhalten.

19
Der richtige Einsatz des Willens

Sobald die Energieschwingungen, in denen Sie leben, eine neue, höhere Oktave erreichen, laufen in einem Ihrer Energiezentren entscheidende Veränderungen ab. Das ist das «Willenszentrum» in Ihrem Solarplexus. Das Bewußtsein der Menschheit konzentriert sich jetzt immer weniger im Willenszentrum und stärker im Herzzentrum der Liebe.

Sie leben auf einem Planeten des freien Willens. Ihr Wille ist einer der großartigsten, mächtigsten Aspekte Ihres Wesens. Er setzt die spirituellen Energien, die Sie vom Höheren Willen beziehen, in Form und in Aktionen um. Ihr Wille führt Ihre Entscheidungen durch, sucht nach der Wahrheit und hilft Ihnen dabei, zu Ihren Vorstellungen zu stehen. Mit seiner Hilfe können Sie Ihr Leben selbst in die Hand nehmen und lenken. Lernen Sie, Ihren Willen zur Manifestation Ihres höchsten Wohls einzusetzen und ihn im Einklang mit dem Höheren Willen fließen zu lassen. Das ist eine der wunderbarsten Herausforderungen, die die irdische Realität Ihnen bietet.

Man könnte den Einsatz des Willens mit dem Steuern eines Autos vergleichen. Ihr Wille ist das «Fahrzeug», mit dem Sie bestimmte Orte erreichen können. Er kann auf die Bremse treten und den Lauf der Dinge verlangsamen oder ihn beschleunigen, indem er aufs Gaspedal tritt. Wie ein Steuerrad kann er Sie in viele verschiedene Richtungen lenken. Wenn Sie Ihren Willen mit Ihrer Persönlichkeit in Einklang bringen, ist er wie ein zuverlässiges Auto, das sich leicht lenken läßt. Sie kommen damit mühelos überall hin. Wenn Sie dagegen nicht wissen, wie Sie Ihren Willen einsetzen sollen, ist er wie ein unzuverlässiges Auto, und Sie kommen vielleicht nicht an Ihr Ziel.

Früher brauchten die Menschen einen starken Willen. Nur mit Gewalt und Aggression konnte man inmitten der rauhen Elemente überleben. Heute braucht man zum Überleben keinen aggressiven, dominanten Willen mehr. In diesen Zeiten muß man seinen Willen auf sanftere, geschicktere Weise einsetzen. Man erreicht seine Ziele nicht mehr mit Gewalt, sondern durch Liebe und Kreativität.

Vertrauen Sie darauf, daß das Universum FÜR Sie und MIT Ihnen arbeitet.

In vielen Zivilisationen herrscht die Ansicht, man müsse sehr energisch oder aggressiv sein, andere manipulieren und ständig gegen Hindernisse ankämpfen, um seine Ziele zu erreichen. Diese Meinung beruht auf der Vorstellung, das Universum sei ein Gegner des Menschen, den man besiegen müsse. Wenn Sie Ihren Willen so einsetzen, als gelte es eine feindliche Macht zu überwinden, werden Sie tatsächlich feindliche Mächte erschaffen, die eigentlich gar nicht da sind. Gehen Sie von der Annahme aus, daß das Universum für Sie und mit Ihnen arbeitet und Ihnen bei der Erschaffung Ihres höchsten Wohls helfen will.

Viele von Ihnen waren als Kinder eigenwillig, störrisch, ja sogar rebellisch. Sie brauchten einen starken Willen, denn Sie wußten, daß Sie der Welt neue Gedanken und Ideen bringen würden. Sie mußten an sich glauben, selbst wenn die Menschen in Ihrer nächsten Umgebung Ihre Ideen nicht unterstützten. Jetzt können Sie Ihre Willenskraft nutzen, um einen weisen, magnetischen Willen zu entwickeln und die Dinge müheloser anzuziehen.

Haben Sie kein schlechtes Gewissen, weil Sie in der Vergangenheit viel Gewalt und Willenskraft einsetzten, um bestimmte Ziele zu erreichen. Sie haben nach Ihrem besten Wissen gehandelt. Sie haben einen starken Willen entwikkelt, indem Sie Hindernisse und feindliche Mächte erschufen, an denen Sie Ihre Kraft messen konnten. Es ist wichtig, einen ausgeprägten Willen zu haben, denn Sie sind ein kreativer Partner der höheren Mächte des Universums. Sie brauchen Ihren Willen, um Ihren Teil zur Verwandlung des Universums beizutragen.

Ihr Wille ist viel weiser, als Sie glauben.

Während Ihres spirituellen Wachstums werden Sie lernen, mehr Ihren magnetischen, weisen Willen als Ihren gewaltsamen Willen einzusetzen. Ein weiser Wille tut alles mit Überlegung, Planung und Absicht. Er erzwingt die Dinge nicht, sondern überlegt sich eine bessere Methode. Eine Mutter beispielsweise versuchte, ihre Kinder mit Gewalt zu einer bestimmten Uhrzeit ins Bett zu bekommen. Sie schrie, bettelte und drohte. Doch als all das nichts nützte, setzte sie ihren weisen Willen ein und entwickelte eine gewaltlose Methode, die ausgezeichnet funktionierte. Sie ließ ihren Kindern die Wahl: Entweder sie gingen zeitig ins Bett, und sie erzählte ihnen noch eine Geschichte, oder sie durften eine halbe Stunde länger aufbleiben, mußten aber dann auf die Gutenachtgeschichte verzichten. Die Kinder entschieden sich meistens für die Geschichte und schliefen hinterher friedlich ein. Es gab keinen Machtkampf mehr. Statt mit Gewalt hatte die Mutter das Problem mit Weisheit und Liebe gelöst.

Ihr weiser Wille überblickt alle Umstände und findet Möglichkeiten, alles mit einem Minimum an Anstrengung und einem Maximum an Wirkung zu tun. Er handelt niemals voreilig, sondern wartet den richtigen Zeitpunkt ab, weil er weiß, daß er sehr viel mehr Energie braucht, um etwas zu erreichen, wenn die Zeit dafür noch nicht reif ist. Ihr weiser Wille ist geduldig. Er weiß, daß manche Dinge lange Zeit brauchen. Er liefert Ihnen ausdauernd und beständig die Energie, die Sie brauchen, um Ihre Ziele zu erreichen, da er weiß, daß man nicht alles auf einmal tun muß. Er nimmt sich die Zeit, die er braucht, um seine Sache gut zu machen.

Ihr weiser Wille hat Selbstvertrauen, probiert neue Lösungen aus und ergreift die Initiative. Er sucht nach neuen, besseren Arbeitsweisen. Seine Entscheidungen beruhen nicht nur auf impulsiven Empfindungen, er verbindet Gefühl mit Logik und gesundem Menschenverstand.

Wenn Ihre Handlungen mit Ihrem Höheren Selbst im Einklang stehen, brauchen Sie keine Gewalt, um sie auszuführen. Wenn Sie auf Ihre höheren Ziele hinarbeiten, müssen Sie unter Umständen auch beharrlich und ausdauernd sein, aber nicht gegen widerstrebende Mächte ankämpfen, die nicht von der Stelle weichen.

Sie können Ihren gewaltsamen Willen auch auf sich selbst konzentrieren und sich dazu zwingen, etwas zu tun – aber nicht lange. Ihr Intellekt setzt Ihnen häufig Ziele und möchte, daß Ihr gewaltsamer Wille sie ausführt. Ihr Wille versucht dann vielleicht die Befehle Ihres Intellekts zu befolgen. Aber wenn Ihr Ziel oder die Art, wie Sie es verfolgen, nicht Ihrem höchsten Wohl dient, wird Ihr weiser Wille Sie bremsen, denn er folgt der Führung Ihres Höheren Selbst.

Ihr weiser Wille steht mit dem Höheren Willen und mit Ihrem Höheren Selbst in Verbindung. Er läßt sich nicht gegen Sie einsetzen. Er ist zu mächtig, als daß Ihr Intellekt ihn kontrollieren könnte. Seien Sie dankbar dafür, daß dieser mächtige Teil Ihres Willens Sie niemals lange etwas tun läßt, was nicht Ihrem höchsten Wohl dient. Eine Zeitlang wird es Ihnen vielleicht gelingen, sich dazu zu zwingen, aber nicht lange.

Ihr Intellekt beschließt vielleicht, daß Sie zehn Pfund abnehmen, Ihre Eßgewohnheiten radikal verändern und Ihr Leben von einem Tag auf den anderen völlig neu gestalten müssen. Aber das bedeutet noch lange nicht, daß diese Veränderungen auch wirklich Ihrem höchsten Wohl dienen. Wenn Sie Ihren gewaltsamen Willen einsetzen, um sich zu einer Diät zu zwingen, gelingt Ihnen das vielleicht eine Zeitlang, doch dann verfallen Sie wieder in Ihre alten Eßgewohnheiten und nehmen zu.

Hat Ihr Höheres Selbst das Gefühl, daß irgendeine Ihrer Handlungen für Sie nicht gut ist, sagt Es zu Ihrem weisen Willen: «Schaffe einen Widerstand, so darf es nicht weitergehen.» Wenn etwas gut für Sie ist, werden Sie das Bedürfnis verspüren, es zu tun. Sie werden sich dazu hingezogen fühlen, denn es ist etwas, was Sie gern tun und wozu Sie sich nicht zwingen müssen.

Sie führen nur das zu Ende, was Ihnen Freude macht. Ihrem gewaltsamen Willen gelingt es nur vorübergehend, Sie zu etwas zu bringen, wozu Ihr Höheres Selbst Sie nicht anleitet. Wenn Ihnen zum Beispiel Ihre Diät Spaß macht, weil es Ihnen gefällt, schlanker zu werden und sich gesünder zu ernähren, werden Sie sich ganz von selbst zu gesünderen Nahrungsmitteln hingezogen fühlen und bald schlanker sein. Dann lassen Sie sich nicht von Ihrem gewaltsamen Willen, sondern von Ihrem weisen Willen leiten. Wenn Sie tun, was Ihnen Freude bereitet, brauchen Sie sich nicht mit Gewalt dazu zu zwingen. Nur was Ihnen Spaß macht und wozu Sie sich hingezogen fühlen, das tun Sie ohne inneren Widerstand. Die Erfahrung wird Sie lehren, welche Dinge das sind.

Je mehr Sie Ihren gewaltsamen Willen einsetzen, um sich etwas aufzuzwingen, um so leichter kann es passieren, daß Sie plötzlich ins entgegengesetzte Extrem verfallen. Ein Mann, der dreimal in der Woche joggte, beschloß, das künftig sechsmal zu tun und zusätzlich auch noch zu schwimmen und Fahrrad zu fahren. Sein Intellekt hatte entschieden, daß er sportlicher werden müsse. Er zwang sich einen Monat lang, dieses Programm durchzuhalten, obwohl er dauernd Muskelkater hatte und es ihn erschöpfte. Schließlich hörte er mit allem auf und joggte nicht einmal mehr. Es dauerte Monate, bis er wieder anfing, überhaupt Sport zu treiben.

Vielleicht sagen Sie sich: «Ich weiß, daß ich unbedingt abnehmen, mehr für meine Fitneß tun, dieses Vorhaben durchführen, diesen Menschen aufgeben muß und so weiter. Warum hilft mein Wille mir nicht?» Ihr weiser Wille hat Ihre höheren Interessen im Auge. Wenn ein Teil von Ihnen glaubt, etwas sei gut für Sie, und ein anderer Teil Widerstand leistet, vertrauen Sie darauf, daß es einen höheren Grund für diesen Widerstand gibt. Wenn Sie ein Ziel, das Ihr Intellekt sich gesetzt hat, nicht erreichen, zwingen Sie sich nicht dazu, sondern sprechen Sie mit Ihrem weisen Willen. Fragen Sie ihn: «Warum tust du nicht das, was ich dir sage?» Vielleicht haben Sie zu drastische Maßnahmen geplant, die nicht mit Ihrem übrigen Leben und Ihrem Weg in Einklang stehen. Behalten Sie Ihr Ziel im Auge und fragen Sie Ihren weisen Willen, welchen Weg Sie einschlagen müssen, damit er mit Ihnen zusammenarbeitet.

Ihr weiser Wille führt Sie stets zu Dingen hin, die Sie gern tun. Ehe Sie beschließen, etwas zu tun, kommen Sie erst einmal innerlich zur Ruhe und achten Sie darauf, was für Gefühle sich bei dem Gedanken an diese Handlung einstellen. Fragen Sie sich: «Will ich das wirklich tun? Habe ich das Gefühl, daß es mir Freude machen wird? Gibt es etwas anderes, was ich lieber täte?» Nehmen Sie sich Zeit, auf Ihre Gefühle zu hören. Tun Sie nur das, was Ihnen gefühlsmäßig richtig erscheint und was Sie gern tun möchten. Dann handeln Sie nach Ihrem weisen Willen.

Sie können auch Ihren magnetischen Willen weiterentwickeln. Magnetismus ist eine mächtige Kraft. Sie können alles, was Sie sich wünschen, anziehen, indem Sie es zu sich kommen lassen, statt es zu erzwingen. Wenn Sie zu sehr um etwas kämpfen, stoßen Sie es ab, statt es anzuziehen. Es ist etwas ganz anderes, ob Sie nach etwas greifen oder ob Sie es auf sich zukommen lassen.

Ein großer Meister orientiert sich am Höheren Willen, so daß alles, was er tut, automatisch «richtig» ist. Er stellt sich das gewünschte Resultat vor und zieht es mit magnetischer Kraft an. Der Meister wartet geduldig auf den richtigen Zeitpunkt und handelt erst dann, wenn es angebracht ist.

Denken Sie an etwas, was Sie sich schon seit einiger Zeit wünschen. Senden Sie Ihren Willen danach aus und versuchen es zu erzwingen? Wenn ja, dann kämpfen Sie zu sehr darum. Sie sollten sich statt dessen lieber ausmalen, wie Sie das Gewünschte magnetisch anziehen. Vielleicht stellen Sie sich sogar vor, ein Magnet zu sein. Schaffen Sie in Ihrer Energie und Ihrem Leben Raum für das, was Sie sich wünschen. Öffnen Sie Ihr Herz, um es zu empfangen. Dann ziehen Sie es mit Ihrem magnetischen Willen an, statt es gewaltsam herbeizuführen.

Empfangen Sie Energie aus dem Herzen der anderen Menschen und nicht aus ihrem Willenszentrum.

Möchte man seinen Willen richtig einsetzen, muß man auch lernen, sich nicht von dem gewaltsamen Willen anderer lenken zu lassen. Es gibt verschiedene Wege, herauszufinden, ob andere Menschen Sie mit ihrem Willen manipulieren. Ein Anzeichen dafür ist z. B. Widerstand – mentaler oder gefühlsmäßiger –, den Sie gegen jemanden empfinden. Es kann auch sein, daß Sie ein unangenehmes körperliches Gefühl beschleicht, wenn Sie an diesen Menschen denken – zum Beispiel ein flaues Gefühl in der Magengrube. Falls jemand – subtil oder weniger subtil – versucht, Sie zu etwas zu zwingen, können Sie auf der Energieebene an Ihrer Beziehung zu dieser Person arbeiten und sie verändern.

Werden Sie ganz ruhig und denken Sie an diesen Menschen. Haben Sie dabei irgendwo in Ihrem Körper ein unangenehmes Gefühl? Die Gegend, in der Sie das Gefühl spüren, zeigt unter Umständen die Stelle an, wo Sie Energie von ihm aufgenommen haben und jetzt seine Energiemuster «tragen» statt Ihrer eigenen. Senden Sie dieser Körperstelle Licht und stellen Sie sich vor, wie Sie dort Ihre eigene Energie wiedergewinnen. Überprüfen Sie, wo Sie noch fremde Energie aufgenommen haben, verschließen Sie dann diese Bereiche, und senden Sie ihnen Ihr eigenes Licht.

Achten Sie darauf, von wo aus Leute Ihre Energien aussenden, und akzeptieren Sie nur Energie, die aus dem Herzen oder den höheren Zentren kommt. Sie können feststellen, ob jemand Ihnen Energie aus seinem Willenszentrum schickt, indem Sie innerlich ruhig werden, an diesen Menschen denken und sich vorstellen, daß Sie sehen können, ob eine «Energieschnur» aus seinem Willenszentrum auf Sie zukommt. Sehen Sie vor Ihrem geistigen Auge, wie Sie diese Energie zurückweisen. Manche Leute zerschneiden sogar tatsächlich Schnüre und stellen sich dabei vor, daß sie damit die Energie «durchschneiden», die aus dem Willen eines anderen zu ihnen fließt. Das Gefühl, diese Energie nicht zu akzeptieren, ist noch wichtiger als das geistige Bild, dessen Sie sich bedienen. Nachdem Sie das Energieband «durchgeschnitten» haben, stellen Sie sich vor, daß die freigewordene Energie zu dem Menschen zurückkehrt, von dem sie stammt, und er sie so verwenden kann, wie er möchte.

Beim Zusammensein mit anderen können Sie üben, ihnen durch Ihr Herz Energie zu senden. Sobald Sie all Ihre Energie in Ihr Herz verlagern, haben Sie einen wichtigen Entwicklungsschritt getan. Sie handeln nicht mehr aus Ihrem Willenszentrum heraus, sondern leben als Ihr Höheres Selbst in Ihrem Herzzentrum.

Bieten Sie anderen Menschen nur dann Ihre Unterstützung an, wenn sie darum bitten.

Sind Sie zu einer Quelle des Lichts geworden, kann Ihr Wille andere bei ihrem Wachstum unterstützen oder, wenn Sie zu sehr drängen, es auch beeinträchtigen. Rechter Gebrauch des Willens bedeutet, anderen nicht seinen gewaltsamen Willen aufzuzwingen. Es bedeutet, im Umgang mit anderen Menschen seinen weisen Willen zu gebrauchen und sie nicht zu Veränderungen zwingen zu wollen, zu denen sie noch nicht bereit sind.

Sie können in Ihren Kindern, Freunden und anderen

geliebten Menschen das Bedürfnis nach innerem Wachstum verstärken. Ihr weiser Wille bewerkstelligt alles sanft und mit Leichtigkeit und handelt erst, wenn der richtige Zeitpunkt gekommen ist. Er wartet, bis die anderen Menschen bereit sind, seine Botschaft zu hören. Kommt ein Freund zu Ihnen und fragt: «Wie kann ich das lernen, was du gelernt hast?» dann ist es an der Zeit, ihm zu helfen. Wenn man dagegen auf Menschen einredet, die nicht um Rat gebeten haben und nicht daran interessiert sind, treibt man sie unter Umständen nur von sich fort.

Wünschen Sie sich bei Ihrem Partner oder Freund eine ganz bestimmte Eigenschaft, dann zeigen Sie diese Eigenschaft selbst in Ihrem Verhalten. Sobald Ihr Leben besser und harmonischer verläuft, wird das auch andere Menschen dazu inspirieren, den Geheimnissen nachzuspüren, die Sie entdeckt haben. Finden Sie mehr Freude an Ihrem Leben, lachen Sie mehr und gestatten Sie sich, glücklich zu sein.

Eine Frau wünschte sich, ihr Mann möge eine positivere Lebenseinstellung entwickeln. Früher hatte sie versucht, ihn mit Hilfe ihres gewaltsamen Willens zu verändern; zum Beispiel wies sie ihn darauf hin, wie häufig er die Dinge negativ sah. Aber dadurch schien sich alles nur zu verschlimmern. Nun setzte die Frau ihren weisen Willen ein und beschloß, selbst positiver zu werden, statt ihn immer wieder auf seine Fehler hinzuweisen. Sie übermittelte ihm geistig die Botschaft, daß sie ihn liebte und ihn so akzeptierte, wie er war. Allmählich wurde seine Einstellung positiver, ohne daß er es merkte. In dem Augenblick, in dem sie ihren Willen in ihr Herz verlegte und liebevoller wurde, war auch er bereit, innerlich zu wachsen und sich zu ändern.

Sie werden erstaunt darüber sein, wie sehr jemand, der sich auf sein eigenes Wachstum konzentriert, die Menschen in seiner Umgebung verändern kann. Ein Mann arbeitete in einem Büro, in dem alle Mitarbeiter gestreßt und in Eile waren und den ganzen Tag nur Süßigkeiten und ungesunde Imbisse zu sich nahmen. Anfangs kritisierte er sie deshalb, dann begann er sich selbst ihre Eßgewohnheiten zu eigen zu machen. Doch eines Tages beschloß er, von jetzt an nur noch gesunde Nahrungsmittel zu sich zu nehmen, denn er war unglücklich über seine wachsende Energielosigkeit und die Pfunde, die er zugenommen hatte. Er brachte jetzt jeden Tag ein schmackhaftes, gesundes Mittagessen mit ins Büro. Bald fragten ihn die anderen, was er denn esse. Im Lauf der nächsten Monate begannen viele seiner Kollegen, sich ebenfalls gesünder zu ernähren. Er predigte und kritisierte nie und versuchte den anderen Menschen keine Veränderungen aufzuzwingen. Er belehrte sie durch sein Beispiel.

Es gibt nicht nur einen einzigen «richtigen» Weg zum inneren Wachstum. Viele Wege führen zur Erleuchtung und zu Gott. Sehen Sie am Weg eines jeden Menschen, an jeder Religion und jedem Glaubenssystem das Schöne. Respektieren Sie den Weg anderer Menschen, selbst wenn er sich von Ihrem unterscheidet. Seien Sie tolerant und liebevoll und erkennen Sie hinter den Glaubensformen anderer Menschen die Essenz ihres Glaubens. *Den* richtigen Weg gibt es nicht. Es gibt nur den Weg, der *für Sie* richtig ist. Jede Kultur und jedes Glaubenssystem hat etwas Einmaliges, Vollkommenes und Schönes. Suchen Sie stets das Verbindende zwischen sich und den anderen und akzeptieren und lieben Sie auch die Menschen, die einen anderen Weg gehen als Sie.

Sie haben sicher schon erlebt, wie jemand versucht hat, Sie zu verändern. Er wollte Sie vielleicht dazu bringen, daß Sie eine bestimmte Gewohnheit ablegen oder gewisse Dinge anders machen als bisher, und Sie haben dabei wahrscheinlich festgestellt, daß die Überzeugungsversuche des anderen es Ihnen nur schwerer gemacht haben, sich zu verändern. Um in anderen Menschen das Bedürfnis nach innerem Wachstum zu wecken, muß man selbst von seinem Leben begeistert sein und den anderen diese Begeisterung vermitteln. Hören Sie den Menschen zu, locken Sie sie aus ihrer Reserve und versuchen Sie ihnen zu helfen, sich selbst mehr zu lieben. Wachsen Sie selbst und werden Sie zu einem Vorbild für Ihre Mitmenschen. Die großen Lehrer wie Buddha und Christus sind auf die Erde gekommen, um den Menschen ein Beispiel zu geben und ihnen zu zeigen, wie sie sein könnten – friedliche, liebevolle, mitfühlende und weise Geschöpfe.

Wie man seinen Willen richtig einsetzt

Meditation

Diese Meditation soll Ihnen zeigen, wie Sie Ihren Willen so einsetzen können, daß Sie Ihr höheres Ziel auf dem leichtesten, freudigsten, sanftesten und liebevollsten Weg erreichen.

Meditationsschritte:

Versetzen Sie sich in den Höheres-Selbst-Zustand.

1. Stellen Sie sich wieder vor, daß Sie Ihren höheren Weg vor sich sehen, wie Sie es in der Meditation auf Seite 79 getan haben, als Sie mit dem Höheren Willen in Verbindung traten. Der Weg erstreckt sich vor Ihnen und führt zum Gipfel eines Berges. Sie werden Ihren Willen nun so ausrichten, daß er Ihnen dabei hilft, diesen Weg mit Leichtigkeit, Freude und Weisheit zu gehen. Als Ihr Höheres Selbst können Sie sich direkt mit Ihrem Willen verbinden. Bitten Sie Ihren Willen, Sie auf Ihrem Weg zum Gipfel zu unterstützen. Er soll Ihnen helfen, Ihr höchstes Potential auszuschöpfen, die Ziele Ihres Dienstes an der Welt zu erreichen und auf die leichteste, freudigste Art spirituell zu wachsen.

2. Machen Sie sich jetzt auf den Weg und stellen Sie sich vor, daß Energie aus Ihrem Herzen in Ihren Willen strömt. Dadurch stellen Sie eine Verbindung zwischen

Ihrem Willen und Ihrem Herzen her. Sie können nun ganz leicht und mühelos auf alles zugehen, was Sie lieben. Sie folgen dem Weg Ihres Herzens. Vergegenwärtigen Sie sich, wie alles, was nicht auf dem Weg Ihres Herzens liegt, von Ihnen abfällt. Der Weg, der sich vor Ihnen bis zum Gipfel des Berges erstreckt, ist jetzt der Weg Ihres Herzens, das sich mit Ihrem Willen verbündet hat.

3. Während Sie den Weg betrachten, denken Sie daran, wie Sie Ihren Willen normalerweise einsetzen. Wieviel Energie oder Gewalt brauchen Sie normalerweise, um etwas zu erreichen? Berichtigen Sie das und investieren Sie von nun an in alles, was Sie tun, genau das richtige Maß an Energie, und lassen Sie sich sowohl von Ihrem eigenen Willen als auch vom höheren Strom tragen. Wie beeinflußbar ist Ihr Wille durch andere? Inwieweit wirken sich Ihre Gefühle auf Ihren Willen aus? Wenn Sie sich entschlossen haben, etwas zu tun – was macht es Ihnen dann leichter, zu handeln und Ihren weisen, liebevollen Willen einzusetzen? Wie können Sie Ihren Willen stärken? Fragen Sie Ihren Willen, wie Sie gemeinsam mit ihm alle Ziele auf mühelosere, höhere Art und Weise erreichen können.

4. Sehen Sie vor Ihrem geistigen Auge, wie Sie unter der weisen Führung Ihres Willens den Weg beschreiten. Nichts hält Sie davon ab, den Gipfel zu erreichen. Sie lernen jetzt, Ihren Willen auf die edelste Art und Weise einzusetzen, den höheren Strom zu entdecken und in ihm mitzufließen.

5. Sie brauchen vielleicht ein paar Hilfsmittel, um Ihren

Weg gehen zu können. Stellen Sie sich vor, daß Ihr Wille eine magnetische Anziehungskraft hat. Jedesmal, wenn Sie etwas brauchen, um Ihr Ziel zu erreichen, ziehen Sie es magnetisch an. Sie senden einfach einen Ruf aus und ziehen das, was Sie benötigen, genau auf die richtige Art und zum richtigen Zeitpunkt an.

6. Gibt es etwas, was Sie gern tun würden, wozu Sie aber bisher noch nicht die Willenskraft hatten? Nehmen Sie sich einen Augenblick Zeit und fragen Sie Ihren weisen Willen, warum er nicht gemeinsam mit Ihnen auf dieses Ziel zusteuert. Ist das Ziel richtig für Sie, und gibt es vielleicht einen besseren Weg, es zu erreichen?

7. Gehen Sie bis zum Gipfel hinauf. Jetzt sind Sie oben. Stellen Sie sich wieder vor, daß Ihr Wille mit dem Höheren Willen in Verbindung tritt, so daß Sie mit dem höheren Strom mitfließen und bereits in diesem Leben Ihre höchste Entwicklungsstufe erreichen.

8. Wenn Sie dazu bereit sind, kehren Sie in Ihr Zimmer zurück. Verspüren Sie ein ganz neues Gefühl der Leichtigkeit und Freude. Ihr weiser, magnetischer Wille arbeitet jetzt gemeinsam mit dem Höheren Willen darauf hin, daß Sie Ihre Ziele erreichen und innerlich wachsen.

20
Die Lösung von allen Bindungen

Sobald Sie die Fähigkeit des Loslassens entwickeln, werden Sie innerlich rascher wachsen. Denken Sie an eine Zeit in Ihrem Leben, als Sie irgend etwas aufgaben, sich auf eine Veränderung einließen und Ihre Situation sich dadurch verbesserte. Eine der größten Herausforderungen des spirituellen Wachstums besteht darin, daß Sie lernen müssen, die Dinge aufzugeben, die Ihnen nicht mehr dienlich sind, sie zum Abschied zu segnen und das Neue an sich heranzulassen.

Das Loslassen ist ein wichtiger Aspekt des inneren Wachstums. Um wachsen zu können, müssen Sie unter Umständen eine bestimmte Einstellung – zum Beispiel Zorn oder Traurigkeit – aufgeben. Manchmal müssen Sie sich auch von einer bestimmten Rolle lösen, z. B. sich als Opfer oder Retter zu fühlen. Es kann auch sein, daß Sie eine Beziehung, einen Beruf oder eine bestimmte Lebensweise loslassen müssen. Lernen Sie, sich dem Neuen zu öffnen und das Alte aufzugeben, wenn es Ihnen nicht mehr dient. Alles, was in Ihr Leben tritt, will Sie etwas lehren. Nachdem Sie aus einer Person oder einer Sache genug gelernt haben, ersetzt

Ihr Höheres Selbst sie durch etwas anderes, das Ihnen neue Möglichkeit zum Wachstum und zur Weiterentwicklung bietet.

Es wird allgemein angenommen, daß Wachstum nur durch Leiden möglich sei. Eine der Hauptursachen für Leid sind Bindungen. Je leichter Sie sich von etwas Altem lösen und das Neue in Ihr Leben einlassen können, um so einfacher und freudvoller wird das innere Wachstum für Sie sein. Wachstum bedeutet auch Veränderung. Sie werden neue Fähigkeiten erlernen und neue Verhaltensformen, Einstellungen, Perspektiven und Menschen in Ihr Leben einlassen müssen.

Manche Menschen glauben, alles festhalten zu müssen, was sie haben, weil sie vielleicht nichts Besseres mehr bekommen. Wenn Sie vorhaben, etwas in Ihrem Leben zu verändern, stellen Sie sich vor, daß Sie bereits etwas Besseres haben als jetzt. Sehen Sie vor Ihrem geistigen Auge, wie Sie den Wechsel mühelos bewältigen und über das Ergebnis glücklich sind. Stellen Sie sich vor, daß es das Beste ist, was Ihnen passieren konnte, selbst wenn Sie jetzt noch nicht erkennen, warum. Vertrauen Sie auf Ihre Fähigkeit, Ihr höchstes Wohl herbeizuführen, und freuen Sie sich auf die wunderbaren Überraschungen, die Ihnen bevorstehen.

Schauen Sie sich die Dinge, Menschen und Situationen in Ihrem jetzigen Leben an. Gibt es etwas, wovon Sie sich gern lösen würden? Bitten Sie Ihr Höheres Selbst, Ihnen dabei zu helfen, alles aufzugeben, was nicht Ihrem höchsten Wohl dient. Verschwindet im Augenblick etwas aus Ihrem Leben, obwohl Sie gar nicht sicher sind, daß Sie es aufgeben möchten? Dann tun Sie einen tiefen Atemzug, schließen Sie die Augen und geben Sie diesem Menschen oder Gegenstand die Erlaubnis, Sie zu verlassen. Wenn man sich an etwas klammert, stößt man es dadurch unter Umständen ab. Sobald Sie etwas loslassen, wird es entweder freiwillig zu

Ihnen zurückkehren, oder etwas Besseres wird an seine Stelle treten. Nichts verschwindet aus Ihrem Leben, ohne daß etwas Besseres nachkommt.

Betrachten Sie Veränderungen als ein großes Abenteuer. Glauben Sie daran, daß jede Veränderung Ihrem höchsten Wohl dient, sonst würde sie gar nicht eintreten. Sie können lernen, auf freudige, friedliche Art und Weise mit Veränderungen fertig zu werden, indem Sie darauf vertrauen, daß das Universum Ihnen freundlich gesonnen ist und daß Ihr Höheres Selbst Sie liebt und auf Sie aufpaßt. Wenn Ihre Persönlichkeit nicht bereit ist, die erforderlichen Veränderungen durchzuführen, wird Ihr Höheres Selbst vielleicht dafür sorgen, daß sie von allein eintreten. Achten Sie auf das leise Flüstern Ihrer inneren Stimme, ehe es zum Schrei wird. Führen Sie die Veränderungen durch, zu denen Ihr inneres Selbst Ihnen rät.

Ihr Standpunkt, Ihre Glaubensvorstellungen und Werturteile werden vielleicht zu den Bindungen gehören, die am schwierigsten aufzugeben sind. Es ist eine ständige Herausforderung für Sie, das Leben von einer neuen, umfassenderen Warte aus zu betrachten.

Für den, der keine Vorlieben hat, ist der Weg besonders leicht.

Geben Sie Ihre ausgeprägten Vorlieben und Wertvorstellungen auf, denn das sind Bindungen, die einen großen Teil Ihrer Energie beanspruchen. Jeder hat bestimmte Vorlieben – in bedeutsamen wie auch in kleinen Dingen. Manchmal gehen die Vorlieben bis in kleinste Kleinigkeiten – zum Beispiel, wie das Essen zubereitet wird oder wie man jeden Morgen zur Arbeit fährt. Es ist wichtig, sich darüber klarzuwerden, welche Präferenzen wirklich dem höchsten Wohl dienen und welche einfach nur kritiklos hingenommene Gewohnheiten sind, die einen von der Entdeckung neuer, höherstehender Lebensmöglichkeiten abhalten.

Üben Sie, nicht anzuhaften, indem Sie an etwas Kleines denken, woran Sie hängen, und nun einen Tag lang so tun, als hingen Sie nicht daran. Beobachten Sie sich selbst. An was für Gewohnheiten hängen Sie? Sie müssen diese Vorlieben nicht aufgeben – nur Ihre Abhängigkeit von ihnen. Sobald Sie mit oder ohne diese Gewohnheiten gleich glücklich sein können, sind Sie frei. Sie können sie behalten, denn Sie lassen sich nicht mehr von ihnen lenken.

Sie müssen auch lernen, sich von starken Emotionen und Situationen zu lösen, die Sie aus Ihrer ruhigen, klaren Mitte werfen. Lassen Sie Ihr Bewußtsein von Ihrem Höheren Selbst lenken. Um das zu erreichen, sollten Sie alles, was um Sie her vorgeht, ruhig und ohne Werturteile beobachten. Es ist, als erbauten Sie in Ihrem Inneren ein Heiligtum, in dem Sie sich nur von der Führung Ihres Höheren Selbst beeinflussen lassen. Bleiben Sie wach und in der Rolle des stillen Beobachters, und Sie werden in der Lage sein, ruhig und gelassen zu handeln.

Lernen Sie, auf Ihre Intuition zu vertrauen und die inneren Botschaften zu befolgen, die Sie empfangen. Vielleicht haben Sie etwas geplant, und eine innere Stimme ermuntert Sie, Ihre Pläne zu ändern. Wie rasch können Sie Ihre Bindung an Ihren alten Plan aufgeben und sich etwas Neues überlegen? Freude und Leichtigkeit werden die Belohnung sein, wenn Sie auf Ihre inneren Botschaften horchen und Ihnen sofort Folge leisten.

Um der Welt Ihre Arbeit möglichst wirkungsvoll vermitteln zu können, gilt es, sich von den Meinungen anderer Menschen unabhängig zu machen. Sie dürfen sich keine Gedanken darüber machen, ob die anderen Sie mögen, schätzen oder verstehen. Sie stehen an der Front eines neuen Bewußtseins, und viele Ihrer Ideen sind neu. Um neue Ideen schätzen zu können, muß man auf einer höheren Entwicklungsstufe stehen. Lernen Sie, kein Lob und keine Bestätigung mehr zu brauchen. Ihre Umgebung ist vielleicht noch nicht bewußt genug und kann ganz einfach den Wert Ihres Handelns nicht erkennen. Manche Menschen fühlen sich durch neue Ideen bedroht und äußern sich deshalb skeptisch oder kritisch über Ihre Arbeit. Lernen Sie, die Reaktionen Ihrer Mitmenschen nicht an sich heranzulassen und Ihr Tun nach Ihren eigenen inneren Wertmaßstäben zu beurteilen.

Es ist ebenfalls wichtig, seinen persönlichen Ehrgeiz aufzugeben. Wenn Sie sich auf den höheren Plan einstimmen und ihm folgen, wird alles Gute von selbst zu Ihnen kommen. Orientieren Sie sich bei Ihren Entscheidungen nicht daran, was Sie sich von Ihren Handlungen erhoffen, sondern daran, was Sie damit zum Leben anderer Menschen beitragen. Sie werden dann vielleicht immer noch persönliche Motive für Ihre Handlungen haben, aber Sie gehen wenigstens sicher, daß Sie dabei auch an das Wohl der anderen denken.

Machen Sie sich keine Gedanken darüber, wie viele Menschen sich von Ihrer Arbeit angezogen fühlen. Folgen Sie einfach Ihrer inneren Stimme und machen Sie Ihre Sache so gut wie möglich. Es ist besser, einen einzigen Menschen zu erreichen, dem Ihre Arbeit wirklich etwas nützt, als hundert Menschen, die eigentlich nicht davon profitieren. Dieser eine Mensch wird Ihnen mehr Kraft geben als die anderen hundert.

Lösen Sie sich von der Vorstellung, daß alles unbedingt so kommen muß, wie Sie es sich wünschen. Das Universum ist vollkommen. Es gibt kein Scheitern. Selbst wenn Sie das Gefühl haben, Zeit zu verlieren, gibt es doch einen umfassenderen Plan, der dafür sorgt, daß dieser Verlust durch andere Dinge wieder ausgeglichen wird. Lösen Sie sich von Ihren Sorgen und vertrauen Sie darauf, daß alles, was geschieht, vollkommen ist. Das ist das größte Geschenk, das Sie sich selbst machen können.

Durch die Loslösung von Ihren Bindungen dienen Sie mehr Ihrem Höheren Selbst als Ihrer Persönlichkeit.

Viele Menschen verwechseln Bindung mit Liebe. Der Gedanke, an nichts gebunden zu sein, bekümmert sie, denn sie glauben, wenn sie sich nicht an andere gebunden fühlen, lieben sie sie auch nicht. Aber das stimmt nicht. Von Anhaftung frei sein heißt nicht, daß Ihnen andere Menschen nichts bedeuten. Sie bedeuten Ihnen sehr wohl etwas, aber auf einer höheren Ebene. Sie unterstützen sie dabei, sich nicht mit ihrer Persönlichkeit, sondern mit ihrem Höheren Selbst zu identifizieren.

Manche von Ihnen fürchten, daß sie durch ihr spirituelles Wachstum ihr Mitgefühl verlieren könnten. Sie erkennen vielleicht jetzt, daß das Leiden anderer rasch ein Ende finden könnte, wenn sie nur bereit wären, sich von etwas zu lösen oder eine andere Entscheidung zu treffen. Früher taten Ihnen solche Menschen vielleicht leid, und Sie hielten das für Mitgefühl. Mitgefühl bedeutet aber, daß Sie in Ihrer Mitte bleiben, distanziert beobachten und sich emotional von den Problemen anderer Leute lösen. Es bedeutet, das Höchste ins Auge zu fassen, was Sie für sie tun können, und nicht die Bedürfnisse zu befriedigen, die ihre Persönlichkeit ihnen einredet.

Um einen Menschen auf höhere Weise zu unterstützen,

müssen Sie hin und wieder etwas tun, was Ihnen richtig erscheint, für die Persönlichkeit des anderen aber nicht angenehm ist. Zum Beispiel müssen Sie Ihrem Kind vielleicht sagen, daß Sie ihm etwas, was es sich wünscht, nicht geben können, weil Sie wissen, daß es ihm schaden könnte. Sie kümmern sich nicht darum, wie die Persönlichkeit Ihres Kindes darauf reagiert, weil Sie seinem Höheren Selbst dienen. Nicht-Anhaften erfordert, seine Wertvorstellungen zu kennen, seine Wahrheit zu respektieren und stets aus seiner Integrität heraus zu handeln. Damit kann man andere Menschen auf der höchsten Ebene unterstützen.

Bindung bedeutet, daß man sich um andere Menschen kümmern und ihre Probleme lösen möchte. Durch Freisein von Bindungen erkennen Sie viel klarer, wieviel Unterstützung Sie einem anderen Menschen gewähren müssen, inwieweit er in der Lage ist, von Ihrer Hilfe überhaupt Gebrauch zu machen, und wann Sie aufhören und ihn sich selbst überlassen müssen. Manchmal können Sie gar nicht mehr für einen Menschen tun, als ihn zu lieben und ihn mit seinen Problemen allein zu lassen.

Lernen Sie, sich von der Persönlichkeit, der Kleinlichkeit und den kleinen Fehlern anderer Menschen loszulösen. Konzentrieren Sie sich statt dessen auf das Große und Gute in ihnen, dann wird es immer deutlicher zutage treten. Losgelöstheit bedeutet, andere Menschen so zu lieben, wie sie sind, und ihr Leben im richtigen Augenblick durch einen Gedanken, eine Berührung oder Liebe zu bereichern. Dadurch geben Sie ihnen die Kraft, eine höhere Bewußtseinsebene zu erreichen.

Eine Frau zum Beispiel war plötzlich beruflich sehr beschäftigt und konnte nicht mehr soviel Zeit mit ihrer besten Freundin verbringen wie früher. Anfangs hatte sie ein schlechtes Gewissen, weil sie wußte, daß ihre Freundin verletzt war. Doch als sie dann darüber nachdachte, wie sie sowohl sich selbst als auch ihrer Freundin gerecht werden könnte, löste sie sich von den Bedürfnissen der Persönlichkeit ihrer Freundin und sprach im Geiste direkt mit deren Höherem Selbst. Sie fragte Es, wie sie Ihm am besten helfen könnte.

Sie erhielt innerlich den Rat, immer dann bei ihrer Freundin zu sein, wenn diese sie dringend brauchte, und sich über die übrige Zeit keine Sorgen zu machen. Sie spürte, daß ihre Freundin sie am meisten brauchen würde, sobald sie bereit war, innerlich zu wachsen und auf eine neue Bewußtseinsstufe zu gelangen. Aber natürlich wußte sie nicht im voraus, wann das sein würde. Daher besuchte sie ihre Freundin immer dann, wenn sie sich zu ihr hingezogen fühlte. Und diese Zeiten waren stets wichtige Wendepunkte für alle beide. Immer, wenn sie zusammen waren, gelang ihnen beiden ein wichtiger Durchbruch in ihrem Leben. Dadurch, daß die Frau dem Höheren Selbst und nicht der Persönlichkeit ihrer Freundin diente, wurde ihre Freundschaft noch enger.

Manche unter Ihnen sind von der Meinung anderer Leute abhängig und machen deren Liebe, Zustimmung oder Bestätigung zur Grundlage für ihre Handlungen und Entscheidungen. Hat man ständig das Bedürfnis, geliebt zu werden, und wagt nicht, das zu tun, was man möchte, weil man Angst hat, daß dann irgend jemand aufhören könnte, einen zu lieben, dann muß man seine Abhängigkeit von dieser Liebe aufgeben. Das stellt eine große Herausforderung dar. Vielleicht glauben Sie: «Wenn ich mir selbst treu bin, wenn ich ehrlich sage, was ich möchte, dann wird man mich nicht mehr mögen.» Sagen Sie sich statt dessen, daß Sie alles haben können, was Sie möchten, und daß man Sie so liebt, wie Sie sind. Wenn Sie nicht von den Ansichten anderer abhängen, haben Sie mehr Freiheit, kreativ zu sein, zu wachsen und Ihr ganzes Potential auszuschöpfen. Vergewissern die Personen, die von Ihnen am meisten bewundert werden, sich immer erst der Zustimmung anderer Leute, ehe sie etwas tun, oder vertrauen sie ihren eigenen inneren Botschaften und handeln danach?

Sie sind nicht für das Leben anderer Menschen verantwortlich. Jeder trägt die Verantwortung für sein Leben selbst.

Das Bedürfnis, andere vor ihren Fehlern zu bewahren, ist eine Bindung, die Ihr Wachstum verlangsamt. Gibt es in Ihrem Leben Menschen, die Ihnen leidtun oder denen Sie ständig aus irgendwelchen problematischen Situationen herauszuhelfen versuchen, die sie sich selbst geschaffen haben? Wenn Sie versuchen, andere zu retten, werden Sie oft selbst zum «Opfer», denn zum Schluß geben diese Menschen Ihnen häufig die Schuld an ihren Problemen. Vielleicht werden sie auch versuchen, Ihnen Schuldkomplexe einzuflößen, sobald Sie Ihre Unterstützung verweigern oder es Ihnen nicht gelingt, ihr Problem zu lösen. Es kann auch sein, daß die anderen von Ihrer Hilfe abhängig werden und Ihnen diese Abhängigkeit übelnehmen. Mit Ihrer «Hilfe» zerstören Sie unter Umständen Ihre Freundschaft. Manchmal ist es wichtig, sich von den Problemen anderer Menschen freizumachen. Man darf nicht um jeden Preis versuchen, ihnen zu helfen.

Sie haben das Recht, sich die Probleme anderer Menschen nicht anzuhören oder sich zumindest nicht in sie einzumischen. Beziehen Sie einen distanzierten Beobachterposten. Entscheiden Sie, ob Sie dem anderen wirklich helfen können und ob er Ihre Unterstützung überhaupt gebrauchen kann. Wenn Sie beschließen, jemandem bei der

Lösung eines Problems zu helfen, tun Sie das ganz bewußt und wohlüberlegt.

Wenn Ihnen jemand von seinen Schwierigkeiten erzählt, entscheiden Sie, ob Sie die Schwierigkeiten gemeinsam mit ihm bewältigen möchten. Hören Sie ihm genau zu und werden Sie sich darüber klar, ob er wirklich auf der Suche nach einer Lösung ist oder sich nur bei Ihnen ausweinen möchte. Entscheiden Sie, wieviel Zeit Sie für diesen Menschen und sein Problem übrig haben, und sagen Sie ihm dann klar und deutlich, wieviel Zeit, Energie und Mittel Sie einsetzen werden, um ihm zu helfen.

Ehe Sie Energie investieren, um andere zu verändern oder ihnen zu helfen, lösen Sie sich erst einmal von Ihrem Wunsch, daß die anderen innerlich wachsen, Sie schätzen oder sich auf eine bestimmte Weise verhalten sollen. Manchmal hemmt gerade Ihr starker Wunsch, einen Menschen zu verändern, ihn in seinem inneren Wachstum. Wenn Sie sich von ihm lösen und aufhören, sich Sorgen um ihn zu machen, hat er mehr Freiheit, sich zu entwickeln.

Wir spirituellen Führer können Ihnen zwar viele Erkenntnisse über Ihr Leben vermitteln, aber nur Sie selbst haben die Fähigkeit, Ihr Leben zu verändern, indem Sie unsere Ratschläge beherzigen. Manchmal sind Sie noch nicht bereit, ein Problem loszulassen, weil Sie daraus noch viel zu lernen haben. Wir können Ihnen nur dabei helfen, die Dinge aus einer neuen Perspektive zu betrachten, einen kleinen Schritt auf Ihr Ziel hin zu tun oder sich selbst mehr zu lieben. Tun Sie das gleiche: Gewähren Sie anderen Menschen die Unterstützung, die Ihnen am sinnvollsten erscheint, wenn Sie die Situation von Ihrer höchsten Bewußtseinsebene aus betrachten. Anschließend lösen Sie sich innerlich von dem Resultat.

Indem Sie anderen Menschen Freiheit schenken, werden Sie gleichzeitig selbst freier.

Im Lauf der Jahre werden viele Menschen in Ihr Leben treten und wieder aus Ihrem Umkreis verschwinden. Eines der größten Geschenke, das Sie jemandem machen können, ist die Freiheit, seinen eigenen Weg zu gehen. Um anderen wirklich zu dienen, müssen Sie ihnen völlige Freiheit geben. Dadurch befreien Sie gleichzeitig auch sich selbst und geben sich die Möglichkeit, Ihr Potential voll auszuschöpfen. Machen Sie sich keine Sorgen, wenn ein paar Ihrer Freunde aus Ihrem Leben verschwinden. Wenn sich Ihre Schwingung erhöht, werden die Menschen in Ihrer Umgebung entweder in Ihrem Gesichtskreis bleiben und auch wachsen, oder sie werden sich von Ihnen entfernen.

Fühlen Sie sich nicht schuldig, wenn Sie mit den Freunden, die sich weigern weiterzugehen, nicht mehr soviel Zeit verbringen möchten wie früher. Seien Sie offen für alle Veränderungen in ihnen und ermutigen Sie sie, wenn es angebracht ist. Aber gestatten Sie sich, Ihre Zeit mit den Menschen zu verbringen, die Ihre Interessen teilen. Einem Freund, der sich nicht weiterentwickelt, helfen Sie nicht, indem Sie auf seiner Ebene verharren, nur um ihm Gesellschaft zu leisten und ihm eine Freude zu machen. Sie können anderen Menschen nur dienen, indem Sie selbst wachsen.

Sie können diese Freunde ja dazu auffordern, auf Ihrer neuen, höheren Ebene mit Ihnen zu «spielen». Sie schicken sie nicht fort, sondern sagen Ihnen lediglich, daß Sie jetzt ein neues, höherstehendes Spiel entdeckt haben, und laden sie herzlich dazu ein, es mit Ihnen zu spielen. Geben Sie Ihre Freunde mit Liebe und Mitgefühl frei, wenn sie nicht auf Ihrer neuen, umfassenderen Bewußtseinsebene mit Ihnen spielen möchten. Es zeugt von größerer Liebe, Freunde, die nicht mehr zu Ihnen passen, freizugeben, als bei ihnen zu bleiben und ihr Verhalten innerlich zu kritisieren.

Vielleicht haben Sie einen Freund, der sich in der Rolle des Opfers gefällt und stets anderen Menschen die Schuld an seinen Problemen zuschiebt. Sie dagegen haben beschlossen, die Verantwortung für Ihr Leben selbst zu übernehmen und dafür zu sorgen, daß es harmonisch abläuft. Vielleicht möchten Sie, daß Ihr Freund sich ändert, und ärgern sich immer mehr über sein Verhalten. Fordern Sie ihn dazu auf, die Verantwortung für sein Leben zu übernehmen und auf Ihrer neuen Bewußtseinsebene mit Ihnen zu «spielen». Aber seien Sie auch bereit, ihn sanft und liebevoll freizugeben, wenn er sich nicht verändern will. Sonst werden Sie sich immer ausgelaugt fühlen, wenn Sie mit diesem Menschen zusammen sind.

Ihre Freunde verschwinden vielleicht nicht für immer aus Ihrem Leben, sondern bereiten Ihnen eines Tages eine freudige Überraschung, indem sie zurückkommen und jetzt bereit sind, auf einer höheren Daseinsebene mit Ihnen zu spielen. Und es werden auch neue Freunde in Ihr Leben treten, die zu Ihrer höheren Schwingung und Ihren neuen Interessen passen.

Sie werden viel mehr Freude und inneren Frieden finden, wenn Sie sich von Ihren Bindungen lösen. Ihre Welt wird sich ausdehnen, und es werden sich neue Gelegenheiten für Sie eröffnen. Durch die Loslösung von Ihren Bindungen werden Sie innerlich freier. Wenn Sie nicht davon abhängig sind, was andere Menschen von Ihnen halten, und nicht mehr erwarten, daß die anderen sich in einer bestimmten Weise verhalten, dann sind Sie frei. Dann werden Sie sich wohl fühlen, ganz unabhängig davon, was die Menschen in Ihrer Umgebung tun. Diese Losgelöstheit ist eine wichtige Voraussetzung auf dem Weg zu spiritueller Meisterschaft.

Wie man sich von seinen Bindungen löst

Meditation

Diese Meditation soll Ihnen dabei helfen, sich von Ihrer Bindung an bestimmte Lebensumstände, Menschen oder Gegenstände zu lösen, die Ihrem höheren Weg nicht mehr förderlich sind, und statt dessen jene Dinge, Menschen und Umstände anzuziehen, die Ihrem höchsten Wohl dienen.

Meditationsschritte:

Versetzen Sie sich in den Höheres-Selbst-Zustand.

1. Setzen Sie sich ruhig hin und stellen Sie sich vor, daß Sie sich auf energetischer Ebene im Kreis drehen wie ein Kreisel oder ein Stern. Die Dinge, die sich von der Art Ihrer Drehung angezogen fühlen, umkreisen Sie. Das sind die Menschen, Gegenstände und Situationen, die in Ihrem Leben im Augenblick eine Rolle spielen. Bekommen Sie ein Gespür für Ihre Umdrehungsgeschwindigkeit.

2. Nun beginnen Sie sich schneller zu drehen – in einer Geschwindigkeit, die Ihrer nächsthöheren Entwicklungsstufe entspricht. Sehen Sie vor Ihrem geistigen Auge, wie Ihre Drehung eine höhere, feinere Ebene erreicht. Ihr Strahlen wird leuchtender. Indem Sie innerlich immer weiter wachsen und sich immer schneller drehen, werden Sie sich zum Schluß in reines, strahlendes

Licht verwandeln. Achten Sie darauf, wie einige Menschen und Dinge in Ihrer Umgebung sich von Ihnen entfernen und neue Dinge und Personen zu Ihnen hingezogen werden, sobald Sie beginnen, sich schneller zu drehen.

3. Nun werden Sie sich als Kreisel oder Stern der Tatsache bewußt, daß Energielinien von Ihnen zu allen Menschen und Dingen in Ihrem Leben ausgehen. Das sind Ihre Bindungen. Ziehen Sie das Zentrum des Sterns und alle Energielinien in Ihr Herz hinein und gestalten Sie sie noch schöner und strahlender. Dadurch schaffen Sie eine höhere Beziehung zu diesen Menschen und Dingen. Beobachten Sie, wie Ihre Drehung sich beschleunigt, wenn Sie Energieverbindungen durch Ihr Herzzentrum aussenden und empfangen.

4. Sie können Ihre Verbindungen zu Ihrer Umgebung so gestalten, wie Sie möchten; also erforschen Sie Ihre neuen Verbindungen und Ihre neue Drehung – spielen Sie damit. Sobald Sie dazu bereit sind, kehren Sie in das Zimmer zurück, in dem Sie mit Ihrer Meditation begonnen haben, und genießen Sie all das Neue, für das Sie sich nun entschieden haben.

21
Wie man durchlässig wird

Während Sie durch den Dienst an der Welt wachsen und Ihre Lebensaufgabe erfüllen, werden Ihnen viele verschiedene Energien und Menschen begegnen. Die subtilen Energien um Sie her und die Gedanken und Gefühle anderer Menschen werden Ihnen stärker zum Bewußtsein kommen. Sie werden lernen wollen, so mit diesen Energien umzugehen, daß Sie eine Quelle des Lichts bleiben, ganz gleichgültig, von welchen Energieformen Sie umgeben sind.

Lernen Sie, ruhig und zentriert in Ihrer eigenen Energie zu verweilen, während Sie die Energien, Gedanken und Gefühle der Menschen in Ihrer Umgebung erfahren. Dann sind Sie «durchlässig». Im Zustand der Durchlässigkeit fühlen Sie sich in der Nähe der verschiedensten Menschen wohl. Sie lernen, sich über das Positive an ihnen zu freuen, und finden Wege, noch höher zu kommen, wenn sich Energien in Ihrer Nähe befinden, die nicht so harmonisch sind wie Ihre eigenen.

Um spirituell wachsen zu können, brauchen Sie sich keine vollkommene Umgebung zu schaffen, alles Negative von sich fernzuhalten oder sich aus der Welt zurückzuziehen. Sie sind hier, um zu lernen, inmitten all der Energieformen, die es auf der Erde gibt, mit Ihrem Höheren Selbst identisch zu werden. Selbst in der Nähe von Menschen, die nicht die gleiche Schwingung haben wie Sie, können Sie innerlich wachsen und in Ihrem Herzen Liebe finden.

Vielleicht glauben Sie, wenn Sie wirklich ein hochentwickeltes Wesen wären, dann hätten Sie auch andere Eltern bekommen und wären in einer Umgebung bedingungsloser Liebe und Unterstützung aufgewachsen. Dann hätten Sie jetzt schon die höchste Stufe Ihrer Entwicklung erreicht, wären vollkommen und würden nie mehr Schmerz oder irgend etwas anderes Negatives erfahren. Aber das stimmt nicht. Viele von Ihnen *wollten* in eine Umgebung hineingeboren werden, aus der Sie etwas über die Energien lernen können, die es auf der Erde gibt, und die Ihnen hilft, sich schon im frühen Kindesalter an diese Energien zu gewöhnen. Man wird nicht stark, indem man Situationen anstrebt, in denen man geschützt und wohlbehütet ist, sondern nur, indem man lernt, sein Lebensschiff bei jedem Wetter zu steuern und seine Stärke und Führung aus sich selbst zu schöpfen. Sollten Sie je Bitterkeit empfunden haben, weil Sie eine schwere Kindheit hatten, geben Sie dieses Gefühl auf und seien Sie dankbar für die Kraft, die Sie aus all den schwierigen Situationen gewonnen haben.

Es mag sein, daß Sie schon verschiedene Male in Ihrem Leben mit Menschen zusammengetroffen sind, die zu lieben Ihnen schwerfiel. Denken Sie an Ihre augenblicklichen Lebensumstände. Gibt es in Ihrer Umgebung Menschen oder Energien, die Ihnen nicht angenehm sind? Betrachten Sie sie als Gelegenheit zu spirituellem Wachstum. Sie wollen Sie lehren, wie man durchlässig wird. Die Gedanken und Gefühle der Menschen, mit denen Sie am wenigsten harmonieren, ermöglichen Ihnen das größte innere

Wachstum, wenn Sie lernen, dafür durchlässig zu werden. Aus dem Grund haben Sie diese Personen angezogen.

Welche emotionalen Energien in Ihrer Umgebung stören Ihr Gleichgewicht am meisten – Ärger, Frustration, Besorgnis, Ungeduld, Gekränktheit, Klagen, Selbstgerechtigkeit, Eigensinn, Gleichgültigkeit, Unfähigkeit, Faulheit, Mangel an Initiative, Negativität, Hilflosigkeit, Bedürftigkeit oder die Tendenz, andere zu manipulieren und zu beherrschen? Gerade für die Emotionen, die Ihnen am meisten auf die Nerven gehen, müssen Sie durchlässiger werden, um spirituell wachsen zu können und mehr Kraft zu entwickeln. Sie können natürlich auch versuchen, diesen Energien aus dem Weg zu gehen, indem Sie sich beruflich verändern oder von den Nachbarn, die Ihnen unangenehm sind, fortziehen. Doch Sie werden immer wieder Menschen mit ähnlichen Energien anziehen, bis Sie lernen, in ihrer Gegenwart ausgeglichen und zentriert zu bleiben.

Wenn Sie durchlässig werden möchten, dürfen Sie über das Verhalten anderer Menschen keine Werturteile fällen.

Beginnen Sie am besten damit, daß Sie auf die Handlungen anderer Menschen nicht mehr reagieren. Wenn Sie sich über ihr Verhalten aufregen, sind Sie nicht durchlässig für ihre Energie. Sobald Sie leidenschaftslos und sachlich sind und aus Ihrer ruhigen, klaren Mitte heraus handeln, werden Sie mit Ihren Handlungen die besten Resultate erzielen.

Um durchlässig zu werden, sollten Sie sich bemühen, am Verhalten der anderen irgend etwas zu entdecken, womit Sie harmonieren können. Wenn Ihnen das gelingt, bleiben Sie ruhig genug, um zu erkennen, wie Sie sich verhalten müssen, und handeln aus einer klaren, ausgeglichenen Verfassung heraus. Wenn Ihr Nachbar zum Beispiel eine sehr laute Party gibt und Sie allmählich wütend werden, entdekken Sie an der Energie dieser feiernden Menschen irgend etwas, was Ihnen gefällt. Vielleicht können Sie sich auf ihre Ausgelassenheit einstimmen, selbst wenn sie diese in einer anderen Form zum Ausdruck bringen, als Sie es täten.

Wenn zwei Menschen sich gegenseitig anschreien und Sie das aus der Fassung bringt, dann konzentrieren Sie sich darauf, was die beiden aus diesem Streit lernen, wie sehr sie sich trotz allem mögen und wie wichtig ihnen der Ausgang dieser Meinungsverschiedenheit ist. In jeder Situation gibt es höhere und niedrigere Schwingungen; Sie können selbst entscheiden, auf welche Sie sich einstimmen möchten. Sie können für die niedrigeren Schwingungen durchlässig werden, indem Sie sich nicht auf sie konzentrieren, sondern statt dessen die höheren Aspekte an der Situation entdecken und sich darauf einstimmen.

Wenn andere Menschen Sie bedrohen, einschüchtern oder zu beherrschen versuchen, stellen Sie sich vor, daß sie nur ein paar Zentimeter groß sind. Würden Sie dann immer noch so auf sie reagieren? Wenn jemand zornig oder aggressiv ist, sehen Sie ihn als kleines Kind, das einen Wutanfall hat, denn er bringt in diesem Augenblick nur sein kleines Selbst und nicht sein Höheres Selbst zum Ausdruck.

Wenn jemand sich nicht so verhält, wie Sie es sich wünschen, senden Sie ihm Liebe und akzeptieren Sie ihn so, wie er ist, statt wütend auf ihn zu werden. Das können Sie üben, indem Sie sich eine Situation vergegenwärtigen, die Sie früher ärgerte, und sich vorstellen, wie Sie in dieser Situation jetzt liebevoll reagieren. Sie können sich zum Beispiel ausmalen, wie Sie mit einem Menschen sprechen, der sich Ihnen gegenüber verschließt oder einen Machtkampf gegen Sie austrägt. Wenn Sie sich auf einen Streit mit ihm einlassen, steigen Sie auf seine Ebene herab. Statt dessen sollten Sie sich mit Licht umgeben, um Ihre Energie zu verschönern, Ihr Herz öffnen und seine aufgewühlte Energie nicht in Ihr Leben hereinlassen. Sie können seine Emotionen durch sich hindurchströmen lassen, als hätten sie eine ganz andere Frequenz.

Durch Liebe verändern Sie die Energien in Ihrer Umgebung.

Die Schwingung Ihrer positiven, liebevollen Gedanken ist feiner als die Negativität Ihres Gegenübers. Diese wird durch Sie hindurchgehen, ohne eine Saite in Ihnen zum Klingen zu bringen. Mit zunehmender Durchlässigkeit werden Sie immer mehr Lebensumstände anziehen, die Ihre innere Ruhe und Ihren Frieden widerspiegeln. Es werden nur noch selten aggressive oder negative Menschen in Ihre Nähe kommen. Je mehr Mitgefühl Sie für andere empfinden können und je mehr Liebe Sie ihnen senden, um so durchlässiger werden Sie für deren emotionale Zustände werden.

Es ist eine wertvolle Gabe, sich der Energien anderer Menschen bewußt zu sein. Sie erkennen dadurch, wann Sie durchlässig werden müssen. Ehe Sie eine Wohnung, ein Geschäft oder was auch immer betreten, spüren Sie einen Augenblick Ihre eigene Energie und stimmen Sie sich dann auf die Energie dieses Ortes ein. Konzentrieren Sie sich auf jene Energien, mit denen Sie harmonieren können. Wenn Sie den Ort wieder verlassen, prüfen Sie, ob Ihre Energie sich jetzt anders anfühlt als vorher. Sollte das der Fall sein, akzeptieren Sie nur die Veränderungen, die Ihnen richtig erscheinen. Wenn Sie Ihre eigene Energie kennen, werden

Sie immer einen Anhaltspunkt haben und wissen, ob die Energien in Ihrer Umgebung Sie beeinflußt haben oder nicht.

Viele von Ihnen passen sich unbewußt an die Energien anderer an, wenn Sie mit ihnen zusammen sind. Sie sind wahrscheinlich sehr sensibel für die Empfindungen anderer Menschen, und Ihre Gefühlsskala ist sehr groß. Beim nächsten Zusammensein achten Sie darauf, ob Sie sich unbewußt an die Energie anderer anpassen. Atmen Sie rascher, wenn jemand schnell redet? Beginnen Sie selbst schneller zu sprechen? Wenn eine Person in Ihrer Umgebung niedergeschlagen ist, unterdrücken Sie dann Ihr eigenes Gefühl der Freude und stimmen sich auf seine Empfindungen ein? Wenn jemand wütend wird, werden Sie dann auch zornig? Beobachten Sie Ihren Atem, denn es kann sein, daß Sie Ihre Atemzüge an die der anderen angleichen. Teilweise ist die unbewußte Anpassung der Atmung daran schuld, daß Sie sich unerwünschten Gedanken und Energien öffnen. Atmen Sie also langsam und ruhig. Dann wird es Ihnen auch leichter fallen, zentriert und ruhig zu bleiben.

Die Gefühle anderer Leute würden Sie nicht ärgern, wenn Sie nicht ähnliche Gefühle, Einstellungen oder Verhaltensweisen in sich trügen, selbst wenn diese nur schwach ausgeprägt sind. Stellen Sie sich vor, daß die Personen in Ihrer Umgebung bestimmte Rollen spielen, um Ihnen einen Spiegel vorzuhalten, in dem Sie Teile Ihres eigenen Wesens wiedererkennen können. Wenn diese Menschen ein Verhalten zeigen, das Ihnen nicht gefällt, spiegeln sie einen Teil Ihrer selbst wider, den Sie noch nicht zu lieben gelernt haben. Sobald Sie lernen, die Schönheit in anderen zu entdecken und zu lieben, werden Sie durchlässig für ihre Energien. Und Sie werden dann auch in der Lage sein, dem Teil Ihres Wesens Liebe zu senden, der ähnliche Gefühle hat wie diese Menschen. Wenn Sie lernen, sich selbst uneingeschränkt zu lieben, werden Sie Ihre Schwingung erhöhen und Leute, deren Verhalten Ihnen unangenehm ist, künftig nicht mehr anziehen.

Jedesmal, wenn Sie die Schwingung eines Ihrer Gefühle erhöhen, werden Sie von anderen Menschen nicht mehr unbewußt die niedrigere Schwingung dieser Emotion anziehen. Es wird kein Raum mehr dafür in Ihnen sein. Wenn Sie zum Beispiel Ihre Angst meistern lernen, werden Sie in Zukunft vielleicht schon noch Angst bei anderen Menschen erkennen, aber Sie werden sie nicht mehr so empfinden, als sei es Ihre eigene.

Lernen Sie zu erkennen, wann Sie Energien anderer Menschen in sich aufgenommen haben.

Manche unter Ihnen haben eine so ausgeprägte natürliche Begabung zum Heilen, daß sie unbewußt die Energien anderer in sich aufnehmen. Es ist wichtig, sich dessen bewußt zu werden. Vielleicht versuchen Sie häufig das Leben Ihrer Mitmenschen in Ordnung zu bringen und empfinden deren Probleme und Schmerzen so intensiv, als seien sie Ihre eigenen. Man muß einen hohen Grad der Meisterschaft erlangt haben, um das tun zu können, ohne seine eigene Energie auf eine niedrigere Schwingung zu bringen. Manche von Ihnen empfinden ein so großes Mitgefühl für andere und möchten ihnen so gern helfen, daß sie ihre niedrigeren Energien in sich aufnehmen. Wenn Sie bei einem unglücklichen Menschen sind, fangen Sie vielleicht an, sich selbst unglücklich zu fühlen. Dem anderen geht es hinterher möglicherweise besser, aber Sie müssen sich zuerst wieder von der Erschütterung befreien, die Sie in sich hereingelassen haben.

Erkennen Sie, wann Sie Energien von anderen übernommen haben, und finden Sie Möglichkeiten, sie wieder loszulassen. Die Energie anderer Menschen fühlt sich nicht anders an als Ihre eigene – sie wird Ihre eigenen Gefühle nur intensivieren und verstärken. Fühlen Sie sich nach einer Begegnung mit jemandem traurig oder wütend oder spüren irgendeine andere Empfindung, die für Sie ungewohnt oder stärker ist als sonst, dann haben Sie wahrscheinlich die Emotionen dieser Person in sich hereingelassen.

Es gibt durchaus Möglichkeiten, fremde Energien, die man übernommen hat, wieder freizusetzen. Schon die Erkenntnis, daß Sie sich jetzt anders fühlen als vorher, kann Ihnen dabei helfen. Auf physischer Ebene können Sie die Energien anderer durch tiefes Atmen, Yoga, sportliche Betätigung und Körperarbeit vertreiben. Wenn Sie tagsüber mehrmals innehalten und bewußt ein paar tiefe Atemzüge tun, wird das dazu beitragen, Ihre Energie zu klären. Manche von Ihnen setzen Energie frei, indem sie sich in einem Wutausbruch Luft machen oder in Tränen oder Gelächter ausbrechen. Sobald Sie Ihre Schwingung erhöhen, werden Sie auch keine Gefühlsstaus durch die Emotionen anderer mehr haben. Sie werden in der Lage sein, die fremden Energiemuster in Ihrer Aura zu erkennen und sich durch einen geistigen Befehl von ihnen zu befreien.

Auf einer höheren Ebene möchten Sie fremde Energien vielleicht lieber umwandeln, statt durchlässig für sie zu werden. Wenn Sie einen hohen Grad der Meisterschaft erlangt haben, nehmen Sie vielleicht bewußt etwas von den dichteren, weniger harmonischen Energien anderer Menschen in sich auf, um ihnen dabei zu helfen, sie zu verwandeln und loszulassen. Ihre großen Meister sind bereit, die Negativität anderer Menschen in sich aufzunehmen und sie in positive Energie und Liebe mit höherer Frequenz zu verwandeln, um sie dann zurückzusenden. Doch bevor Sie so weit sind, ist es besser, einfach durchlässig für die Energien Ihrer Mitmenschen zu werden.

Viele unter Ihnen wohnen in Großstädten und sind den Energiefeldern zahlreicher Personen ausgesetzt. Sie können von einem ungeheuer breiten Spektrum an emotionalen Energien beeinflußt werden. Diese Gefühlsenergien bewegen sich in Strudeln oder Wirbeln. Ähnliche Emotionen ziehen sich gegenseitig an und legen als Energiemasse große Entfernungen zurück. Eine solche Energiemasse läßt sich mit einer Wetterfront vergleichen, die sich durch Ihre physische Dimension bewegt. Je ruhiger und durchlässiger Sie sind, um so weniger lassen Sie sich von solchen Energiestrudeln beeinflussen.

Sie können selbst herausfinden, ob Sie unter der Einwirkung dieser Energien stehen, indem Sie Ihre Gedanken und Gefühle aufmerksam beobachten. Fühlen Sie sich in einem Augenblick wohl und im nächsten ohne erkennbaren Grund plötzlich deprimiert, traurig oder ängstlich? Kommt es manchmal vor, daß Sie den ganzen Tag lustlos sind, um dann, wenn Sie sich am Abend mit Ihren Freunden unterhalten, festzustellen, daß es ihnen genauso gegangen ist, und zwar ohne jeden Grund? Die Energieübung im Anschluß an dieses Kapitel wird Ihnen helfen, für solche und andere negative, unerwünschte Energie durchlässig zu werden.

Durch die emotionalen Energien größerer Gruppen entsteht etwas, was auf anderen Realitätsebenen und auch auf Ihrer eigenen als «Wetter» spürbar ist. Wenn es Ihnen schwerfällt, zu meditieren, sich auf höhere Dimensionen einzustimmen oder kreativ zu sein, erleben Sie vielleicht gerade einen «Astralsturm», der es Ihnen erschwert, eine höhere Ebene zu erreichen. Die Astraldimension hat eine etwas andere Frequenz als Ihr Universum und besteht größtenteils aus emotionaler Energie. Sie setzt sich aus vielen verschiedenen Ebenen zusammen. Auf den unteren Ebenen befinden sich die dichten, negativen Emotionen, auf den höheren Glückseligkeit und Ekstase.

Wenn Sie freudige, glückliche Empfindungen erleben, schwingen Sie mit den höheren Bereichen der Astralebene mit und lösen tatsächlich viele Ihrer weniger harmonischen Emotionen auf. Man braucht sich nicht ausgiebig mit seinen negativen Gefühlen zu beschäftigen, um sie auflösen zu können. In jeder Minute, in der man sich ruhig und friedlich fühlt, erhöht man seine Schwingung und befreit sich so allmählich von weniger harmonischen Gefühlen.

Sie können sich jederzeit so fühlen, wie Sie möchten.

Sie sind fähig, sich stets ruhig, friedlich, zentriert und ausgeglichen zu fühlen, unabhängig von den Menschen und Ereignissen in Ihrer Umgebung. Sobald Sie lernen, durchlässig zu werden, werden Sie auch feststellen, daß Ihre Sensibilität sich steigert. Es ist ein großer Vorteil, Energie auf einer immer feineren Ebene spüren zu können. Ihre Sensibilität stellt eine wertvolle Gabe dar – mit ihrer Hilfe können Sie viel besser wahrnehmen, was um Sie herum vorgeht, und bei Ihren Entscheidungen und Handlungen sind Sie sich genauer aller Umstände und Möglichkeiten bewußt. Ihre Ruhe und Ihr innerer Frieden werden ein Geschenk für andere Menschen sein und dazu beitragen, ihr Bewußtsein auf eine höhere Ebene zu heben.

Wie Sie durchlässig werden können

Meditation

Diese Meditation soll Ihnen helfen, durchlässig zu werden und die Energien anderer durch sich hindurchgehen zu lassen, ohne davon beeinflußt zu werden.

Sie können diese Technik immer einsetzen, wenn sich eine Energie in Ihrer Nähe befindet, die Sie nicht mögen. Für diese Meditation brauchen Sie nicht allein zu sein. Sie können zum Beispiel auch einen Freund neben sich sitzen lassen, um ihn Ihre Energie fühlen zu lassen. Häufig spüren andere Menschen in dem Augenblick, in dem Sie durchlässig werden, tatsächlich eine Veränderung und können Ihnen wertvolles Feedback geben. Beobachten Sie, was Sie alles tun können, um Ihre Durchlässigkeit zu fördern.

Meditationsschritte:

Versetzen Sie sich in den Höheres-Selbst-Zustand.

1. Atmen Sie tief und entspannen Sie sich. Rufen Sie Licht herbei und umgeben Sie sich mit einem Lichtkokon. Ziehen Sie dieses Licht sehr eng an Ihren Körper heran. Es wird sich machtvoll und intensiv anfühlen. Verdichten Sie das Licht, so daß es Ihren Körper in einem Abstand von etwa zweieinhalb Zentimetern umgibt. Es sieht aus wie eine strahlende Linie, die die Umrisse Ihres Körpers nachzeichnet.

2. Beginnen Sie Ihre Energie aus dem Inneren dieser Lichtschicht zurückzuziehen und stellen Sie sich vor, daß Sie sie in eine andere Dimension oder auf eine andere Frequenz verlagern, bis das Licht nur noch einen leeren Raum umgibt. Währenddessen sehen Sie vor Ihrem inneren Auge, wie die Energien anderer Menschen durch diesen leeren Raum hindurchgehen. Sie sind nun durchlässig. Spielen Sie mit diesem Zustand. Probieren Sie aus, wie lange Sie Ihre Energie auf einer anderen Frequenz halten können und wie sich das anfühlt.

3. Lassen Sie Ihre Energie nun wieder ins Innere des Lichtkokons zurückkommen und achten Sie darauf, wieviel leichter und harmonischer sie geworden ist.

4. Befindet sich gerade in Ihrer Nähe Energie, für die Sie durchlässig werden möchten, können Sie sich zusätzlich vorstellen, wie Sie dieser/diesen Person/en Liebe senden. Wenn Sie nämlich anderen Liebe senden, nehmen Sie ihre Energien nicht auf.

5. Sobald Sie dazu bereit sind, kehren Sie in das Zimmer zurück, in dem Sie mit dieser Meditation begonnen haben, und fühlen Sie sich wieder voll und ganz als Sie selbst.

Epilog: Die Vision

Lieben Sie Ihren Entwicklungsprozeß in allen Etappen. An manchen Tagen sind Sie vielleicht sehr offen für alle neuen Ideen, wie Sie Ihr Leben anders gestalten können. An anderen Tagen möchten Sie nicht darüber nachdenken. Manchmal leisten Sie viel innere Arbeit. Dann wieder führen Sie eher Veränderungen in Ihrem äußeren Leben durch.

Alles läuft in Zyklen ab, auch Ihr spirituelles Wachstum. Manche Zyklen umfassen ein Jahr, andere nur eine Woche. Es gibt auch noch längere Wachstumszyklen, zum Beispiel Siebenjahreszyklen, in denen eine bestimmte Aktivität oder ein bestimmter Rhythmus vorherrschen. Während eines Zyklus ziehen Sie sich vielleicht von der Welt zurück, während des nächsten drängt es Sie in die Welt hinein. Vielleicht haben Sie Monats- oder Jahreszyklen, in denen Ihnen intensive spirituelle Erkenntnisse zuteil werden. Darauf folgen dann Zeiten ruhiger Aktivität und emotionalen Wachstums, in denen Sie diese Erkenntnisse in Ihr Leben integrieren. Ihre Konzentration auf das innere Wachstum verstärkt sich, wenn Sie sich neuen Erkenntnissen öffnen, und ebbt in der Integrationsphase wieder ab.

Sie brauchen sich nicht zu ändern; Sie brauchen sich nur zu lieben.

Ihr Höheres Selbst führt Sie zu allem hin, was Sie für Ihr spirituelles Wohl tun müssen. Es ist immer für Sie da, es leitet und liebt Sie. Sie tragen alle Antworten in sich selbst. Das spirituelle Wachstum ist ein individueller Weg. Es ist wichtig, bei der Entscheidung, was zu tun ist und wann Sie es tun sollen, Ihrer eigenen inneren Weisheit zu folgen. Sie müssen erkennen, daß alles, was Sie im Augenblick tun, für Sie vollkommen richtig ist. *Versuchen* Sie nicht mehr, perfekt zu sein. Alle Ihre Handlungen *sind* bereits perfekt. Lösen Sie sich von allen Werturteilen über Ihre derzeitige Entwicklungsstufe oder darüber, was Sie für Ihr spirituelles Wachstum tun sollten. Lieben Sie das Entwicklungsstadium, in dem Sie sich im Augenblick befinden.

Durch Ihr spirituelles Wachstum bewegen Sie sich zu immer höheren Bewußtseinsebenen. Wie sieht das Leben auf diesen höheren Ebenen aus? Sie haben alte Glaubensvorstellungen und Programme aufgegeben, die Ihnen nicht mehr dienlich sind. Sie haben positive Menschen angezogen, die Sie und Ihre Ziele unterstützen. Mit allem, was Sie tun und sagen, geben Sie sich selbst und anderen Menschen Kraft. Sie wissen, wer Sie sind, warum Sie auf der Erde sind und worin Ihr höheres Ziel besteht. Ihre Lebensweise und Ihre Umgebung unterstützen Sie bei der Erreichung Ihrer Ziele und der Erfüllung Ihrer Lebensaufgabe. Sie erforschen ständig neue Möglichkeiten und erweitern Ihre Sicht dessen, was möglich ist. Sie wissen, wie Sie die Gelegenheiten, Menschen und Ereignisse anziehen können, die Sie brauchen, um Ihre Lebensaufgabe zu erfüllen. Sie handeln aus Ihrem Herzen heraus, vertrauen auf Ihre inneren Botschaften und handeln danach.

Sie sind sich der Energie Ihrer Umgebung bewußt, entscheiden, wann Sie dafür durchlässig sein sollten und wann Sie mit ihr harmonieren oder sie in eine höhere Energie verwandeln können.

Sie sind sich auch Ihrer eigenen Energie und der Wirkung bewußt, die diese Energie auf andere Menschen hat. Sie leben im gegenwärtigen Augenblick – stets wach, bewußt und genau beobachtend. Mit Ihrer wachsenden Lebendigkeit und Begeisterung und Ihrem eigenen Wachstum inspirieren Sie die anderen Menschen in Ihrer Umgebung dazu, ebenfalls innerlich zu wachsen.

Als Ihr Höheres Selbst erschaffen Sie alle Dinge zunächst einmal mit Hilfe von Energie, ehe Sie handeln. Sie wissen, daß Sie erreichen können, was Sie wollen, wenn Sie mit den höheren Mächten zusammenarbeiten und Ihre Gedanken, Emotionen und Absichten auf Ihre Ziele ausrichten. Sie können Veränderungen bewirken, indem Sie nicht auf der Persönlichkeitsebene, sondern auf der höchsten spirituellen Ebene arbeiten. Ehe Sie etwas tun, halten Sie einen Augenblick inne, gehen in sich und empfangen die Führung Ihres Höheren Selbst, das Ihnen sagt, was zu tun ist. Während Sie wachsen, erfahren Sie, daß alles möglich ist. Sie verstehen, wie Energie funktioniert, und können Dinge erschaffen, die Ihnen früher wie Wunder vorgekommen wären.

Sie können alles, was Sie sich wünschen, mit einer Schnelligkeit erschaffen, die Ihnen früher, als Sie sich noch auf niedrigeren Entwicklungsstufen befanden, unmöglich erschienen wäre. Situationen, die früher Herausforderungen für Sie darstellten, können Sie jetzt mühelos und freudig bewältigen. Die Lektionen, die Sie lernen müssen, kommen jetzt vielleicht schneller auf Sie zu als früher. Aber Sie besitzen auch die Hilfsmittel, um sie rascher und leichter zu lernen.

Ihr spirituelles Wachstum bringt Ihnen viele Vorteile –

eine klare Ausrichtung, das Gefühl, Ihr Leben besser lenken zu können als früher, und ein tieferes Verständnis für die Beweggründe, die hinter den Ereignissen liegen. Es wird eine immer größere Ruhe in Sie einkehren, wenn Sie beginnen, Ihr Leben zu begreifen und sich an ihm zu erfreuen. Sie können Ihr Leben wirklich so gestalten, daß es voller Freude und liebevoll zu Ihnen ist.

Entspannen Sie sich einen Augenblick und atmen Sie tief. Rufen Sie Licht herbei und umgeben Sie sich mit diesem Licht. Legen Sie die Hand auf Ihr Herz und bestätigen Sie sich, daß Sie sich so lieben und annehmen, wie Sie sind. Seien Sie dankbar dafür, wie weit Sie bereits gekommen sind. Bekräftigen Sie Ihr Engagement für Ihr höheres Ziel und Ihren Dienst an der Welt. Fühlen Sie, wie die Gemeinschaft höherer Wesen, zu der Sie gehören, Ihnen Liebe und Unterstützung sendet. Verschmelzen Sie völlig mit Ihrem Höheren Selbst; Sie sind jetzt eins mit Ihm. Lassen Sie die Liebe Ihres Höheren Selbst alle Zellen Ihres Körpers durchdringen und Ihnen Ihre Göttlichkeit zeigen.

Ehe Sie dieses Buch beiseite legen, nehmen Sie sich einen Augenblick Zeit, um sich zu fragen, welcher kleine Schritt jetzt in diesem Augenblick am meisten zu Ihrem spirituellen Wachstum beitragen würde. Und dann setzen Sie diese Idee in die Tat um!

Spirituelle Lebenshilfe aus dem Reich des Lichts und der Liebe

Sanaya Roman
SICH DEM LEBEN ÖFFNEN
Schritte zu persönlichem Wachstum und geistiger Kraft
Mit praktischen Übungsanleitungen
240 Seiten, broschiert
ISBN 3-7157-0098-X

Sanaya Roman nennt die Quelle ihrer Inspiration «Orin». Er ist ein spiritueller Lehrer aus einer höheren Welt. Er steht mit unzähligen Realitätsebenen und «Welten» in Verbindung, und überall, wo er seine Lehre aus dem Reiche des Lichtes und der Liebe verkündet, wird das evolutionäre Wachstum im spirituellen Sinne beschleunigt. Seine an uns gerichteten Worte sind reine Kraft, vermögen das Herz zu öffnen und besitzen in allen bekannten Universen Gültigkeit.

Orin lädt uns ein, mit ihm die Reiche des Lichts und der Liebe zu bereisen, von denen wir selbst – als wunderbare Wesen des Lichts – stammen; nur haben wir uns in den dichteren Energien der Erde verfangen. Es gilt, die irdische Welt zu erleben, uns zu entwickeln, heranzuwachsen und zu lernen, wie wir unser Licht der Seele in der Welt der Materie ausdrücken können. Mit Hilfe der Ideen dieses Buches versucht Orin, uns zu den feinstofflichen Bereichen zurückzugeleiten, die wir von Natur aus anstreben.

Orin hat von Anfang an eindeutig erklärt, daß er hier ist, um die Heiler zu heilen und die Lehrer zu lehren. Er zieht all jene an, die an der Spitze einer neuen Bewegung stehen wollen, die immer mehr Menschen ihrem Höheren Selbst öffnen wird. Jene, die den Pfad des Lichts und der Freude beschreiten wollen, lädt er ein, sich beim Lesen dieses Buches mit seiner Essenz zu verbinden und die Gemeinschaft all derer zu fühlen, die dieses Wissen teilen.

Orins spirituelle Lebensschulung vermittelt dem Leser eine neue und wesentlich erweiterte Sicht seines Lebens und seiner Aufgabe in dieser Welt. Praktische und anregende Übungsanleitungen machen die emotionellen, seelischen und energetischen Blockaden transparent. Sie helfen und ermutigen, diese neue Sichtweise zu entwickeln und praktisch anzuwenden. Sie machen frei und offen für das großartige Geschenk, das wir «Leben» nennen.

Die «Welt» ist mehr – als was der Mensch mit seinen fünf Sinnen wahrnimmt

Sanaya Roman
SICH DEN HÖHEREN ENERGIEN ÖFFNEN
Die unsichtbaren Kräfte des Universums nutzen
Mit praktischen Übungsanleitungen
240 Seiten, Paperback, mit vielen Übungsbogen
ISBN 3-7157-0113-7

Dies ist der bereits von vielen begeisterten Lesern erwartete Anschlußband einer bis jetzt beispiellos neuen, geistigen Lebensschulung von Orin, einem Lehrer aus der höheren Welt. Er steht mit unzähligen Realitäts- und Zeitebenen in Verbindung. Überall, wo er seine Lehre aus dem Reiche des Lichts und der Liebe verkündet, wird das evolutionäre Wachstum im spirituellen Sinne beschleunigt.

Orin vermittelte im ersten Band «Sich dem Leben öffnen» eine neue und wesentlich erweiterte Sicht des Lebens und der Aufgabe auf diesem Planeten. In diesem zweiten Band wendet er sich höheren Lebensbereichen zu. Er lädt die Studierenden ein zur praktischen Erforschung und Nutzbarmachung der Welt der Energien und der energetischen Wahrnehmung. Er eröffnet ihnen eine neue Welt von bisher unbekannten Fähigkeiten und läßt sie erfahren, daß die «Welt» mehr ist, als was der Mensch mit seinen fünf Sinnen wahrnimmt.

Orin lehrt und leitet anschaulich an, wie man feinstoffliche Kräfte erspürt und wie man mit ihnen zum Segen von Mensch und Umwelt arbeitet, wie man seine intuitiven und telepathischen Fähigkeiten erweckt und wie man seine Heilbegabung fördern kann. Hinzu kommen noch unbekannte Übungen für die spirituelle Weiterentwicklung und zur Erlangung eines höheren Bewußtseins.

Orins Buch wird für jeden Suchenden zu einem unentbehrlichen und freundschaftlichen Lebensbegleiter. Es verhilft ihm zu einem Alltag voll Freude, Kreativität und innerer Erfüllung. Er wird sich der hohen geistigen Führung durch Orin immer mehr bewußt und spürt immer mehr, daß er alles schon in sich trägt, um seine eigenen Antworten zu finden.